河北大学中西部高校提升综合实力工程核心项目
"首都经济圈与河北发展研究"资助

国家社会科学基金项目"新疆人口与经济协调发展研究"
（11CRK004）最终成果

新疆人口与经济协调发展研究

王朋岗◎著

中国社会科学出版社

图书在版编目（CIP）数据

新疆人口与经济协调发展研究/王朋岗著. —北京：中国社会
科学出版社，2017.3
ISBN 978 - 7 - 5203 - 0016 - 2

Ⅰ.①新… Ⅱ.①王… Ⅲ.①人口—关系—区域经济发展—
协调发展—研究—新疆 Ⅳ.①C924.254.5②F127.45

中国版本图书馆 CIP 数据核字（2017）第 047390 号

出 版 人	赵剑英	
责任编辑	谢欣露	
责任校对	周晓东	
责任印制	王 超	

出 版	中国社会科学出版社	
社 址	北京鼓楼西大街甲 158 号	
邮 编	100720	
网 址	http：//www.csspw.cn	
发 行 部	010 - 84083685	
门 市 部	010 - 84029450	
经 销	新华书店及其他书店	

印 刷	北京明恒达印务有限公司	
装 订	廊坊市广阳区广增装订厂	
版 次	2017 年 3 月第 1 版	
印 次	2017 年 3 月第 1 次印刷	

开 本	710×1000 1/16	
印 张	17.25	
插 页	2	
字 数	282 千字	
定 价	66.00 元	

凡购买中国社会科学出版社图书，如有质量问题请与本社营销中心联系调换
电话：010 - 84083683

前　言

　　由于人口再生产具有长周期性和惯性明显的特征，再加上新疆维吾尔自治区（以下简称新疆）属于绿洲经济和多民族聚集区的特点，人口数量和人口增长成为制约新疆经济跨越式发展和社会长治久安的长期性、战略性问题。当前，新疆跨越式发展和长治久安中许多问题都同人口有关，因此，在国家大力支持新疆加快发展的背景下，研究新疆人口与经济协调发展具有重要的现实意义。一直以来，有关新疆人口问题的研究较为薄弱。本书的目的和意义在于充分利用权威"六普"数据并结合经济发展数据，对新疆人口发展现状及人口发展中存在的主要问题进行研究，旨在为新疆的跨越式发展和长治久安中的人口问题提供解决思路和建议。

　　本书分为上篇、中篇和下篇，共十章。上篇有三章。第一章为绪论，介绍了本书的研究背景、目的和意义，人口经济学的国内外研究现状，研究思路与研究内容以及关于研究数据的说明。第二章分析了新疆人口现状与变动特点。第三章对新疆人口与经济协调发展进行了总体评价，指出新疆人口经济压力的空间分布特征。中篇是本书的核心内容，分为四章，围绕与经济发展密切相关的四个人口特征，即人口生育水平、人口迁移与流动、人口素质和人口就业，分析新疆人口与经济协调发展的关系及对策等。下篇为专题分析，分为三章，分别对新疆南疆三地州贫困问题、新疆人口老龄化与养老服务体系建设以及新疆生产建设兵团人口发展进行研究。首先，新疆南疆三地州既是贫困高发地区，又是少数民族聚集地区，因此南疆三地州的贫困问题具有典型性。解决其贫困问题，对于新疆发展经济、巩固边疆稳定以及实现小康社会具有重要意义。其次，虽然新疆的人口老龄化程度低于全国平均水平，但是其未来的发展速度会加快,因此,分析了新疆人口老龄化的特点及其对新疆养老服务体系的需求。最后,兵团是新疆的重要组成部分,兵团人口是新疆人口的重要组成部分,因此,分析了兵团人口的发展及存在的问题,并提出了相应的对策。

目　录

上　篇

中 篇

下 篇

上 篇

第一章 绪论

第一节 研究的背景、目的和意义

一 研究背景

新疆工作在党和国家工作大局中具有特殊的重要战略地位。新疆是我国西北地区的战略屏障，是我国实施西部大开发战略的重点地区，也是我国战略资源的重要基地。新疆的发展和稳定，关系到全国发展和稳定大局。新疆作为西部重要的边疆省区和少数民族聚居区，加快新疆的发展事关民族团结和国家的长治久安，具有重大的经济和政治意义。当前新疆跨越式发展和长治久安中许多问题都同人口有关，正确地认识、分析和评价新疆的人口问题是抓住历史机遇，促进人口与资源环境、经济社会协调发展，实现经济社会全面协调可持续发展的前提条件。

全国第六次人口普查（以下简称"六普"）数据显示，新疆总人口为 2181.58 万人，同"五普"的 1845.95 万人相比，10 年间新疆总人口增加了 335.63 万人，增长 18.18%，平均每年增长 33.56 万人，年均增长 1.68%，而同期全国人口年均增长率只有 0.52%。人口出生率方面，"六普"数据显示，2009 年 11 月 1 日至 2010 年 10 月 31 日新疆共出生 32.27 万人，人口出生率为 14.79‰，仅次于广西（15.54‰）和西藏（15.23‰），在全国排第三位，远高于全国平均水平（10.38‰）。新疆的总和生育率为 1.53，仅次于广西（1.79）和贵州（1.75），也在全国排第三位。可见，从全国来看，新疆人口生育仍处于较高水平。因此，虽然新疆人口生育水平已经低于更替水平，但是受人口惯性增长、经济发展水平和较宽松的计划生育政策的综合影响，在未来较长一个时期内，新疆仍将是全国人口自然增长最快的省份之一。

第一，新疆人口增长过快，必然导致人类在原本脆弱的干旱地区的活动强度过大，给生态环境造成更大的压力，影响人与自然的和谐和可持续发展。新疆地处干旱区，人口集中分布在面积狭小的绿洲区，区域内可供生存的空间十分有限。新疆国土面积为 166 万平方千米，占全国国土面积的 1/6。但是，新疆国土面积的 92% 以上是无人活动的荒漠区，剩下的绿洲区不及 8%，有人类活动的绿洲区域只有 4% 左右。① 按照 7.07 万平方千米的人工绿洲面积②和"六普"的 2181.58 万人计算，新疆的人口密度是 308.57 人/平方千米，远高于全国平均人口密度（138.83 人/平方千米），相当于湖北（307.90 人/平方千米）、湖南（310.16 人/平方千米）等人口稠密省份的水平。其中，按照人工绿洲面积计算人口密度，乌鲁木齐市和喀什市的人口密度已经超过 4000 人/平方千米，远超过全国人口密度最高的上海市（3630.22 人/平方千米）；奎屯市、伊宁市和和田市的人口密度已经超过 1000 人/平方千米，与中国人口密度第二位和第三位的北京（1195.07 人/平方千米）和天津（1085.73 人/平方千米）相当③。

虽然新疆自然资源相对丰富，大多数资源的人均占有量高于全国水平，但新疆人口基数大、增长快，资源消耗较大，导致包括水资源在内的许多资源已经出现了短缺。加之新疆的生态环境十分脆弱，受沙漠化、盐碱化影响，农业耕作条件比较脆弱；乱占滥用耕地、浪费资源的现象还时有发生；矿产资源勘查程度比较低，合理开发利用水平不高；水资源的相对缺乏与粗放式利用并存；生态系统极不稳定，各种环境污染问题仍然比较突出。

人口、资源环境与经济社会发展，具有不可分割的内在联系。只有稳定低生育水平，减轻人口增长压力，节约利用资源，缓解资源供求矛盾，加强环境保护和建设，解决环境中的突出问题，才能促进人与自然的和谐相处，实现经济持续、快速、协调、健康发展和社会全面进步。

---

① 《新疆地广人不稀》，http://www.ts.cn/special/jinrixinjiang/wc201106/2011 – 06/23/content_ 5917623. htm。

② 梅智敏：《新疆绿洲面积 50 余年间扩大近一倍》，http://news.sohu.com/20061017/n245846759. shtml。

③ 其中，新疆人工绿洲的人口密度数据来源于张小雷、李国江《新疆人口发展战略研究》，新疆人民出版社 2010 年版。全国及各省份人口密度由"六普"人口数和中国及各省份统计年鉴（2011）中的土地面积计算得出。

可见，随着人口的不断增长，人均自然资源的占有量持续减少，新疆人口与资源环境的矛盾将更加严峻，人口对新疆可持续发展的约束越来越强。

第二，人口数量既是衡量经济水平的总分母，又是估量社会问题的总乘数。首先，随着人口的不断增长，人均自然资源的占有量持续减少，人口与资源环境的矛盾凸显，人口对新疆可持续发展的约束越来越强。其次，人口的过快增长会影响经济发展，增加就业、扶贫和提高收入水平以及改善新疆各族人民生活的压力。人口的过快增长还会增加教育、医疗等公共服务和社会保障方面的压力。新疆的人口发展还存在一些问题，如南疆少数民族人口的科学文化素质低，贫困人口分布面积广、数量多、少数民族劳动年龄人口就业问题突出等。因此，就新疆而言，人口数量、素质、结构和分布问题相互交织、相互影响，给新疆全面建设小康社会带来巨大压力。因此，人口问题既是发展问题，又是重大的民生问题。要全面实现小康和可持续发展，新疆人口问题不容忽视。

第三，少数民族聚居区的特点加大了新疆解决人口问题的难度。"六普"数据显示，新疆少数民族人口为1298.58万人，占总人口的59.52%，并且75.90%的少数民族人口生活在农村。新疆少数民族生育政策普遍宽松于汉族，城镇少数民族居民一对夫妻可生育两个子女，少数民族农牧民一对夫妻可生育三个子女，符合特定条件的可再生育一个子女。目前，新疆少数民族人口的年龄结构较年轻，属于增长型人口。虽然少数民族育龄妇女总和生育率近年来有所下降，但由于人口的惯性作用，人口自然增长数量居高不下。少数民族实行计划生育的时间比较晚，20世纪80年代中期才正式在有关文件中提出少数民族地区也要实行计划生育。一些地区还没有摆脱"越穷越生，越生越穷"的恶性循环，不少地区基层基础工作薄弱，经费投入严重不足，少数民族地区计划生育技术服务条件差、技术人员力量薄弱、设备匮乏，难以满足育龄妇女对节育和生殖健康服务的要求。以上这些因素都影响到新疆人口和计划生育工作的开展及人口素质的提高。

综上所述，人口总量的过快增长，必将加剧新疆人口与经济、社会、资源、环境之间的矛盾，在一定程度上抵消经济发展的成果，使可持续发展面临严峻挑战。

二 目的和意义

由于人口再生产具有长周期性和惯性这两大特征，再加上新疆属于绿洲经济和多民族聚集区的特点，人口问题已经成为制约新疆经济跨越式发展和社会长治久安的长期性、战略性问题。如果人口问题得不到有效解决，缩小与内地和沿海省份的发展差距、摆脱贫困、走向富裕的进程将大大减缓。就新疆而言，人口问题既是发展问题，又是重大的民生问题，也是制约新疆人口、资源、环境与经济社会协调与可持续发展的关键性问题。新疆跨越式发展和长治久安需要良好的人口环境，需要人口数量、质量、结构和分布与经济发展相协调，因此，在国家大力支持新疆加快发展的背景下，研究新疆人口与经济的协调发展具有重要的现实意义。

第二节 国内外研究现状

一 人口经济学理论的形成与发展[1]

中国的思想家孔子、墨子、孟子、韩非子，古希腊的思想家色诺芬、柏拉图、亚里士多德，在他们的著作中都探讨过人口与土地、人口与国家兴衰、人口与社会治理的关系等，其中已包含人口与经济关系研究的萌芽。[2]

英国古典经济学的创始人威廉·配第，最先阐明人口和财富之间的内在关系。从劳动价值论出发，他提出土地是财富之母，劳动是财富之父和能动的要素。人口和土地构成社会生产的两个基本要素。他认为，一个国家的财富生产需要一定数量的人口，人口多是国力强盛的标志。他还区分了生产人口和非生产人口。他认为，劳动是财富的源泉，凡是从事生产劳动能创造财富的人口为生产人口；凡是不从事生产劳动只是消费财富的人口为非生产人口。为了使国家的财富增加，他主张增加生产人口减少非生产人口。他还认为，一个国家的人口价值不在于人口的自然数量，而在于人口的社会数量。人口的社会数量是指人口的技能和

---

① 李仲生主编：《人口经济学》（第2版），清华大学出版社2009年版。
② 刘家强主编：《人口经济学新论》，西南财经大学出版社2004年版。

素质。他说："一个人如果技艺高超，可以和许多人相抗衡。"

法国重农学派的代表人物魁奈，从生产领域对人口和财富、人口和收入做了进一步分析。他从重农主义观点出发，提出农业是一切财富的本源，并强调人口是财富的第一创造性因素。他认为，财富的增长先于人口的增长，只有财富增加，才能使人口增长，一国人口是随着国民收入的增长而增加的。收入能够提供富裕的生活和利益，因而促使人口增长速度加快。当然，人口过多或者无限制增长对一个国家也是不利的。在分析人口和消费的关系时，魁奈则认为，人口增长会扩大消费，从而引起生产与收入的增长，人口和生产的发展是相互促进的。他还从人口与消费之间的关系来说明一国所需要的人口数量，并提出了人口增长有超过生活资料增长的趋势。

古典经济学派的集大成者亚当·斯密，最先分析了人口增长与资本积累的关系。他继承了威廉·配第的观点，认为劳动是财富的源泉，并提出经济发展的动因是人口绝对数量的增长，通过"分工的利益"影响劳动生产性。即经济发展导致人口增长和必要劳动力的雇用增大，而人口与劳动力的增长促进生产量的增加。与此同时，扩大了对生产物的需要量，其结果扩大了"分工的利益"，使劳动生产率提高。他在1776年发表的《国富论》中明确地指出："一国的繁荣而言，最明确的标识是居民人数的增长。"可见，人口增长是经济发展的重要因素。亚当·斯密从劳动价值论出发来分析人口与财富的关系，他看到总人口或消费人口与消费资料有一定的比例关系，又看到劳动人口与生产资料和资本之间有一定的比例关系。他还分析了把人口与财富联系起来的中间环节，如社会分工、生产、交换、分配、需求、消费等因素。

古典经济学派的代表人物大卫·李嘉图在《政治经济学及赋税原理》中论说，人口增长对经济发展而言，以收益递减法则的作用为前提，随着投入在一定土地上的人口增加，由于土地集约耕作和优良地向劣等地的转移，增加资本并不能提高生产率，反而使报酬呈现减少的倾向。即使生产超过人口的增长，也不能永远持续稳定地增长。因为人口增长常常是持续的，而土地的数量有限，质量也有所差异，在土地上按照比例关系投入资本的各种增加部分使生产率减退，从而产生了人口压力。

古典经济学派的另一个代表人物马尔萨斯则最早正式开展人口经济

研究，他在 1798 年发表了《人口论》，把人口与经济的关系归结为人口与生活资料之间的关系，提出了人口增长和生活资料增长的两个级数的假说，把人口过剩的原因归结为食物增长赶不上人口增长，而食物增长落后于人口增长是由于收益递减规律的作用，主张对人口增殖加以抑制。这对后来的人口经济学产生了极大的影响。

古典学派的巨匠马歇尔，在 18 世纪末就人口对经济发展的作用进行的研究颇引人注目。他在 1890 年发表的《经济学原理》中指出，"人口增加一般以增加率以上的高比率引起集合的能率提高"，由此拉动人口增加与产业组织发展，获得"大规模生产的利益"，从而总生产额大幅度增加使产业发展。其结果是随着总生产量的增加促进了外部经济（产业的全面发展）和内部经济（这些从事个别企业的资源及其组织和经营效率）的发展。他强调，在人口与经济的关系上人口有积极作用的一面。

随后，凯恩斯学派的创始人约翰·梅纳德·凯恩斯在 1937 年发表的《人口缩减的若干经济后果》一文中展开了短期的动态分析。他认为，人口增长由于促进投资而促使经济成长，把人口增长率视为通过有效需求源泉的资本需求对经济发展产生贡献的。后来，凯恩斯学派的后继者们把他的这种理论长期化、动态化，讨论人口增长的变化对经济发展所产生的影响。其主要代表人物是罗伊·福布斯·哈罗德。他在《论动态经济学》中论证了长期动态理论，人口增长不仅仅扩大了消费，还增大雇用，使投资规模扩大。现实的增长率显著地超过适度增长率，由此产生长期的景气。换句话说，投资和消费的增加对经济发展的积极作用是显而易见的。

20 世纪 30 年代末到 40 年代是人口经济学的创建时期。英国经济学家 W. 布赖恩·雷德韦在 1939 年提出了"人口经济学"的命题，发表了《减少人口经济学》，对降低人口增长率所产生的经济效果进行了分析。1947 年美国经济学家斯彭格勒发表的《人口增长经济学概论》一文中，也正式使用人口经济学的命题。从此，一批专门研究人口与经济之间关系的学术论文和论著相继问世。从 20 世纪 50 年代到 60 年代后期，欧美大多数经济学家从宏观人口经济学角度考察人口和经济的相互关系。库兹涅茨在 1952 年撰写的《人口增长及有关经济变量的长期波动》一文中，把人口变动和经济增长的波动联系起来加以考察。在对美国经济增长波动和人口变动长期趋势的分析中，他断言，美国经济增长波动的规律是由人口变动中的国外移民的迁入引起的。后来，理查德·A. 伊斯特林依据库兹涅茨的经济增长长波理论，研究美国的人口经济增长长波。他发表了许多有价值的论文，如《美国人口和经济增长的长波：论历史格局的一些发现》（1965）、《人口、劳动力和经济增长的长波：美国的经验》（1968）等。在分析人口增长与经济增长长波时，研究了非农业人口变动与国民生产总值、建筑业总产值以及劳动市场条件等变量之间的关系，并通过分析人口总量和经济总量变动的长期趋势，寻找人口波动的经济根源。

此外，一些经济学者分析了人口增长以外的其他因素对经济发展的影响，如舒尔茨在1961年发表了《人力资本投资》一文，提出人力资本的投资就是人的知识、能力、健康等人口质量的投资，人力资本的提高对经济增长的贡献远比物资资本、劳动力数量的增加重要。他在这方面的研究具有开创性。爱德华·富尔顿·丹尼森在1962年撰写了《经济增长的源泉和人们面临的选择》，则从劳动力素质的提高对经济发展的影响来考察问题，他的观点也颇有创新性，对人口经济学的发展有较大的影响。

在微观人口经济学方面，莱宾斯坦在1957年发表了《经济落后和经济增长》一书，首先提出了家庭规模的成本—效益理论，建立了生育的微观经济模型，并考察了家庭的生育决策，为人口经济学的研究开辟了一条途径。此后，贝克尔在1960年发表了一篇见解独到的论文《生育率的经济分析》。在该文中，他从传统的微观经济学视野出发，运用消费者选择理论来分析家庭的生育决策，把孩子看作耐用消费品，并论证了孩子数量成本与质量成本的可替代性，以及家庭收入和父母行为对生育子女数量的影响。这一理论就其研究方法而言并不新颖，但是因为它被用于生育率的分析，所以引起许多经济学者的关注。1965年，贝克尔又发表了一篇论文——《时间分配理论》。这是不同于传统观念的另一种家庭经济行为选择理论，它开辟了生育率研究的新领域。贝克尔的这些理论在30多年前被广泛运用于经济理论的研究和实践，作为人口经济学领域之一的生育率经济学在理论和实证两方面积累了大量的研究成果。

20世纪70年代初到80年代是人口经济学的体系化时期。1972年斯彭格勒出版了《人口经济学》一书，全面系统地论述了人口经济学的概念和内容，使其成为较完整的理论体系。1977 年，西蒙撰写的《人口增长经济学》一书，从宏观和微观的角度阐述了人口经济学的理论和方法，分析了发达国家和发展中国家人口与经济诸方面的关系，如对人口与工农业发展、人口与国民收入、人口与自然资源等关系进行了定量分析，并说明了发展中国家节制生育计划的成本—收益的决策问题。1981 年，舒尔茨发表了《人口经济学》一书，使人口经济学进一步趋向体系化。此外，国际人口学会在 1973 年的列日大会和 1978 年的赫尔辛基专门会议上设置了以人口经济学命名的部门会议，进行了实质性的研究，人口经济学作为体系化的新兴学科被认可。

随着人口经济学的体系化，人口经济学科的主要内容包括人口经济学说的诸理论，人口增长与经济发展的关系，人口的数量、质量、结构、分布以及人口投资与经济发展，人口与资源、环境，经济适度人口理论，家庭规模的一般经济理论及家庭规模的成本—效用分析，人口经济发展趋势的未来展望等。

综上所述，人口增长对经济发展的影响有利有弊，不能一概而论。人口增长对经济发展的负面影响主要表现和反映在：马尔萨斯的悲观观点、人口增长与储蓄率的负相关、人口增长与不平等和贫困、人口增长与资源环境、人口增长与失业、人口增长与人口素质、实证研究的质疑等方面。人口增长对经济发展的正面影响主要表现和反映在：人口、需求与创新（比如农业和制造业），人口、多样性与创新，人口与产出等方面。

二 马克思主义人口经济理论①

马克思和恩格斯创建了"两种再生产"理论。该理论认为，社会生产从来都是包括两个方面，即物质资料再生产和人类自身再生产。这两种再生产都是以人为主体的，都是人类为自己的生存和发展所从事的生产活动。"两种再生产"是一种对立统一的关系，两者互为条件、互相渗透、互相制约。在"两种再生产"的对立统一体中，物质资料生产处在矛盾的主要方面，居于支配地位，起着主导作用。物质资料再生产归根结底决定着人类自身再生产，当然也不能忽视人口自身的再生

---

① 李通屏等编著：《人口经济学》，清华大学出版社 2008 年版，第 34—36 页。

产。人类自身再生产必须与物质资料再生产相适应，这是"两种再生产"相互关系的一般规律。

总之，人口与经济的辩证关系原理既承认经济对人口的决定作用，又承认人口对经济的反作用。经济对人口的决定作用主要表现在：物质资料的生产方式决定人口发展规律；经济发展是人口变动的终极原因，人口增殖条件和生存条件的决定因素。人口对经济的反作用主要表现在：人口是社会经济活动的主体，是社会生产力的要素和生产关系的体现者，必然对经济起阻碍或促进作用；人口不是社会经济发展的根本因素，不能决定社会经济的性质，不能决定社会制度的变化。

此外，马克思主义的人口经济理论还强调，提高人口质量对社会主义建设有极其重要的意义。"人口问题本质上是发展问题"，这是马克思主义人口经济理论在新的历史条件下的概括和发展，这一论断包括以下四个方面的内容：人口问题同发展密不可分；人口问题根源于发展问题；人口对经济发展影响重大；人口问题通过发展来解决。

三　我国人口经济理论的发展①

在我国，人口经济学的研究起步较晚，但是发展很快。20 世纪 50 年代后期，著名经济学家、教育家马寅初发表了《新人口论》，主要从人口增长影响经济发展的角度，论述了新中国控制人口数量的必要性和迫切性。但我国对于人口经济的研究是 20 世纪 80 年代初才全面展开的。20 世纪 80 年代初，我国陆续有一些人口经济研究专著问世，比较有影响的是张纯元等主编的《人口经济学》（1983），它系统地阐述了人口经济的基本理论，论述了人口与生产、分配和消费的相互关系及其规律性，考察了人口和经济增长的比例关系、人口和环境与资源以及人口转变和经济发展等宏观人口经济学的主要内容，并创造性地提出了"最优人口经济效益"的概念，以此来探讨人口增长与经济发展相适应的问题。此后，彭松建编著的《西方人口经济学概论》（1987）和胡鞍钢撰写的《人口与发展：中国人口经济问题的系统研究》（1989）比较引人注目。前者系统地论述了人口经济学的形成过程、各种流派的主要人口经济学学说，以及西方宏观人口经济学和微观人口经济学的一般理论。后者则对人口与劳动力就业、消费、资源等进行系统的分析，并探

---

① 李仲生：《人口经济学》（第 2 版），清华大学出版社 2009 年版，第 5 页。

讨了发展模式及其可行性问题。

进入 20 世纪 90 年代，又出现了一些有关人口经济学方面的研究成果。蒋正华在 1993 年发表的《中国家庭生育行为转变的经济学解释理论模型》一文中，从微观人口经济学的视角出发，运用孩子生产的供求以及成本—收益分析理论模型，对生育转变做了实证研究，富有创新性。郑志晓在 1994 年撰写了《人口经济》一书，概括地阐释了人口经济的含义，论述了人口的数量和质量、人口分布的状况、人口转变以及人口投资对经济发展的影响，并展望了将来的人口经济问题。此外，张世晴的《人口—经济增长的理论研究》（1994）、田雪原的《人口、经济环境的可持续发展》（1996）以及李竞能的《人口经济理论研究》（2000）等学术成果比较引人注目。综合宏观和微观的人口经济学的学科体系、内容和相关理论的研究，中国的人口经济学还处于初创阶段，与日益趋向成熟化的西方人口经济学的理论体系相比尚有差距，中国学者应大胆借鉴西方某些科学的现代研究方法和研究成果，扩大人口经济学的研究领域，使其理论体系进一步完善和发展。

综上所述，人口与经济的关系既具有相对独立性，也具有交叉性和不可分割性、相对长期性、广泛性和适应性。人口对经济的影响或经济对人口的影响，有的是直接的，有的是间接的，通过媒介变量起作用。[1] 人口与经济增长的关系是相当复杂的，既有促进作用和阻碍作用，也有短期效应和长期效应。在不同的经济条件或不同经济发展阶段下，人口对经济的作用存在很大差异。在经济发展水平较低时，人口对经济的制约性较大。

四　有关新疆人口与经济关系的研究

（一）从传统角度对新疆人口与经济关系的研究

胡崇庆（1985）从人口与农业生产以及水资源角度分析了新疆人口增长对经济发展的压力，指出今后随着新疆人口的增长，新疆人口与资源环境之间的矛盾将越来越突出。[2] 原新、林丽（1987）以木垒—皮山分界线把新疆分成东、西两部分，通过分析两部分间资源、经济、人口等各项指标，发现这两部分人口空间分布与生产力布局是吻合的，生

---

① 李仲生：《人口经济学》（第 2 版），清华大学出版社 2009 年版，第 5 页。
② 胡崇庆：《试论新疆人口和经济的发展条件》，《西北人口》1985 年第 4 期。

产力布局受自然条件制约，在新疆主要表现在绿洲、水资源及其他资源的限制，它们的空间分布不平衡与两大区域的人口、经济发展不平衡是相适应的；东南部和西北部各自的人口数量、劳动力资源、利用和改造自然的能力与各自的经济开发程度也是相适应的。① 熊永惠（1988）在分析新疆人口发展特点的基础上，分析了新疆人口发展对人均耕地、人均畜产品以及环境保护的影响，指出新疆人口与经济发展之间的矛盾十分尖锐，人口压力严重地制约着新疆社会经济的发展，由此，应当控制人口增长，在各族群众中普遍推行计划生育政策②。胡焕庸（1988）从新疆历史人口、自然和生态特征、人口的增长和分布、自然增长和迁移增长以及兵团人口五个方面分析了新疆的人口发展。③ 王宁（1991）按照不同时期人口增长与经济发展的特点，将新疆人口增长与经济发展分为五个时期，即 1949—1954 年经济的恢复拉开了人口激增的序幕阶段，1955—1958 年人口超越经济增长的第一个高峰期，1959—1962 年人口与经济增长的特殊时期，1963—1977 年政治经济的动荡与人口增长的失控时期，1978—1989 年经济发展与人口稳定收缩时期，并从资金积累、劳动就业、劳动生产率、人民生活、文化教育五个方面分析了新疆人口数量变化对经济社会的影响，指出了控制人口增长的必要性。④

综上所述，这一时期有关新疆人口与经济发展关系的研究，是基于新疆人口和经济发展以及生态环境状况开展的，大多侧重于从传统的人口与农业生产角度分析人口增长对耕地、畜产品以及人民生活水平提高等方面的压力，提出控制人口增长的建议。但是，由于数据资料的限制，研究不够深入。

（二）从人口、经济与资源环境可持续发展角度对新疆人口与经济关系的研究

进入 21 世纪，随着可持续发展理论研究的深入，学者开始从人口、资源、环境与经济社会协调发展的角度，利用各种量化研究方法，对新

---

① 原新、林丽：《论新疆人口东西分布不均与经济的关系》，《西北人口》1987 年第 2 期。

② 熊永惠：《新疆人口特点及其对新疆经济发展的影响》，《实事求是》1988 年第 4 期。

③ 胡焕庸：《新疆维吾尔自治区人口的增长和经济的发展》，《西北人口》1988 年第 3 期。

④ 王宁：《简论新疆人口发展与经济的关系》，《新疆社会经济》1991 年第 3 期。

疆人口系统、经济系统与生态环境系统之间的协调发展进行了评价和测量。1998 年新疆大学国家社会科学基金项目"新疆人口、资源、环境及可持续发展战略"课题组研究发现，在当时新疆的资源环境开发利用情况下，结合国家和地方政府实际开发能力假设下的开发程度，按营养型标准计算，新疆人口规模已经超出了人口承载力，但是参照发达国家的水土资源开发利用程度，新疆具有较大的人口承载力。[①] 张效莉、黄硕琳（2008）使用逼近于理想解排序（TOPSIS）方法，用 2003 年我国 30 个省份的数据对人口、经济发展与生态环境系统进行协调性测度，经与全国其他省份横向比较，计算得出 2003 年新疆的协调度为 0.564，属于不协调发展。新疆横向比较不协调发展的主要原因是人口指标偏高，社会进步与经济发展指标偏低，承载力和环保建设偏低。[②] 韩桂兰、孙建光（2009）以新疆整体为参照区，计算了南疆、北疆和东疆的经济承载力和土地承载力，结果显示南疆土地资源的人口承载力较高，而经济资源的人口承载力较低，实际人口处于超载状况；北疆经济资源的人口承载力较高，而土地资源的人口承载力较低，实际人口是富余状况；东疆经济资源的人口承载能力高于土地资源的人口承载力，实际人口属于严重超载状况。[③] 朱晓等（2010）以全国为参照区，计算了 1978—2006 年新疆经济承载力，结果显示新疆人口的相对增长速度远远大于经济的相对增长速度，新疆人口一直处于超载状态。[④]

综上所述，利用量化模型对新疆人口、经济与资源环境可持续发展的研究，具有一定的价值和意义，均得出了需要控制新疆人口增长、提高人口素质的结论。但是这些研究均是利用宏观数据，存在的问题包括：研究假设有一定的局限性，实证结果难以得到经验检验，人口承载力影响因素具有动态性，不确定性和多样性导致承载力结果难以精确测

① 朱晓等：《人口、资源、环境与经济协同发展研究》，东北财经大学出版社 2010 年版，第 25—26 页。

② 张效莉、黄硕琳：《人口、经济发展与生态环境系统协调性测度原理及应用》，中国环境科学出版社 2008 年版，第 116 页。

③ 韩桂兰、孙建光：《新疆不同区域资源人口承载力的综合评价与分析》，《吉林省经济管理干部学院学报》2009 年第 4 期。

④ 朱晓等：《人口、资源、环境与经济协同发展研究》，东北财经大学出版社 2010 年版，第 76 页。

定以及可操作性差等。①

总之，截至目前，有关新疆人口的研究多采用水、土等资源环境承载力的定量模型，缺少使用最新权威数据（普查数据）和利用人口普查资料分析技术对新疆人口数量、质量、结构与分布以及人口生育、死亡以及迁移等方面的系统而深入的研究，也缺少围绕新疆人口与经济发展不协调的突出问题而展开的问题导向型研究。

第三节　研究思路与研究内容

由于人口与经济之间的关系大多为间接关系，为了避免重复研究和更好地解决现实问题，本书立足问题导向的研究思路。上篇主要分析新疆人口的现状与变动特点，并对新疆人口与经济协调发展程度进行了评价。中篇是本书的核心内容，紧紧围绕新疆人口与经济协调发展的主要方面：如何确定合理的人口生育水平，如何更好地引导迁移流动人口与区域经济协调发展，如何提高新疆尤其是南疆地区人口素质，以及如何促进人口就业与经济协调发展四大问题展开研究。下篇为专题研究。首先，进行了南疆三地州贫困的人口学因素分析。其次，分析了新疆人口老龄化的特点及其对新疆养老服务体系的需求。最后，对新疆生产建设兵团人口发展进行了分析。兵团是新疆社会经济的重要组成部分，兵团人口是新疆人口的重要组成部分，因此，分析了兵团人口的发展及存在的问题，并提出了相应对策。

第四节　关于研究所用数据的说明

本书所使用的数据如无特殊说明，均来自历年的《中国统计年鉴》和《新疆统计年鉴》以及历次人口普查资料。新中国成立后，我国共进行了六次全国人口普查。这六次人口普查的标准时点分别是 1953 年、1964 年、1982 年和 1990 年的 7 月 1 日 0 时，以及 2000 年和 2010 年的

---

① 童玉芬：《人口承载力研究的演进、问题与展望》，《人口研究》2012 年第 5 期。

11月1日0时，以下分别把这六次人口普查简称为"一普"、"二普"、"三普"、"四普"、"五普"和"六普"。

　　根据"五普"及以前历次人口普查办法规定，人口普查采用按常住人口登记的原则。每个人必须在常住地进行登记。一个人只能在一个地方登记。《第六次全国人口普查方案》规定：人口普查采用按现住地登记的原则。每个人必须在现住地进行登记。虽然人口普查登记原则发生了变化，但是历次普查数据的人口数均是常住人口（包括流动人口）。必须要说明的是，历次人口普查关于流动人口的统计口径变化较大，1982年"三普"以前由于人口流动量相对较小，流动范围较小，居民的常住地与其户口所在地基本一致。1982年"三普"将"常住人口的户口登记状况"区分为以下五种类型：常住本地（指本县、市、区，下同），户口在本地；常住本地一年以上，户口在外地；居住本地不满一年，但离开户口登记地一年以上；居住本地，户口待定；原住本地，现在国外工作或学习，暂无户口。简言之，依据1982年普查数据得到的流动人口是"跨县"、"一年以上"的流动人口。1990年"四普"流动人口的统计口径与1982年类似。2000年人口普查将"户口登记状况"（调查项目R61）分为五类：居住本乡（镇、街道），户口在本乡（镇、街道）；居住本乡（镇、街道）半年以上，户口在外乡（镇、街道）；在本乡（镇、街道）居住不满半年，离开户口登记地半年以上；居住本乡（镇、街道），户口待定；原住本乡（镇、街道），现在国外工作学习，暂无户口。2010年"六普"关于流动人口的问卷沿袭了2000年"五普"的思路，只是在选项设置上更加细致。[1] 可见，从2000年"五普"开始，关于流动人口划分的时间和空间标准作了较大调整，时间标准由一年缩短为半年，而空间标准由县（市、区）缩小为乡（镇、街道）。

　　另外要说明的是，本书中除非单独给出自治区直辖县级市（兵团的石河子市、五家渠市、阿拉尔市、图木舒克市），新疆总人口数及各地州市的人口数是包括兵团人口的，但是经济社会数据不包括兵团各师和团场。

---

　　[1]　国家统计局人口与就业统计司、中国人民大学社会与人口学院编：《人口和就业统计分析技术》，中国统计出版社2012年版，第224—225页。

关于新疆"六普"数据的质量，新疆维吾尔自治区第六次全国人口普查办公室撰写的《新疆维吾尔自治区第六次全国人口普查报告书》对"六普"总人口数、人口年龄及性别数据、出生及死亡人口数据的评估显示：新疆总人口数是准确的，各年龄段性别比符合实际情况，无年龄堆积现象，不需对出生率和死亡率进行修正；婴儿死亡率和各年龄别的死亡率符合实际情况；总体数据质量较好，不需对数据再进行修正。①

特别要说明的是，出生和省际迁移是影响新疆人口变动的主要因素，但新疆历次人口普查和人口抽样调查对外公开的数据没有分民族的出生和生育水平数据，省际人口迁移方面的数据也没有公开。因此，本书数据主要来源于权威专家的论文，属于二手数据。另外，由于数据的四舍五入，可能会产生分项数据之和与总数不相等的现象。

---

① 新疆维吾尔自治区第六次全国人口普查办公室：《新疆维吾尔自治区第六次全国人口普查报告书》，2013 年 1 月。

第二章 新疆人口现状与变动特点

人口与经济社会的辩证关系显示，一个国家或地区的人口状况及其变动会对该国家或地区的经济社会发展产生一定影响，但是一个国家或地区的经济社会发展状况对人口状况及其变化的影响是决定性的。因此，了解人口的动态变动过程及其特征，是分析该国家或地区人口与经济协调发展的基础。新疆位于我国西北边疆，属于干旱半干旱地区，是典型的绿洲经济。同时，也是少数民族聚集区，经济发展相对滞后。这些特点决定了新疆人口在数量变动、结构与分布特征、人口素质等方面具有自身的特点。

第一节 新疆人口现状特点

一 新疆是少数民族聚集区

新中国成立以前，新疆少数民族数量很少，只有12个民族。[①] 新中国成立后，由于各民族人口的迁移、流动，民族数量不断增加，2000年"五普"时，新疆民族数量已达到55个，在全国56个民族中只缺基诺族。2010年"六普"时，新疆已包括了全国所有56个民族成分，是一个名副其实的民族大家庭。新中国成立以来，新疆少数民族人口有了大幅度的增长，少数民族人口从1949年的404.24万人增加到2010年的1349.29万人，增加了2.34倍。"六普"数据显示，新疆少数民族人口已达到1298.58万人（含其他未识别的民族人口和外国人加入中国籍人口），占总人口的59.52%。在全国各省、市、自治区中，少数

---

① 《世纪之交的中国人口（新疆卷）》编委会：《世纪之交的中国人口（新疆卷）》，中国统计出版社2005年版，第193页。

民族人口的绝对数仅次于广西壮族自治区（1710.77 万人）和云南省
(1534.92 万人），少数民族人口占总人口的比例仅次于西藏自治区
(91.83%）。如图 2-1 所示，新疆人口中少数民族人口的比例由 1949
年的 93.28% 逐步下降到 1970 年的 60.46%，之后新疆少数民族人口比
例一直稳定在 60% 左右，汉族人口比例一直稳定在 40% 左右，这是新
疆人口的最大特点。

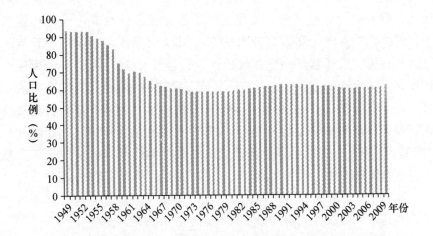

图 2-1　新疆 1949—2010 年少数民族人口占总人口比例

资料来源：历年《新疆统计年鉴》，人口数为年底人口数。

二　新疆人口迁移频繁

在不考虑跨国人口迁移的基础上，我们把一国的人口看成是一个封
闭的系统，在分析一个国家的人口状况时不考虑跨国人口迁移。但是在
分析一国内某地区的人口发展时，必须要考虑跨地区的人口流动和迁移
对该地区人口变动的影响。新疆自古以来就是人口迁移频繁的地区[①]，
跨省迁移是新疆人口迁移的主要特点。新中国成立以来，新疆更是迎来
了大规模的移民浪潮。新疆人口的省际迁移活动具有计划迁移和自发迁
移的双重特色，并且经历了以计划迁移为主、自发迁移为辅向以自发迁
移为主进行转变的历史过程。新疆 50 多年的省际人口迁移变动具有大

---

① 杨政、原新、童玉芬：《新疆人口省际迁移研究》，《新疆大学学报》（哲学社会科学
版）1995 年第 2 期。

起大落和明显的阶段性特征，大致经历了 1949—1961 年的第一高潮期（表现为人口净迁入，年均净迁入 15.64 万人）、1962—1963 年的低谷期（表现为人口净迁出，1962 年新疆省际人口净迁移为 - 19.46 万人）、1964—1980 年的第二高潮期（表现为人口净迁入，年均净迁入 8.82 万人）、1981—1989 年的第二低谷期（表现为人口净迁出，年均净迁出 2.73 万人）、1990—2000 年的新高峰期（表现为人口净迁入，年均净迁入 6.028 万人）①，并且汉族是新疆迁入人口的主体。从新疆历次迁移人口的比例来看，汉族占的比例比较大。在第一次迁移高潮中，汉族人口占净迁移人口数的 95%，其余为回族、东乡族、壮族等民族；在第二次迁移高潮中，汉族人口占净迁移人口的 85%，回族占 10%，其余为哈萨克族、东乡族、壮族等民族。② 再加上具体数据的不可获得，本书忽略了跨省流入新疆人口③中的少数民族人口，将跨省流入新疆人口全部看成汉族人口。"六普"数据显示，跨省流入新疆人口为 179.16 万人，如果将其全部看成汉族人口的话，其占新疆全部汉族人口（882.99 万人）的 20.29%。也就是说，新疆汉族人口中每五个人中就有一个是跨省流入新疆的。可见，跨省流入新疆人口会对新疆总人口尤其是新疆汉族人口的方方面面产生较大影响。

综上所述，与国内其他省市区相比，新疆人口的最大特点是：第一，新疆人口由汉族人口和少数民族人口组成，由于汉族人口和少数民族人口的城乡分布、地区分布以及经济社会发展状况的差异，计划生育政策实施时间和效果的差异，少数民族人口和汉族人口经历了两种截然不同的发展过程；第二，新疆是人口迁移频繁的地区，跨省流入新疆人口以汉族为主体，这些移民会对新疆人口的性别及年龄结构、数量变化、空间分布等方面产生影响。这两大特点不仅决定了新疆人口的现状与特点，也必将影响新疆人口今后的发展。因此，下面除了分析新疆总人口，还将分别对新疆汉族人口和少数民族人口进行分析和比较研究，

---

① 丘远尧、杨力民、童玉芬等：《省际人口迁移活动对社会经济发展的影响——新疆省际人口迁移特征分析》，载《第五次全国人口普查科学讨论会论文集》，中国统计出版社 2004 年版，第 694 页。

② 《世纪之交的中国人口（新疆卷）》编委会：《世纪之交的中国人口（新疆卷）》，中国统计出版社 2005 年版，第 327 页。

③ 本书的跨省流入新疆人口是指"六普"时现住地在新疆而户口所在地不在新疆的人口。

并考虑跨省流入新疆人口对新疆人口发展变化的影响。

第二节　新疆人口增长特征

新中国成立后，国家根据少数民族地区的特点，在新疆实行了民族区域自治制度。随着生产的恢复和发展，各族人民的基本生活有了保障，并逐步得到改善；同时，医疗卫生事业也不断发展，特别是地方病的防治和妇幼保健工作的开展使人口死亡率大幅度下降。另外，在"屯垦戍边，建设边疆"的方针指导下，内地支援新疆的人口增加，大大促进了新疆的开发建设，同时扩大了迁移人口的增长率，从而使新疆人口的数量、结构和素质等发生了巨大的变化。

一　新疆人口属于典型的快增长型

以 1949 年新中国成立为标志，1902—1949 年，新疆人口总量由 207 万增加到 433.34 万，47 年间增长了 1.1 倍，年平均增长率为 1.58%，增长比较缓慢。1949—2000 年，人口总量由 433.34 万人增长到 1845.95 万人，51 年间增长了 3.26 倍，年平均递增率为 3.13%。[①] 可见，两个阶段新疆人口的发展速度有着明显的差异，这主要是随着 1949 年新中国的成立，彻底推翻了压在各族人民头上的"三座大山"，人民当家做主，开始了建设社会主义的大生产运动，同时卫生条件和人民生活条件逐步改善，人口死亡率尤其是婴儿死亡率大大降低，促进了人口的快速增长。1949—1978 年，全国人口从 54167 万人增加到 96259 万人，增加了 77.71%。而同期新疆人口从 433.34 万人增加到 1233.01 万人，增长了 1.85 倍。1979—2000 年，全国人口从 97542 万人增加到 126743 万人，增加了 27.94%。而同期新疆人口从 1255.97 万人增加到 1849 万人，增长了 47.22%。[②] 进入 21 世纪，2010 年"六普"数据显示，新疆总人口为 2181.58 万人，比"五普"的 1845.95 万人增长 18.18%，平均每年增长 33.56 万人，年平均增长率为 1.68%，而同期

---

① 《世纪之交的中国人口（新疆卷）》编委会：《世纪之交的中国人口（新疆卷）》，中国统计出版社 2005 年版，第 2 页。

② 数据来源于各年的中国统计年鉴和新疆统计年鉴，各年的人口数均为年底人口数。

全国总人口年平均增长率为 0.52%。由此可见，新疆人口的增长速度一直快于全国人口平均增长速度，属于典型的快增长型。

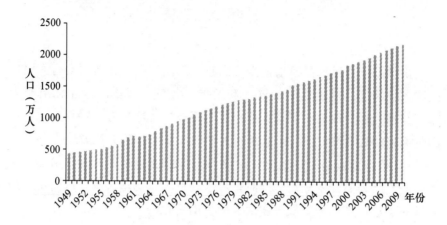

图 2-2　1949—2010 年新疆总人口

二　新中国成立以来少数民族人口增长速度快于汉族

分别对 1949—2010 年新疆总人口、汉族人口以及少数民族人口数据的进行线性拟合，结果显示其函数方程式及可决系数分别为：$y = 29.07x + 327.23$（$R^2 = 0.9956$），$y = 13.54x + 31.52$（$R^2 = 0.9668$），$y = 15.53x + 295.7$（$R^2 = 0.9753$），对三个可决系数的比较很容易发现，新疆总人口的增长最接近于线性；相对于汉族人口，少数民族人口的增长更加趋近于线性。同时，新疆总人口的增长速度较高，少数民族与汉族相比，其增长速度更快。

三　少数民族人口与汉族人口增长分析

一个区域的人口增长由自然增长和机械增长两部分组成。如上所述，新疆人口由汉族人口和少数民族人口组成，而跨省迁移人口又以汉族人口为主，因此，新疆少数民族人口增长主要是自然增长，而汉族人口增长是自然增长和机械增长共同作用的结果。下面对历次人口普查的汉族人口和少数民族人口对新疆总人口增长的贡献情况分析，也证明了这一点。

新疆是少数民族聚集区，因此必须进一步分析新疆汉族人口和少数民族人口对总人口增长的贡献情况。1949—2010 年，新疆总人口由 433.34

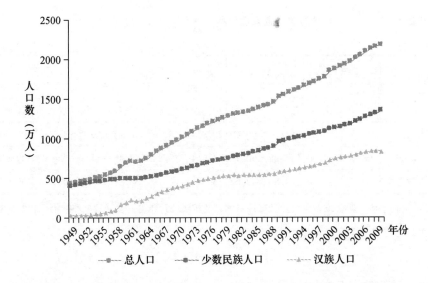

图 2 – 3　1949—2010 年新疆总人口、汉族人口以及少数民族人口变化

万人增加到 2181. 58 万人，增加了 1748. 24 万人，其中汉族人口由
29. 10 万人增加到 882. 99 万人，增加了 853. 89 万人，占新疆总增加人
口的 48. 84%；少数民族人口由 404. 24 万人增加到 1298. 58 万人，增
加了 894. 35 万人，占新疆总增加人口的 51. 16%。历次普查的汉族人
口与少数民族人口对新疆总人口的贡献见表 2 – 1。

表 2 – 1　　　　历次人口普查新疆少数民族和汉族人口变动情况

单位：万人、%

	"一普"	"二普"	"三普"	"四普"	"五普"	"六普"
新疆总人口	478. 36	727. 01	1308. 15	1515. 69	1845. 95	2181. 58
增长率	—	51. 98	79. 94	15. 86	21. 79	18. 18
少数民族人口	445. 15	494. 89	779. 75	946. 15	1096. 96	1298. 58
增长率	—	11. 17	57. 56	21. 34	15. 94	18. 38
汉族人口	33. 21	232. 12	528. 40	569. 54	748. 99	882. 99
增长率		598. 95	127. 64	7. 79	31. 51	17. 89

表 2 - 2 　　　　新疆历次普查间汉族和少数民族人口增长情况

单位：万人、%

	"一普"至"二普"		"二普"至"三普"		"三普"至"四普"		"四普"至"五普"		"五普"至"六普"	
	增长数	比例	增长数	比例	增长数	比例	增长数	比例	增长数	比例
总人口	248.65	100.00	581.14	100.00	207.54	100.00	330.26	100.00	335.63	100.00
汉族	198.91	80.00	296.28	50.98	41.14	19.82	179.45	54.34	134.00	39.93
少数民族	49.74	20.00	284.86	49.02	166.40	80.18	150.81	45.66	201.62	60.07

资料来源：新疆维吾尔自治区统计局编：《新疆统计年鉴》（2012），中国统计出版社 2012 年版。

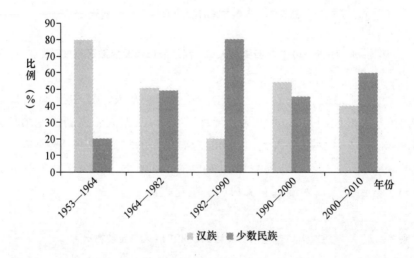

图 2 - 4　新疆历次普查间汉族和少数民族人口增长数占总人口增长数的比例

1953 年的"一普"到 1964 年的"二普"期间，汉族人口由 33.21 万人增加到 232.12 万人，增加了 198.91 万人；少数民族人口由 445.15 万人增加到 494.89 万人，增加了 49.74 万人；汉族人口增长对新疆总人口的增长贡献为 80.00%，少数民族人口增长对新疆总人口的增长贡献为 20.00%，汉族人口的增加远远多于少数民族人口。这主要是由于新中国成立初期的 20 世纪五六十年代国家为了建设和开发新疆，从内地调入、分配、招收大批人员，同时又将人民解放军一部就地转业。与此同时，随户迁移以及自流人员也大量涌入新疆①，1949—1961年新疆净迁入人口为187.72万人②，从1962年开始新疆进入省际人口迁移的第一个低谷期，1962年净迁入人口为 –19.46万人，1963年净迁入只有3.01万人，如果把1949—1953年的迁入人口也考虑在1953—1964年的话，这一时期新疆迁入人口约为171.27万人，占同期汉族人口增长数的86.10%。再加上汉族人口的自然增长，这一时期汉族人口总量大幅度增加。而同期少数民族人口主要是自然增长，加上少数民族人口基数不大，最终导致这一时期汉族人口的增长对新疆总人口的增长贡献率为80%。可见，这一时期汉族人口的增长又是由省际迁移人口增长所导致的。

　　1964年的"二普"到1982年的"三普"期间，汉族人口由232.12万人增加到528.40万人，增加了296.28万人；少数民族人口由494.89万人增加到779.75万人，增加了284.86万人；汉族人口增长对新疆总人口的增长贡献为50.98%，少数民族人口增长对新疆总人口的增长贡献为49.02%，汉族人口的增长与少数民族人口的增长相差不多。这主要是由于1964—1980年新疆迎来了省际人口迁移的第二次高潮，这一时期新疆省际净迁入人口达149.90万人③，占同期汉族人口增长数的50.59%，且1975年之前新疆汉族人口也没有实施计划生育，但是1975年新疆开始在汉族人口中实行计划生育政策，并且到1982年在汉族人口中实施的计划生育政策已经开始发挥作用，1982年新疆汉族育龄妇女的总和生育率为2.02④，已经下降到更替水平（2.1）以下。而同期少数民族人口增长还是由自然增长主导，并且少数民族人口没有实施计划生育政策，其生育水平较高，1982年新疆少

---

①　《世纪之交的中国人口（新疆卷）》编委会：《世纪之交的中国人口（新疆卷）》，中国统计出版社2005年版，第196页。

②　丘远尧、杨力民、童玉芬等：《省际人口迁移活动对社会经济发展的影响——新疆省际人口迁移特征分析》，载《第五次全国人口普查科学讨论会论文集》，中国统计出版社2004年版，第694页。

③　同上。

④　新疆维吾尔自治区地方志编撰委员会编：《新疆通志·人口志》，新疆人民出版社2008年版，第167页。

数民族育龄妇女的总和生育率高达 5.55①，再加上少数民族人口基数逐渐增大，从而导致这一时期少数民族人口的自然增长仍然较多。可见，这一时期新疆汉族人口与少数民族人口增加相差不多，汉族人口增加由机械增长和自然增长共同作用，而少数民族人口的增加是由自然增长所导致的。

1982 年的"三普"到 1990 年的"四普"期间，汉族人口由 528.40 万人增加到 569.54 万人，增加了 41.14 万人；少数民族人口由 779.75 万人增加到 946.15 万人，增加了 166.40 万人；汉族人口增长对新疆总人口的增长贡献为 19.82%，少数民族人口增长对新疆总人口的增长贡献为 80.18%，少数民族人口的增加远远超过汉族人口。这主要是由于 1981—1989 年新疆出现了较大规模的省际人口迁出，净迁出人口达 24.57 万人②，再加上计划生育政策在汉族人口的深入开展，汉族人口的总和生育率由 1981 年的 2.02 下降到了 1990 年的 1.53③，汉族人口的计划生育工作卓有成效，导致汉族人口的自然增长降低，再加上省际人口净迁出的也主要是汉族人口，从而导致这一时期汉族人口只增加了 41.14 万人。而少数民族人口直到 1989 年才开始实行计划生育，1990 年其总和生育率为 4.51④，生育水平较高，再加上人口基数较大，且其处于生育高峰期的 20—29 岁的妇女占育龄妇女的比例也较高，1981 年和 1990 年这一比例分别为 35.39% 和 36.32%⑤，从而导致了新疆少数民族人口增加了 166.40 万人，远远大于汉族人口的增加幅度。可见，这一时期少数民族人口较高的自然增长和汉族人口较低的自然增长以及净迁出的影响，使这一时期少数民族人口的增加远远超过汉族人口。

---

① 新疆维吾尔自治区地方志编撰委员会编：《新疆通志·人口志》，新疆人民出版社 2008 年版，第 167 页。

② 丘远尧、杨力民、童玉芬等：《省际人口迁移活动对社会经济发展的影响——新疆省际人口迁移特征分析》，载《第五次全国人口普查科学讨论会论文集》，中国统计出版社 2004 年版，第 694 页。

③ 新疆维吾尔自治区地方志编撰委员会编：《新疆通志·人口志》，新疆人民出版社 2008 年版，第 167 页。

④ 同上。

⑤ 李建新、杨力民：《新疆两次人口普查间人口出生率变动成因及人口控制效果评价》，《西北人口》1994 年第 1 期。

1990 年的"四普"到 2000 年的"五普"期间，汉族人口由 569.54 万人增加到 748.99 万人，增加了 179.45 万人，增长率为 31.51%；少数民族人口由 946.15 万人增加到 1096.96 万人，增加了 150.81 万人，增长率为 15.94%；汉族人口增长对新疆总人口的增长贡献为 54.34%，少数民族人口增长对新疆总人口的增长贡献为 46.66%，汉族人口的增加规模与少数民族人口的增加相差不多。这主要是由于 1990—2000 年随着国家发展战略的转移，新疆迎来了省际人口迁移的新高潮，从 1990 年初到 2000 年，历年均为人口净迁入，而且迁移量逐年回升，但规模与 20 世纪五六十年代已不可相提并论，这一时期新疆省际净迁入人口达 60.28 万人①，占同期汉族人口增长数的 33.59%。在自然增长方面，汉族人口的总和生育率由 1990 年"四普"的 1.53 下降到 2000 年"五普"的 1.35②，汉族人口生育水平在较低水平下继续下降，但是汉族人口的基数在变大，再加上省际人口净迁入的也主要是汉族人口，从而导致这一时期汉族人口增加了 179.45 万人。而少数民族人口随着计划生育政策的逐步实行，其生育水平逐步下降，2000 年"五普"时新疆少数民族人口育龄妇女总和生育率下降到 2.56③，但是少数民族人口基数较大，其育龄妇女人数从 1990 年"四普"的 225.35 万人增加到 2000 年"五普"的 292.99 万人，从而导致了新疆少数民族人口增加了 150.81 万人，与汉族人口的增加幅度相差不大。可见，这一时期少数民族人口较高的自然增长和汉族人口较低的生育水平以及净迁入的影响，使这一时期汉族人口的增加与少数民族人口的增加相差不多。

2000 年的"五普"到 2010 年的"六普"期间，汉族人口由 748.99 万人增加到 882.99 万人，增加了 134.00 万人，增长率为 17.89%；少数民族人口由 1096.96 万人增加到 1298.58 万人，增加了 201.62 万人，增长率为 18.38%；汉族人口增长对新疆总人口的增长贡

---

① 丘远尧、杨力民、童玉芬等：《省际人口迁移活动对社会经济发展的影响——新疆省际人口迁移特征分析》，载《第五次全国人口普查科学讨论会论文集》，中国统计出版社 2004 年版，第 694 页。

② 《世纪之交的中国人口（新疆卷）》编委会：《世纪之交的中国人口（新疆卷）》，中国统计出版社 2005 年版，第 68 页。

③ 新疆维吾尔自治区地方志编撰委员会编：《新疆通志·人口志》，新疆人民出版社 2008 年版，第 167 页。

献为 39.93%，少数民族人口增长对新疆总人口的增长贡献为 60.07%，少数民族人口的增加规模远大于汉族人口。省际人口迁移方面，2001—2005 年新疆年均净迁移为 11.84 万人。根据"六普"长表抽样数据，现住地在新疆而 5 年前常住地在省外的人口数为 84050 人，而 5 年前常住地在新疆现住地已经不在新疆的有 28669 人，按照 10% 的抽样比例大致估计，新疆总人口中这两类人口分别为 84.05 万人（1995—2000年这一数据为 113 万人）和 28.67 万人，由此计算的 2005—2010 年新疆人口仍为净迁入，净迁入人口为 55.38 万人。这样计算得到 2000—2010 年新疆省际人口净迁入为 114.58 万人，远超过 1990—2000 年的 60.28 万人，如果将省际迁移人口全部看成汉族人口的话，省际迁移人口占同期汉族人口增长数的 85.71%，而这一时期新疆汉族人口仅自然增长了 19.42 万人。另外，汉族人口的总和生育率由 2000 年"五普"的 1.35 下降到 2010 年"六普"的 1.00。可见，与上一时期相比，这一时期汉族人口省际净迁入人口的增加和妇女生育水平的降低共同作用，导致汉族人口增加了 134.00 万人。而同期少数民族人口的省际迁移规模和比例较低，不是影响其人口变动的主要因素，自然增长仍然是影响其人口增长的主要因素，这一时期随着计划生育政策和南疆三地州特殊奖励政策的深入实施，少数民族人口的总和生育率继续降低，少数民族中规模最大、生育水平最高的维吾尔族的总和生育率由 2000 年"五普"时的 2.64 下降到 2010 年"六普"时的 1.85。与此同时，其育龄妇女人口由 292.99 万人增加到 381.62 万人，增加了 88.63 万人。可见，少数民族人口育龄妇女规模较大、生育水平较高，导致少数民族人口增加了 201.62 万人，远远高于汉族人口的增长数 134.00 万人。可见，这一时期少数民族人口的生育水平出现了大幅下降，但是受育龄妇女规模较大的影响，少数民族人口的增加规模和增长率均超过了上一时期，而汉族人口由于相对较大省际迁移人口规模和超低的生育水平，增长规模远小于少数民族人口，增长率方面两者相差不大（见表 2-2）。

综上所述，少数民族人口的数量变化由自然变动引起，而少数民族人口的自然变动由少数民族计划生育政策的实行时间和实行效果（生育水平）引起，1988 年 7 月新疆开始在少数民族人口中实施计划生育政策，随着计划生育政策的实施效果逐步显现以及经济社会的发展，少数民族人口育龄妇女的总和生育率由 1990 年的 4.51 下降到 2000 年

"五普"时的 2.56，再到 2010 年所有少数民族均低于更替水平（少数民族中规模最大、生育水平最高的维吾尔族为 1.85），生育水平的降低会使未来参与人口再生产的妇女减少，少数民族人口的自然增长率降低，"六普"时的人口结构已经成为成年型（减少型）人口类型，但是由于少数民族人口计划生育政策的宽松，以及生育周期的影响，未来新疆少数民族人口的增加仍将维持在较大规模。因此，未来依靠自然增长的少数民族人口的增长将主要取决于少数民族人口计划生育政策的实施效果及少数民族人口生育观念的转变情况。汉族人口数量的变化则受自然增长和机械增长共同影响，如上所述，机械增长对汉族人口的变化影响很大，而汉族人口育龄妇女的总和生育率在 1982 年"三普"时就已经低于更替水平，比全国人口早约 10 年的时间。"六普"数据显示，新疆汉族人口的生育水平只有 1.00，远低于全国人口的 1.18。可见，未来如果汉族人口计划生育政策不变的情况下，新疆汉族人口的变化将还是主要取决于机械增长，但是未来随着我国整体人口发展形势的变化，尤其是劳动年龄人口的减少，跨省流入新疆人口的规模会越来越小，再加上汉族人口极低的自然增长，少数民族人口将成为推动新疆人口增长的主要动力，未来新疆汉族人口的比例将会逐步变小，而少数民族人口的比例还会继续变大。

第三节　新疆人口转变

人口转变理论的提出，突破了以往人口研究仅考察总人口变动的局限，开始分析人口变动的内在因素，即考察出生率和死亡率的变动及其原因和后果。它最先结合人口再生产过程探讨人口发展的历史阶段，为研究世界人口发展趋势开拓了一条新路。但是人口转变理论不同于一般的人口理论，它主要来自对历史经验和实践的分析，而不是纯理论演绎的结果。[1] 传统的人口转变是指由"高出生率、高死亡率、低自然增长率"类型逐步向"低出生率、低死亡率、低自然增长率"类型转变。

---

① 李竞能、李建民：《当代西方人口学说的源流》，《中国人口科学》1992 年第 4 期。

之后，又有学者提出了第二次人口转变和第三次人口转变。[①] 本书所指的人口转变是指传统的人口转变。

一　新疆人口转变进程晚于全国

人口转变的核心指向就是原始的高生育率、高死亡率、高自然增长率最后稳定为现代的低生育率、低死亡率和低自然增长率，其间则为重要的过渡时期或人口转变阶段。以此作为衡量依据，我们可以看到新疆自 1949 年以来人口转变的大致情况。

如图 2 - 5 所示，从总体上来看，1950 年新疆人口的出生率为 30.09‰，死亡率为 19.92‰，自然增长率为 10.17‰，处于高出生率、高死亡率、低自然增长率阶段，属于人口转变的第一阶段。整个 20 世纪 50 年代，新疆人口的死亡率下降是明显的；20 世纪 60 年代以后，死亡率一直在 9‰以下。出生率在 20 世纪 50 年代处于上升趋势，1950 年出生率为 30.09‰，到 1962 年出生率达到 32.02‰，增长速度比较缓慢，然而到了 1965 年，出生率陡然增长到 41.65‰，上升幅度较大。整个 60 年代到 70 年代中期，出生率一直在 35‰上下起伏，居高不下，

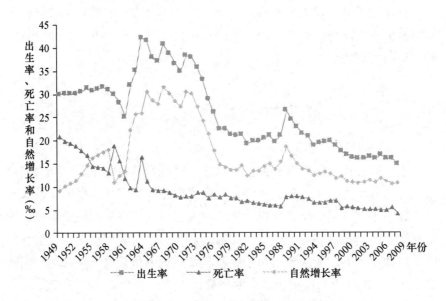

图 2 - 5　1949—2010 年新疆人口转变历程

---

① 石人炳：《人口转变：一个可以无限拓展的概念》，《人口研究》2012 年第 2 期。

到了 1980 年，出生率才降到一个较低的水平，达到 21.28‰。相对于全国人口的出生率 18.21‰来说，新疆人口的出生率偏高。20 世纪 90年代初期，新疆人口的出生率有小幅回升，2000 年以后，就一直处于下降阶段。"六普"资料显示，到了 2010 年，新疆人口的出生率下降到了 15.99‰，死亡率为 5.43‰。可以看到，新疆人口再生产类型已经跨入"低出生、低死亡、低增长"的阶段。新疆人口自然增长率的变化表现出与出生率同样的变化趋势。

　　为了更好地对新疆人口转变阶段做一全面而准确地判断，需要从全国的角度来分析新疆人口转变特征。

　　图 2 - 6 反映了 1949 年以来全国人口转变的历程。可以看出，自1949 年新中国成立以来，中国人口的自然变动基本实现了从高出生率、高死亡率和低自然增长率向低出生率、低死亡率和低自然增长率的转变。1959—1961 年三年自然灾害的困难时期出生率下降、死亡率上升，1960 年甚至出现了人口负增长的特殊时期，1972 年以后，出生率、死亡率、自然增长率一直在缓慢下降。但是到了 1998 年，人口的出生率已经下降到了 16.03‰，死亡率下降到了 6.46‰，自然增长率下降到 8.18‰；

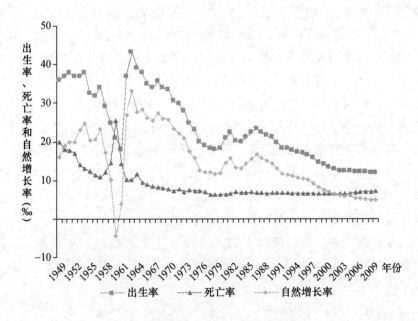

图 2 - 6　1949—2010 年中国人口转变历程

1999 年出生率已经降低到 15‰以下，死亡率下降到 6‰，自然增长率下降到10‰以内，表明我国的人口再生产类型已经跨入低出生、低死亡、低增长的阶段。全国人口转变的一个十分重要的特征在于，2002年人口的自然增长率首次低于死亡率，两者相差仅 0.54‰，之后死亡率缓慢上升，自然增长率缓慢下降，两者差距越来越大。到了 2010 年，全国的出生率下降到 11.9‰，死亡率下降到 7.11‰，自然增长率为4.79‰。

从新疆与全国的人口转变过程的比较可以看出，在 1990 年以前，全国与新疆的人口转变并没有相似之处，表现得比较杂乱无章；进入1990 年以后，表现出相同的模式，出生率、死亡率和自然增长率都表现出缓慢下降的特征。但是两者最大的区别在于，新疆更加缓慢，而全国比较迅速。具体来看，1989 年新疆的出生率为 21.15‰，死亡率为5.77‰，自然增长率为 15.38‰，同期，全国的水平分别为 21.58‰、6.54‰和15.04‰，两者差别十分微小。1999 年，全国的出生率、死亡率和自然增长率已经达到 14.64‰、6.46‰和8.18‰，而新疆仍然高达18.76‰、6.96‰和 11.80‰，仅为全国 1991 年的水平，下降十分缓慢。2010 年，新疆仅为全国 1998 年的水平，而全国已经下降到11.9‰、7.11‰和 4.79‰，两者出生率的差距为 4‰，死亡率为1.68‰，自然增长率为 5.77‰。从死亡率的变化来看，新疆在 2008 年以前都是处于下降趋势，2009 年开始出现上升趋势，但是仍然低于出生率和自然增长率，并且差距较大。全国在 1999 年以后，死亡率就已经呈上升趋势了，并且在 2003 年高于自然增长率，但是仍然低于出生率。从总和生育率来看，我国的育龄妇女总和生育率于 20 世纪 90 年代初降至更替水平以下[1]，而新疆育龄妇女的总和生育率在 2000 年"五普"时为 2.01 左右[2]，首次低于更替水平。可见，从全国与新疆的数据比较来看，新疆的人口转变进程晚于全国 10 年左右的时间。

根据布莱克、科尔等学者的人口转变"五阶段论"来判断，人口转变的过程分为"高位静止"、"初期加速"、"中期扩张"、"后期减

---

[1] 马力、桂江丰：《中国特色的人口转变》，《人口研究》2012 年第 1 期。

[2] 此数据为修正后的数据，来源于《世纪之交的中国人口（新疆卷）》编委会：《世纪之交的中国人口（新疆卷）》，中国统计出版社 2005 年版，第 61 页。

速"、"低位静止"五个阶段。从新疆的人口状况来看，新疆人口应该属于第四阶段，出生率继续下降，死亡率已经缓慢上升，出生率与死亡率之间的"剪刀差"呈收缩之势，但是，两者的差距还是比较大，距离合拢还需要时间，并没有达到"低位静止"。可见，新疆人口增长已经进入减速期，还没有进入"零增长"时期。

二　新疆少数民族人口转变尚未完成

20世纪70年代中后期，汉族人口的出生率与少数民族的差距逐渐拉开。新疆少数民族人口的出生率始终保持在25‰以上，汉族人口的出生率从1983年开始已经降到10‰以下，不但低于全区水平，也低于全国的水平。[①] 由于找不全新疆分汉族和少数民族人口历年的出生率、死亡率和自然增长率数据，表2-3给出了部分年份新疆少数民族人口的出生率和死亡率，可以看出新疆少数民族人口的死亡率的总趋势是稳中有降，而少数民族人口的出生率一直维持在20‰以上的较高水平。可见，新疆少数民族的人口转变还未完成，人口再生产类型处于"高出生率、低死亡率、高自然增长率"阶段。

另外，从总和生育率角度来看，新疆汉族人口育龄妇女的总和生育率在1982年"三普"时就已经低于更替水平，比全国人口早10年左右。但是新疆少数民族人口育龄妇女的总和生育率到2000年"五普"时为2.56，还高于更替水平，晚于全国约20年的时间。

表2-3　　　　新疆部分年份少数民族人口的出生率与死亡率　　　单位:‰

年份	出生率	死亡率
1988	24.22	7.80
1989	25.35	7.35
1990	25.04	7.05
1991	20.61	6.72
1992	26.85	9.76
1993	24.54	9.49
1994	23.95	8.97

---

① 周崇经:《中国人口（新疆分册）》，中国财政经济出版社1990年版，第83页。

年份	出生率	死亡率
1995	21.82	7.81
1996	22.50	8.01
1997	23.16	7.96
1998	22.94	8.16
2002	19.36	6.41
2007	22.19	5.24
2008	25.38	5.76
2009	21.97	6.38

第四节　新疆人口性别和年龄结构分析

性别和年龄都是人的自然标志，它们是由人的生理过程所决定的，本身不受社会经济过程的影响，是人口群体的自然特征。对性别和年龄进行分析，可以描述不同性别、不同年龄的人口在总人口中的构成状况。分析人口的性别、年龄结构状况，对于研究人口再生产、进行人口预测、制定人口政策和经济社会发展规划具有十分重要的意义。

一　跨省流入人口对新疆人口性别结构的影响

人口性别构成是人口的基本特征之一，是指人口中男性和女性所占的比例，通常用人口性别比来描述。人口性别比是指男性人口与女性人口之比，通常以每100名女性相对于多少男性来表示。衡量人口性别构成的指标主要有总人口性别比、分年龄人口性别比和出生人口性别比。由于生理和其他因素的影响，人口分性别、年龄的死亡率水平并不一样，因而不同年龄组的人口性别比有很大的差异。一般低年龄组的人口性别比较高，随着年龄的增长，人口性别比逐渐下降。[①] 可见，年龄结构会对总人口性别比产生影响，一般在年轻人比例较高的人口中，总人

---

① 杜鹏：《新世纪的中国人口——中国第五次全国人口普查资料分析》，中国人民大学出版社2011年版，第41页。

口性别比也较高；而在老年人越多的人口中，总人口性别比也会越低。总之，一个地区的总人口性别比除了受人口年龄构成的影响，还受该地区出生人口性别比、男女两性分年龄死亡率、迁移人口的性别比等因素的影响。鉴于数据的可获得性、不同因素对人口性别比影响的大小以及新疆人口的特点，本部分重点分析迁移人口年龄结构和性别比对新疆汉族人口和总人口性别比的影响。

"六普"数据显示，新疆总人口为2181.58万人，其中男性人口1127.01万人，占总人口的51.66%；女性人口为1054.57万人，占总人口的48.34%；总人口性别比为106.87。新疆汉族人口为882.99万人，其中男性人口467.44万人，占总人口的52.94%；女性人口为415.56万人，占总人口的47.06%；总人口性别比为112.48。新疆少数民族人口为1298.58万人，其中男性人口659.58万人，占总人口的50.79%；女性人口为639.01万人，占总人口的49.21%；总人口性别比为103.22。而同期全国汉族人口的性别比为104.90。可见，新疆汉族人口的性别比不仅远远高于新疆少数民族人口，也远远高于全国汉族人口。

新疆人口是一个开放的系统，省际人口流动会影响新疆人口的年龄结构和性别比。从图2-7可见，新疆汉族人口的性别比在20岁左右、50岁左右出现了突然升高的现象，这主要是由于跨省流入新疆人口①的年龄和性别结构的影响。从图2-8可见，跨省流入新疆人口的分年龄人口性别比在20岁左右和50岁左右出现了突然升高的现象，导致了新疆汉族人口的性别比在20岁左右和50岁左右出现了突然升高的现象，也使新疆总人口的分年龄人口性别比在20岁左右和50岁左右较高。另外，新疆总人口和汉族人口性别比在64岁左右出现了大幅降低的现象，由于2010年64岁左右的人口出生于1946年前后，所以这是由新中国成立前新疆汉族人口的性别比偏低造成的。

另外，"六普"数据显示，新疆出生人口性别比为106.14，而同期全国出生人口性别比为117.94。根据国际通用标准，出生人口性别比在103—107属于正常。可见，新疆出生人口性别比正常。

---

① 此处的跨省流入新疆人口是指"六普"时现住地在新疆而户口登记地在省外，且离开户口所在地半年以上的人口。

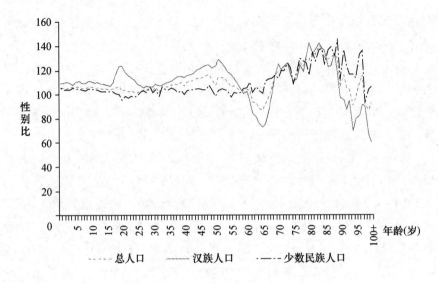

图 2 - 7　"六普"新疆总人口、汉族人口和
少数民族人口分年龄人口性别比

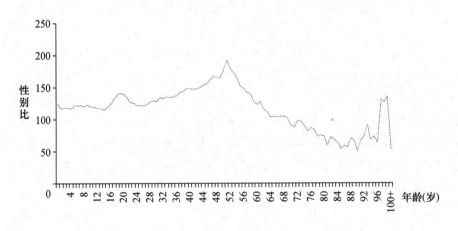

图 2 - 8　"六普"跨省流入新疆人口的分年龄人口性别比

二　新疆人口的年龄结构

(一) 新疆总人口的年龄结构

年龄构成是人口最基本的构成，它是以往人口出生、死亡、迁移变动对人口发展综合作用的结果，也是未来人口再生产发展变化的基础。通过人口年龄结构，大体上可以看出，由出生和死亡决定的人口再生产

状况以及未来人口再生产发展趋势。① 衡量人口年龄构成有多种方法，其中之一就是将人口年龄构成划分为年轻型、成年型和老年型，国际通用的各种年龄结构类型的划分标准见表2－4。

表2－4　　　　　　　　　　年龄结构类型划分标准②

	年轻型	成年型	老年型
0—14 岁人口比例	40%以上	30%—40%	30%以下
65 岁及以上人口比例	4%以下	4%—7%	7%以上
老少比	15%以下	15%—30%	30%以上
年龄中位数	20 岁以下	20—30 岁	30 岁以上

从表2－5和表2－6中可以看出，1964年"二普"时中国的人口年龄构成已经开始由年轻型向成年型变化，到1982年"三普"时中国的人口年龄构成已是成年型，而新疆由于汉族人口的计划生育政策始于1975年，少数民族人口的计划生育政策始于1988年，1982年"三普"时新疆人口的年龄构成还是典型的年轻型。到1990年"四普"时，全国的人口年龄构成已经是典型的成年型，并开始向老年型转变，而此时新疆的人口年龄构成才开始由年轻型向成年型转变。2000年"五普"时，全国人口的年龄构成已经是典型的老年型，而此时新疆人口的年龄构成是典型的成年型。2000年"五普"到2010年"六普"10年间，全国老年型人口继续深化，而新疆人口完成了从成年型到老年型的过渡。这说明新疆人口转变进程晚于全国10年左右。

表2－5　　　　　　　中国历次人口普查时的人口年龄构成

	"二普"	"三普"	"四普"	"五普"	"六普"
0—14 岁人口比例（%）	40.70	33.59	27.69	22.89	16.61
65 岁及以上人口比例（%）	3.56	4.91	5.57	6.96	8.92
老少比（%）	8.76	14.61	20.13	30.40	53.73
年龄中位数（岁）	20.20	22.91	25.26	30.00	34.03
人口年龄结构类型	年轻型→成年型	成年型	成年型	老年型	老年型

① 查瑞传主编：《人口普查资料分析技术》，中国人口出版社1991年版，第151页。
② 同上书，第152页。

表 2 - 6   新疆历次人口普查时的人口年龄构成

	"二普"	"三普"	"四普"	"五普"	"六普"
0—14 岁人口比例（%）	36.95	39.56	33.05	27.27	20.45
65 岁及以上人口比例（%）	4.08	3.68	3.91	4.67	6.48
老少比（%）	11.00	9.31	11.82	17.14	31.69
年龄中位数（岁）	21.69	19.58	22.2	27.10	31.00
人口年龄结构类型	年轻型	年轻型	年轻型→成年型	成年型	老年型

（二）新疆汉族人口与少数民族人口的年龄结构

从表 2 - 7 中可见，新疆汉族人口已经属于典型的老年型，0—14 岁人口比例和 65 岁及以上人口比例均低于全国汉族人口，其他指标都高于全国汉族人口平均水平，这说明新疆汉族人口的少子老龄化相对全国汉族人口的平均水平更加严重。新疆少数民族人口属于成年型早期，虽然全国少数民族人口也属于成年型，但是新疆少数民族人口比全国少数民族人口的平均水平更加年轻。以上人口年龄结构类型属于静态人口类型，按照静态人口类型与动态人口类型的对应关系：年轻型对应增加型，成年型对应稳定型，老年型对应减少型。2010 年，新疆少数民族人口属于稳定型，而新疆汉族人口属于减少型。

表 2 - 7   "六普"新疆与全国汉族人口和少数民族人口年龄构成

	新疆人口		全国人口	
	汉族	少数民族	汉族	少数民族
0—14 岁人口比例（%）	13.49	25.19	16.07	22.43
65 岁及以上人口比例（%）	8.92	4.82	9.10	7.00
老少比（%）	66.13	19.15	56.61	31.18
年龄中位数（岁）	37.02	26.01	35.01	29.03
人口年龄结构类型	老年型	成年型	老年型	成年型

"六普"数据显示，跨省流入新疆人口的年龄中位数为 32.03 岁，低于新疆汉族人口的年龄中位数 37.02 岁，且跨省流入新疆人口中 20—47 岁所有年龄人口规模均大于 3 万人（见图 2 - 9），跨省流入新

疆人口中20—47岁的人口数为118.03万人，占跨省流入新疆人口总数的65.88%。从图2-10中可见，"六普"20—34岁各年龄的跨省流入新疆人口占其对应年龄新疆汉族人口的比例均超过了25%。也就是说，如果将跨省流入新疆人口全部看成汉族人口的话，20—34岁各年龄的新疆汉族人口中每4个人中就有一个是跨省流入新疆人口。可见，跨省流入新疆人口对新疆人口尤其是汉族人口的年龄构成会产生较大影响，会使新疆人口尤其是汉族人口的年龄构成更加年轻。如果把跨省流入新疆人口排除在外的话，新疆总人口尤其是新疆汉族人口的年龄构成将更加老化。

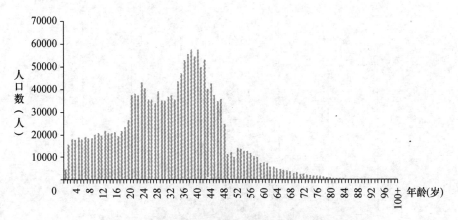

图2-9　"六普"跨省流入新疆人口的年龄构成

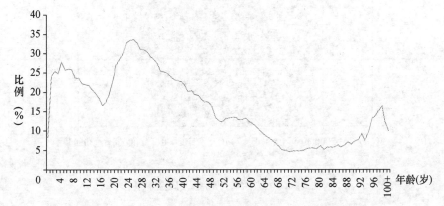

图2-10　"六普"各年龄跨省流入新疆人口
占各年龄新疆汉族人口的比例

三 新疆汉族人口与少数民族人口的发展趋势

人口金字塔是将人口的性别、年龄构成用几何图形的形式表示出来，从而更鲜明、更形象地反映人口性别及年龄状况、类型和未来发展趋势。

（一）新疆总人口

从图 2 - 11 "六普" 新疆人口金字塔可以看出，新疆人口在 1970 年左右、1980 年左右有两次生育高峰，从 2005 年开始又逐步进入新一次生育高峰。根据人口金字塔的现状，大体上也可以看出人口类型。新疆人口属于成年型人口结构。

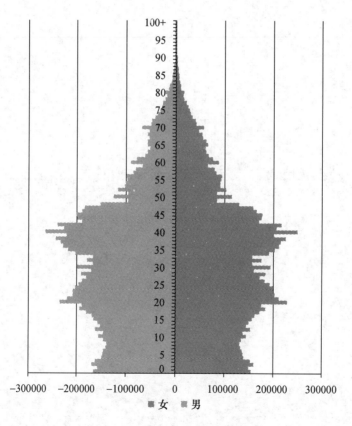

图 2 - 11 "六普" 新疆人口金字塔

（二）新疆汉族和少数民族人口金字塔

由图 2 - 12 可见，新疆汉族人口金字塔，塔形上部和下部较窄，而中部相对较宽，属于典型的老年型（或减少型），年轻人越来越少，这必然导致未来参与人口再生产的人口越来越少，人口收缩和减少趋势非常明显。而从图2－13可见，新疆少数民族人口金字塔在20岁以上属于典型的增长型年龄结构，10—20岁是减少型年龄结构，而0—10岁又成为增长型的年龄结构。原因是新疆从1988年7月1日才正式在少数民族人口中实行计划生育，1990年新疆少数民族出生人口开始减少，到2000年受生育周期的影响，新疆出生人口又开始增加。

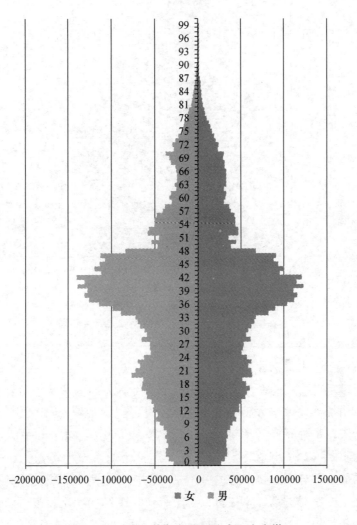

图2－12　"六普"新疆汉族人口金字塔

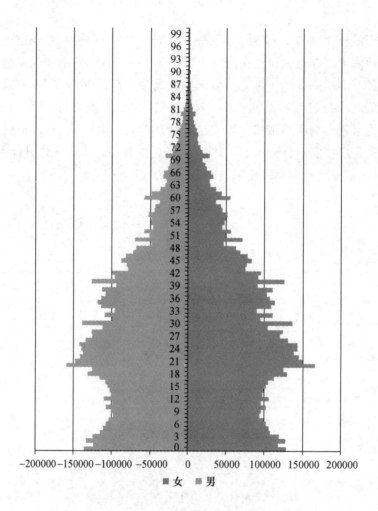

图 2 – 13 "六普"新疆少数民族人口金字塔

四 新疆人口抚养比与人口老龄化

人口年龄构成的变化会对社会经济产生多方面的影响，最直观的反映可以用抚养比来表示。抚养比实际上只是从年龄构成上计算的抚养比，指人口中处于非劳动年龄（0—14 岁和 65 岁及以上）的人口与处于劳动年龄（15—64 岁）人口之比。抚养比通常作为衡量人口中参加生产的那一部分人经济负担的一个指标。从年龄角度分析抚养和被抚养人口之间的相对关系，不仅可以看出人口年龄结构状况，也可以大体反映人口作为生产者和消费者之间的关系，反映人口与经济发展的关系。

人口的年龄构成决定了人口的抚养比。

从表2-8新疆历次普查人口年龄构成可见，新疆少儿人口（0—14岁）比例持续下降，劳动年龄人口（15—64岁）不断上升，而老年人口（65岁及以上）比例缓慢增长。因此，2010年"六普"新疆人口的总抚养比只有36.86%（见表2-9）。也就是说，每100个处于劳动年龄的人对应约37个处于供养年龄的人口。与"六普"全国平均水平相比，新疆少儿抚养比高于全国，老年抚养比低于全国，总抚养比高于全国。

表2-8 新疆历次普查人口年龄构成 单位：万人、%

	总人口	分年龄人口			占总人口的比例		
		0—14岁	15—64岁	65岁及以上	0—14岁	15—64岁	65岁及以上
"二普"	727.01	268.63	428.73	29.65	36.95	58.97	4.08
"三普"	1308.15	517.55	742.42	48.18	39.56	56.75	3.68
"四普"	1515.69	500.97	955.49	59.22	33.05	63.04	3.91
"五普"	1845.95	503.30	1256.40	86.25	27.27	68.06	4.67
"六普"	2181.58	446.18	1593.99	141.41	20.45	73.07	6.48

表2-9 新疆历次人口普查的人口抚养比 单位：%

	"二普"	"三普"	"四普"	"五普"	"六普"	全国"六普"
总抚养比	69.57	76.20	58.63	46.92	36.86	34.28
少儿抚养比	62.66	69.71	52.43	40.06	27.99	22.30
老年抚养比	6.92	6.49	6.20	6.86	8.87	11.98

由表2-7可见，新疆少数民族人口中0—14岁人口比例为25.19%，汉族人口这一比例为13.49%；新疆少数民族人口中15—64岁人口比例为69.99%，汉族人口这一比例为77.59%；新疆少数民族人口中65岁及以上人口比例为4.82%，汉族人口这一比例为8.92%。由于人口的年龄构成决定了人口的抚养比，新疆少数民族人口少儿抚养比高于汉族人口18.61个百分点，少数民族人口老年抚养比低于汉族人口4.60个百分点，从而导致少数民族人口总抚养比高于汉族人口14.01个百分点（见表2-10）。

表 2 – 10　　　　　"六普"新疆汉族人口与少数民族人口抚养比　　　　单位:%

	汉族人口	少数民族人口
总抚养比	28.87	42.88
少儿抚养比	17.38	35.99
老年抚养比	11.49	6.89

　　劳动年龄人口增长明显。新疆人口由"三普"的 727.01 万人增加到"六普"的 2181.58 万人，年均增长超过 30 万人。同时，劳动年龄人口由"三普"的 428.73 万人增加到"六普"的 1593.99 万人，占同期新疆新增人口的 80.11%。并且，劳动年龄人口占总人口的比例也持续上升，2010 年"六普"劳动年龄人口占总人口的比例已达 73.07%。1990 年新疆就业人口为 617.70 万人、2000 年为 672.50 万人、2010 年为 894.65 万人。1990—2010 年，新疆就业人口增加量为 276.95 万人，年均增加 13.85 万人[①]，而同期劳动年龄人口年均增加 31.93 万人，年均就业人口增长数占年均劳动年龄人口增长数的 43.38%。即大部分新增劳动年龄人口就业问题不能解决。可见，伴随着新疆总人口的增加，新疆劳动年龄人口规模也持续增加，劳动力供需矛盾突出，劳动就业压力增大。

　　按照国际社会公认的标准，即 60 岁及以上人口占总人口的比例超过 10% 则进入老龄化社会，我国整体已于 1999 年进入了老龄化社会。"六普"数据显示，新疆 65 岁及以上人口占总人口的比例达到 6.48%，60 岁及以上人口占总人口的比例达到 9.66%。同时，"六普"数据显示，全国 65 岁及以上人口占总人口的比例达到 8.92%，60 岁及以上人口占总人口的比例达到 13.32%。但是在发展速度方面，与全国相比，在 1982—1990 年 8 年间，新疆 60 岁及以上人口和 65 岁及以上人口的年均增长率均低于全国平均水平，但是在随后的 1990—2000 年和 2000—2010 年的两个 10 年间，新疆 60 岁及以上人口和 65 岁及以上人口的年均增长率均高于全国平均水平（见表 2 – 11）。可见，当前新疆人口老龄化的程度滞后于全国，但人口老龄化的速度是高于全国的。

---

　　① 此处的就业人口数据来自新疆维吾尔自治区统计局《新疆统计年鉴 2011》，中国统计出版社 2011 年版。

表 2 - 11　　　　　1982 年以来新疆与全国老年人口年均增长率　　　单位:%

	1982—1990 年		1990—2000 年		2000—2010 年	
	新疆	全国	新疆	全国	新疆	全国
60 岁及以上人口	2.71	2.98	4.36	2.97	3.82	3.17
65 岁及以上人口	2.61	3.12	3.83	3.43	5.07	3.02

在人口老龄化的程度和规模方面，从"六普"新疆人口的金字塔，我们可以看出未来新疆的人口老龄化形势会越来越严峻。2020 年之前，由于 20 世纪六七十年代生育高峰期出生的人口还未进入老年，新疆老年人口数量相对增加缓慢；2020—2040 年期间，于 20 世纪六七十年代出生的人口陆续进入老年，新疆老年人口数量将急剧增加；2040—2050 年是人口老龄化的高峰期，这一阶段人口老龄化增速有所缓慢，但老龄化程度会持续较高，2050 年时达到最高值，老年人口数量将达到 669.99 万，人口老龄化比例将会达到 33.19%[1]，成为重度老龄化的地区。2006 年全国老龄工作委员会办公室发布的《中国人口老龄化发展趋势预测研究报告》指出，我国人口老龄化将经历 2001—2020 年的快速老龄化阶段，2021—2050 年的加速老龄化阶段和 2051—2100 年的稳定的重度老龄化阶段，并预测 2020 年老龄化水平将达到 17.17%，2050 年老龄化水平推进到 30% 以上。[2] 与全国老龄化进程相比，新疆进入老龄化社会虽然比全国晚近 11 年，但是到 2050 年将与全国同步进入重度老龄化社会。可见，未来新疆人口老龄化的发展速度将大大加快。

五　新疆人口生育水平

2010 年"六普"数据显示，新疆育龄妇女人数为 646.18 万人，占总人口的 29.62%，与 2000 年"五普"相比育龄妇女所占比例上升了 2.01 个百分点，育龄妇女人数增加了 136.51 万人（见表 2 - 12）。育龄妇女的民族构成中汉族人口 264.56 万人，占全部育龄妇女总数的 40.94%；少数民族人口 381.62 万人，占全部育龄妇女总数的 59.06%

---

① 张冬梅：《新疆老年人口年增 10.3 万，整体迈入老龄化》，http://news.iyaxin.com/content/2010 - 05/07/content_ 1764723. htm。

② 全国老龄工作委员会办公室：《中国人口老龄化发展趋势预测研究报告》，http://www. china. com. cn/chinese/news/1134589. htm。

（见表 2 - 13）。这一比例和新疆总人口中汉族与少数民族人口的构成几乎相等。但是育龄妇女中生育旺盛期（20—29 岁）妇女中少数民族人口占 70.50%，汉族人口占 29.50%，这和两者的年龄结构有关。从妇女生育情况看，"六普"显示新疆育龄妇女的一般生育率为 49.91‰，比"五普"的 68.42‰，下降了 18.51 个千分点。可见，尽管新疆育龄妇女总量有所增加，但育龄妇女的生育水平却明显下降。然而不容忽视的是，新疆人口形势依然严峻，2010 年人口生育水平仍然较高。"六普"数据显示，与全国其他省市区相比，2009 年 11 月 1 日至 2010 年10 月 31 日新疆共出生 322653 人，出生率为 14.79‰，仅次于广西（15.54‰）和西藏（15.23‰），在全国排第三位（由高到低排序），远高于全国平均水平（10.38‰）。而新疆的总和生育率为 1.53，仅次于广西（1.79）和贵州（1.75），也在全国排第 3 位（由高到低排序）。可见，与其他省市区横向比较，无论是出生率还是总和生育率，新疆在全国都位居第三，当前其人口生育仍处于较高水平。

表 2 - 12　　新疆最近三次人口普查育龄妇女人数及占总人口比例

单位：万人、%

	"四普"		"五普"		"六普"	
	人数	比例	人数	比例	人数	比例
育龄妇女（15—49 岁）	399.03	26.33	509.67	27.61	646.18	29.62
其中：生育旺盛期（20—29 岁）	146.57	9.67	176.44	9.56	193.78	8.88

表 2 - 13　　　　"六普"新疆育龄妇女的民族构成情况　　单位：万人、%

	汉族		少数民族	
	人数	比例	人数	比例
育龄妇女（15—49 岁）	264.56	40.94	381.62	59.06
其中：生育旺盛期（20—29 岁）	57.16	29.50	136.62	70.50

六 各地州市①人口年龄构成

由于新疆各地州市经济社会发展水平、人口民族构成和城乡分布以及人口的出生、死亡水平等均存在一定的差距,因而各地州市之间的人口年龄构成也存在明显的差异。从表2-14可见,0—14岁少儿人口比例最高是克州,为27.84%;其次为喀什地区和和田地区,分别为26.35%和26.23%;最低的是乌鲁木齐市,为13.75%;其次为克拉玛依市和自治区直辖县级市,分别为14.87%和15.49%。65岁及以上老年人口比例最高的为自治区直辖县级市(9.39%),最低的为和田地区(4.35%)。人口总抚养比最高的依次为克州、喀什地区和和田地区,分别为48.14%、45.32%和44.05%,这三个地州的少儿抚养比也最高,老年抚养比最低。人口总抚养比最低的是乌鲁木齐市和克拉玛依市,分别为27.80%和29.03%,其少儿抚养比也最低。可见,新疆人口总抚养比的高低主要受少儿抚养比的影响。

表2-14　　　"六普"新疆各地州市人口年龄构成和抚养比　　　单位:%

	各年龄段人口比例			抚养比		
	0—14 岁	15—64 岁	65 岁及以上	总抚养比	少儿抚养比	老年抚养比
新疆合计	20.45	73.07	6.48	36.86	27.99	8.87
乌鲁木齐市	13.75	78.25	8.00	27.80	17.57	10.23
克拉玛依市	14.87	77.50	7.63	29.03	19.19	9.85
昌吉州	15.44	75.62	8.95	32.24	20.41	11.83
博州	17.93	74.87	7.20	33.56	23.95	9.61
伊犁州直属县市	20.98	72.72	6.29	37.51	28.85	8.65
塔城地区	16.49	74.90	8.61	33.51	22.02	11.49
阿勒泰地区	19.97	73.50	6.53	36.05	27.17	8.88
吐鲁番地区	20.85	73.51	5.64	36.03	28.36	7.67
哈密地区	15.74	75.93	8.33	31.70	20.73	10.97

---

① 本书将昌吉回族自治州简称昌吉州,博尔塔拉蒙古族自治州简称博州,巴音郭楞蒙古族自治州简称巴州,克孜勒苏柯尔克孜自治州简称克州,伊犁哈萨克自治州简称伊犁州;伊犁州直辖县市包括:伊宁市、奎屯市、伊宁县、察布查尔锡伯自治县、霍城县、巩留县、新源县、昭苏县、特克斯县和尼勒克县;自治区直辖县级市包括:石河子市、五家渠市、阿拉尔市和图木舒克市。

续表

	各年龄段人口比例			抚养比		
	0—14 岁	15—64 岁	65 岁及以上	总抚养比	少儿抚养比	老年抚养比
巴州	17.84	75.58	6.58	32.30	23.60	8.70
阿克苏地区	22.89	71.59	5.52	39.68	31.97	7.71
克州	27.84	67.5	4.65	48.14	41.25	6.89
喀什地区	26.35	68.81	4.84	45.32	38.29	7.03
和田地区	26.23	69.42	4.35	44.05	37.78	6.27
自治区直辖县级市	15.49	75.12	9.39	33.12	20.62	12.50

第五节　新疆人口空间分布特点

人口分布的决定因素可以是自然、社会、经济等因素的某一个，或是它们的组合，但在不同的发展阶段人口分布的决定因素却不尽相同。自然环境是人口分布的基础和前提，今天的人口分布格局是历史积累的结果。

一　新疆人口整体分布情况

新疆以天山为界，大体分为北疆、南疆和东疆。这种划分还是过于粗略，鉴于新疆的自然地理状况，本书把新疆划分为五大区域：（1）天山北坡区，包括乌鲁木齐市、克拉玛依市、昌吉州、兵团第十二师、建工师、第八师、第六师及自治区直辖县级市石河子市和五家渠市；（2）北疆西北部区，包括博州、伊犁州直属县市、塔城地区、阿勒泰地区及兵团第五师、第四师、第九师、第十师；（3）东疆区，包括吐鲁番地区和哈密地区以及兵团第十三师；（4）南疆东北部区，包括巴州和阿克苏地区以及兵团第一师（阿拉尔市）和第二师；（5）南疆西南部区，包括克州、喀什地区和和田地区以及兵团第三师（图木舒克市）和第十四师。从表2-15可见，"六普"与"五普"相比，虽然新疆各地州市无论是汉族人口还是少数民族人口都在增加，少数民族主要分布在南疆尤其是南疆西南部区域，汉族人口主要分布在北疆的整体分布情况没有变化。但是从以上五大区域来看，天山北坡区和南疆东北部

表 2-15 "六普"与"五普"新疆人口分布情况

单位：万人，%

	"六普"		"五普"		"六普"		"五普"		"六普"		"五普"	
	总人口	比例	总人口	比例	汉族人口	比例	汉族人口	比例	少数民族人口	比例	少数民族人口	比例
全疆合计	2181.58	100.00	1845.95	100.00	883.00	100.00	748.99	100.00	1298.58	100.00	1096.96	100.00
天山北坡区	540.87	24.79	444.52	24.08	416.83	47.21	346.58	46.27	124.04	9.55	97.94	8.93
乌鲁木齐市	311.26	14.27	208.18	11.28	233.17	26.41	156.76	20.93	78.09	6.01	51.42	4.69
石河子市	38.01	1.74	59.01	3.20	34.91	3.95	55.78	7.45	3.10	0.24	3.23	0.29
五家渠市	9.64	0.44	—	—	9.24	1.05	—	—	0.41	0.03	—	—
克拉玛依市	39.10	1.79	27.02	1.46	31.93	3.62	21.10	2.82	7.17	0.55	5.92	0.54
昌吉州	142.86	6.55	150.31	8.14	107.59	12.18	112.94	15.08	35.27	2.72	37.37	3.41
北疆西北部区	474.89	21.77	424.60	23.00	219.67	24.88	198.27	26.47	255.22	19.65	226.65	20.66
博尔塔拉州	44.37	2.03	42.40	2.30	28.82	3.26	28.49	3.80	15.55	1.20	13.91	1.27
伊犁州直属县市	248.26	11.38	236.79	12.83	87.44	9.90	94.51	12.62	160.82	12.38	142.58	13.00
塔城地区	121.94	5.59	89.24	4.83	80.15	9.08	52.28	6.98	41.78	3.22	36.98	3.37
阿勒泰地区	60.33	2.77	56.17	3.04	23.26	2.63	22.99	3.07	37.07	2.85	33.18	3.02
东疆区	119.53	5.48	104.28	5.65	55.28	6.26	46.76	6.24	64.25	4.95	57.52	5.24

续表

	总人口（"六普"）		总人口（"五普"）		汉族人口（"六普"）		汉族人口（"五普"）		少数民族人口（"六普"）		少数民族人口（"五普"）	
	总人口	比例	总人口	比例	汉族人口	比例	汉族人口	比例	少数民族人口	比例	少数民族人口	比例
吐鲁番地区	62.29	2.86	55.07	2.98	15.59	1.77	12.83	1.71	46.70	3.60	42.24	3.85
哈密地区	57.24	2.62	49.21	2.67	39.70	4.50	33.93	4.53	17.54	1.35	15.28	1.39
南疆东北部区	380.79	17.45	319.88	17.33	144.33	16.34	117.79	15.73	236.46	18.21	202.09	18.42
巴州	127.85	5.86	105.70	5.73	75.80	8.58	60.78	8.11	52.05	4.01	44.92	4.09
阿克苏地区	237.08	10.87	214.18	11.60	54.27	6.15	57.01	7.61	182.81	14.08	157.17	14.33
阿拉尔市	15.86	0.73	—	—	14.26	1.61	—	—	1.60	0.12	—	—
南疆西南部区	665.50	30.51	521.49	28.25	46.89	5.31	39.59	5.29	618.60	47.64	513.08	46.77
克州	52.56	2.41	43.97	2.38	3.56	0.40	2.82	0.38	48.99	3.77	41.15	3.75
喀什地区	397.93	18.24	309.39	16.76	31.83	3.60	31.18	4.16	366.10	28.19	309.39	28.20
和田地区	201.44	9.23	168.13	9.11	7.23	0.82	5.59	0.75	194.21	14.96	162.54	14.82
图木舒克市	13.57	0.62	—	—	4.27	0.48	—	—	9.30	0.72	—	—

区的人口占新疆总人口的比例略微上升，其他三个区的比例出现了略微下降；北疆西北部汉族人口占新疆汉族人口的比例出现了下降，其他四个区的比例出现了略微上升；天山北坡区和南疆西南部少数民族人口占新疆少数民族人口的比例出现了上升，其他三个区的比例出现了略微下降。这是由各个地区人口的自然变动和机械变动引起的，其背后最本质的原因是区域之间经济社会发展的差异。

二 新疆"地广人不稀"

自然环境是人口分布的基础和前提。新疆位于中国西北边陲，深居欧亚大陆腹地，远离海洋，干旱少雨，自然环境复杂，多山地和沙漠，拥有166万平方千米的国土面积，是中国面积最大的省区。① 新疆地形总的轮廓是四周高山环抱，中部天山横亘，形成三大山脉（从北至南依次为阿尔泰山山脉、天山山脉以及昆仑山山脉）包围两个盆地（准噶尔盆地和塔里木盆地），山地和盆地各占一半。新疆独特的地形、地貌直接导致了其自然资源的构造和分布以及生态环境条件的特殊性，从而进一步影响了新疆人口在地理空间上的分布以及不同地区的经济状况。山地是林木的载体，是新疆河流的发源地；盆地是新疆人口活动的依托，其中海拔较低的盆地是新疆重要的农业区，海拔在2000米以上的盆地是其重要的牧业区。盆地周边如串珠般地散落着许多绿洲，那里是新疆各族人民生产、生活的地方。② 可见，新疆是典型的绿洲经济，绿洲是新疆经济社会发展所依托的地理空间，逐绿洲而居是新疆人口分布的一大特点，新疆人口也可称为绿洲人口。新疆有大小不等、条件迥异的500余处绿洲。然而，新疆有人类活动的绿洲的面积却仅有7.07万平方千米，占全疆土地面积的4%左右。按照7.07万平方千米的绿洲面积和2010年"六普"的2181.58万人计算，新疆绿洲的人口密度是308.57人/平方千米，远高于全国平均人口密度（138.83人/平方千米），相当于湖北（307.90人/平方千米）、湖南（310.16人/平方千米）等人口稠密省份的水平。其中，按照人工绿洲面积计算的人口密度，喀什市的人口密度为7075.98人/平方千米（见表2-16），远超过

---

① 原新：《新疆人口分布规律》，《中国人口科学》1994年第1期。

② 新疆维吾尔自治区地方志编撰委员会编：《新疆通志·人口志》，新疆人民出版社2008年版。

表 2 - 16   按照"六普"人口数计算的新疆各县市人工绿洲人口密度①

单位：人/平方千米

县市	绿洲人口密度	排序	县市	绿洲人口密度	排序	县市	绿洲人口密度	排序	县市	绿洲人口密度	排序
喀什市	7075.98	1	伽师县	433.97	22	焉耆县	296.33	43	察布查尔县	194.28	64
和田市	2620.33	2	泽普县	410.59	23	巩留县	292.82	44	和静县	187.55	65
伊宁市	1978.80	3	且末县	392.27	24	阿合奇县	284.60	45	吉木乃县	181.27	66
乌鲁木齐市	1817.02	4	柯坪县	381.89	25	霍城县	280.71	46	和硕县	168.11	67
奎屯市	890.05	5	岳普湖县	380.93	26	特克斯县	276.75	47	呼图壁县	166.31	68
阿图什市	824.02	6	疏勒县	379.38	27	和布克赛尔县	269.65	48	布尔津县	165.08	69
克拉玛依市	806.20	7	墨玉县	376.79	28	阿克苏市	268.77	49	温泉县	157.40	70
库尔勒市	775.11	8	轮台县	368.55	29	托里县	263.58	50	吉木萨尔县	157.01	71
鄯善县	575.22	9	青河县	359.99	30	拜城县	253.12	51	沙湾县	152.59	72
哈密市	566.70	10	和田县	354.30	31	若羌县	252.16	52	巴楚县	145.63	73
于田县	557.56	11	洛浦县	347.01	32	乌恰县	251.66	53	伊吾县	143.84	74
塔什库尔干县	540.61	12	阿勒泰市	338.92	33	尼勒克县	243.13	54	玛纳斯县	142.16	75
吐鲁番市	537.63	13	新和县	335.67	34	新源县	238.98	55	尉犁县	141.26	76
英吉沙县	537.02	14	博乐市	322.15	35	温宿县	235.87	56	昭苏县	135.74	77
叶城县	532.06	15	疏附县	309.42	36	乌苏市	229.79	57	奇台县	128.38	78
皮山县	484.81	16	沙雅县	305.89	37	博湖县	225.00	58	塔城市	113.70	79
阿克陶县	478.87	17	阜康市	304.55	38	民丰县	222.94	59	额敏县	107.11	80
莎车县	458.85	18	富蕴县	301.81	39	哈巴河县	222.63	60	裕民县	91.04	81
库车县	456.16	19	精河县	301.13	40	策勒县	218.01	61	福海县	86.54	82
昌吉市	442.26	20	伊宁县	301.11	41	麦盖提县	217.81	62	巴里坤县	76.37	83
托克逊县	434.16	21	乌什县	296.75	42	阿瓦提县	214.64	63	木垒县	75.25	84

全国人口密度最高的上海市（3630.22 人/平方千米）；和田市、伊宁市

---

① 此处新疆人工绿洲面积来源于韩德林《新疆人工绿洲》，中国环境科学出版社 2001 年版，第 26—29 页。

和乌鲁木齐市的人口密度分别为 2620.33 人/平方千米、1978.80 人/平方千米、1817.02 人/平方千米，已经远超过中国人口密度第二位和第三位的北京（1195.07 人/平方千米）和天津（1085.73 人/平方千米）的人口密度。① 可见，按绿洲面积来计算，新疆已是"地广人不稀"了。

三　人口东西分布相差悬殊

若从木垒县到皮山县连一条直线，把新疆划分为东南部和西北部两大块，木垒—皮山线以西的西北半壁，包括阿勒泰地区、塔城地区、伊犁州、阿克苏地区、喀什地区、博州、克州、昌吉州、乌鲁木齐市、克拉玛依市等地州市以及巴州小部分，面积约 79.5 万平方千米，占全疆总面积的 48%；东南半壁包括哈密地区、吐鲁番地区、和田地区以及巴州大部分，面积 86.5 万平方千米，占全疆面积的 52%。虽然这两部分面积几乎相同，但是人口数量和密度相差很大，东南部人口比例为 20% 左右，西北部人口比例约为 80%。新中国成立以来的 60 余年间，这一特征未发生较大变化。但是这两部分的人口密度都在增加，2010 年西北部的人口密度为每平方千米 21.9 人，而东南部仅 4.3 人（见表 2-17），前者是后者的 5.09 倍。和 1953 年相比，每平方千米面积承载的人口数量，西北部增加了 17.5 人，而东南部仅增加了 3 人。且西北部人口密度增加的幅度大于东南部。另外，从表 2-17 可见，存在东南部人口比例逐渐下降、西北部人口比例缓慢上升的趋势。② 造成这一规律的原因，首先是自然地理条件的差异；其次是经济因素；最后是人口本身变化的影响。

四　新疆跨省流动人口的分布

新疆流动人口可以分为区际流动人口和区内流动人口。③ 由于历次普查的总人口数均是常住人口，户口在新疆而普查时离开户口所在地（新

---

① 此处新疆人工绿洲面积来源于韩德林《新疆人工绿洲》，中国环境科学出版社 2001 年版，第 26—29 页；新疆人口数来源于新疆维吾尔自治区人口普查办公室《新疆维吾尔自治区 2010 年人口普查资料》，中国统计出版社 2012 年版；全国及各省市区人口密度由"六普"人口数和中国及各省市区统计年鉴（2011）土地面积计算得出。

② 原新：《新疆人口分布规律》，《中国人口科学》1994 年第 1 期。

③ 此处流动人口是指按照"五普"和"六普"界定的，在普查时点居住本乡、镇、街道，户口在外乡、镇、街道，且离开户口登记地半年以上的人口。

表 2 - 17　　　历次人口普查新疆木垒—皮山线东南部与西北部
人口分布变化①　　　单位:%、人/平方千米

	"一普"		"二普"		"三普"		"四普"		"五普"		"六普"	
	比例	密度	比例	密度	比例	密度	比例	密度	比例	密度	比例	密度
西北部	78.7	4.4	81.5	6.8	82.4	12.5	81.5	15.5	82.9	19.25	79.8	21.9
东南部	21.3	1.3	18.5	1.7	17.6	2.9	18.5	3.2	17.1	3.65	20.2	4.3

疆)半年以上的人口不统计在新疆各地的人口数中。因此,关于区际流动人口,本书无特殊说明均是指从疆外到新疆的流动人口,不包括从新疆到疆外的流动人口。"六普"数据显示,新疆流动人口在城市、镇和乡村的比例分别为 58.05%、18.30% 和 23.65%,而"五普"时这三个比例为 43.53%、14.18% 和 42.29%。可见,与"五普"时相比,新疆城镇吸纳的流动人口比例在大幅上升,而乡村吸纳的流动人口比例在大幅下降。而"六普"全国流动人口在城市、镇和乡村的比例分别为 65.33%、21.27% 和 13.40%。② 另外,无论是区内流动人口还是区际流动人口,分布在城市的比例低于全国,而在镇和乡村的比例高于全国,其中在乡村的流动人口比例高于全国 10 个百分点左右。这符合一直以来在新疆存在的从农村(包括疆外和疆内的农村)到农村(疆内的农村)的人口流动具有一定规模的历史。这也和新疆农业的发展需要的劳动力较多、农业作为新疆的主要产业的现状还没有改变有关。按照 2008 年第二次土地调查的耕地数据与"六普"人口数据计算,新疆人均耕地 2.84 亩,而全国同期人均耕地 1.37 亩,2010 年新疆第一产业增加值为 1078.6 亿元,在全国排第 18 位,三次产业比例为 19.8:47.7:32.5,而同期全国为 10.2:46.8:43。③

　　由于普查数据没有新疆区内流动人口的分布情况,下面重点分析新疆区际流动人口在疆内的分布。从大的地理空间上,新疆通常被分为北

---

　　① 此表中巴州的轮台县、焉耆回族自治县、和静县、和硕县以及库尔勒市一半的人口算到西北部,其余人口算到东南部。

　　② 新疆维吾尔自治区人口普查办公室:《新疆维吾尔自治区 2010 年人口普查资料》,中国统计出版社 2012 年版;新疆维吾尔自治区人口普查办公室:《新疆维吾尔自治区 2000 年人口普查资料》,新疆人民出版社 2003 年版。

　　③ 新疆维吾尔自治区统计局:《新疆统计年鉴(2011)》,中国统计出版社 2011 年版。

疆、东疆、南疆，由表2－18可见，新疆区际流动人口主要分布在北疆，"六普"与"五普"相比，流动人口分布在北疆的比例在增加，而分布在南疆和东疆的比例在下降。但无论是"五普"还是"六普"，新疆区际流动人口主要分布在开发程度高、经济发展较快、交通便利的地区，新疆区际流动人口在各地州市的分布最多的前6位是：乌鲁木齐市、巴州、昌吉州、阿克苏地区、自治区直辖县级市（包括石河子市、阿拉尔市、图木舒克市和五家渠市）、伊犁州。

表2－18　　　"五普"与"六普"新疆跨省流入人口空间分布　　单位：人、%

	"六普"		"五普"	
	人数	比例	人数	比例
全疆合计	1791642	100.00	1411096	100.00
北疆合计	1146287	63.97	830251	58.84
乌鲁木齐市	686388	38.31	374526	26.54
克拉玛依市	76314	4.26	37620	2.67
昌吉州	140278	7.83	163572	11.59
博州	41773	2.33	54425	3.86
伊犁州	99835	5.57	129832	9.20
塔城地区	81396	4.54	55805	3.95
阿勒泰地区	20303	1.13	14471	1.03
南疆合计	399314	22.28	413156	29.28
巴州	172437	9.62	133250	9.44
阿克苏地区	139594	7.79	176582	12.51
克州	7243	0.40	6565	0.47
喀什地区	61990	3.46	85458	6.06
和田地区	18050	1.01	11301	0.80
东疆合计	115147	6.43	68763	4.87
吐鲁番地区	46870	2.62	33797	2.40
哈密地区	68277	3.81	34966	2.48
自治区直辖县级市[①]	130894	7.31	98926	7.01

---

① 2000年"五普"时自治区直辖县级市只有石河子市，而2010年"六普"时包括石河子市、五家渠市、阿拉尔市和图木舒克市。

五 南疆、北疆和东疆的人口变化

将新疆各地州按天山为界分为北疆、东疆和南疆。历史上由于南疆开发远比北疆早，塔里木盆地边缘是新疆历代农业开发的重点地区，北疆则长期为游牧部落放牧之地，农业开发晚，再加上近代历史上又屡经战乱，人口发展十分缓慢。因此，历史上新疆人口的地区分布，一直是南疆多于北疆，1949 年南疆人口为 303.94 万人，占新疆总人口的70.3％。[①] 新中国成立后，新疆经济建设的重点转移到北疆。随着工业（能源、轻纺、钢铁、食品等）的发展、农业灌区规模的扩大、农垦团场群落的扩散、迁移人口的增多，北疆人口的增长速度高于南疆，北疆占总人口的比例逐年提高，南疆逐渐下降（见表 2 - 19，图 2 - 14 和图2 - 15）。自 20 世纪 80 年代以后，南疆和北疆的人口比例基本持平，东疆的人口比例变化不大。[②] 进入新世纪以来，南疆人口增速略高于北疆，导致南疆人口比例高于北疆，东疆人口继续平稳增长，东疆人口所占比例也逐步上升。受人口数量变化的影响，北疆、南疆和东疆的人口密度均呈增加趋势，但是北疆增加趋势最明显，且北疆人口密度最大，南疆次之，东疆最低（见图 2 - 16）。可见，目前已经出现了南疆人口数和比例高于北疆的趋势，未来随着跨省迁入新疆人口尤其是北疆人口

表 2 - 19　　　　　　　　北疆、南疆、东疆人口分布变化[③]

单位：万人、％、人/平方千米

年份	总人口	北疆			南疆			东疆		
		人口数	比例	密度	人口数	比例	密度	人口数	比例	密度
1953	478.36	123.03	25.72	3.2	331.73	69.35	3.1	23.60	4.93	1.1
1964	744.18	298.39	40.10	7.7	404.11	54.30	3.8	41.68	5.60	2.0
1982	1315.90	622.51	47.31	16.0	614.13	46.67	5.8	79.29	6.02	3.8
1990	1515.69	705.86	46.57	18.1	721.47	47.60	6.9	88.36	5.83	4.3
2000	1845.95	869.13	47.08	22.3	872.54	47.27	8.3	104.28	5.65	5.1
2010	2181.58	1015.76	46.56	26.0	1046.29	47.96	10.0	119.53	5.48	5.8

① 陈汝国：《新疆人口分布的变化及其发展趋势》，《西北人口》1984 年第 2 期。

② 原新：《新疆人口分布规律》，《中国人口科学》1994 年第 1 期。

③ 表中 1990 年、2000 年和 2010 年人口数据为当年人口普查数据，其余年份为年底人口数。

的减少，而南疆和东疆由于少数民族人口宽松的计划生育政策，其人口
会继续增加，南疆人口比例越来越大于北疆，东疆人口比例也将继续
上升。

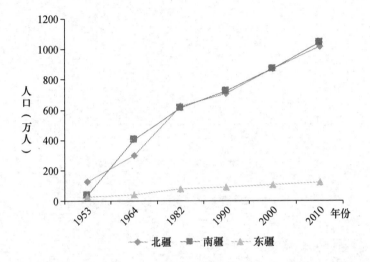

图 2 - 14　历次普查北疆、南疆、东疆人口数量变化

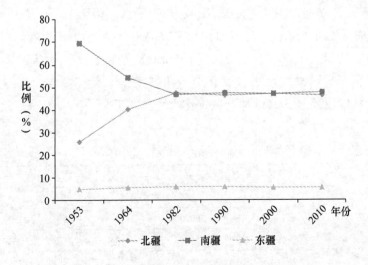

图 2 - 15　历次普查北疆、南疆、东疆人口比例变化

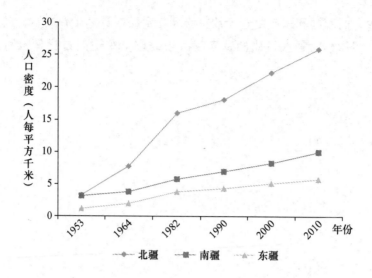

图 2-16 历次普查北疆、南疆、东疆人口密度变化

六 新疆城镇化水平分析

"六普"数据显示,新疆城镇化率为 42.79%,全国城镇化率为 50.27%(见表 2-20)。可见,新疆城镇化水平低于全国水平,而乡村人口比例高于全国水平 7.48 个百分点。北疆地区整体城镇化率最高,为 59.31%;东疆次之,为 45.30%;南疆最低,为 25.21%(见表 2-21)。从各地州市来看,乌鲁木齐和克拉玛依两个地级市城镇化率为全疆最高,均超过了 90%。北疆除伊犁州直属县市、塔城地区和阿勒泰地区略低于全疆平均水平外,其他地州城镇化水平都高于全疆平均水平。南疆除巴州外,其他地州城镇化水平都低于全疆平均水平,尤其是

表 2-20　　　　　"六普"新疆与全国人口城乡分布情况　　　　单位:万人、%

	新疆		全国	
	人数	比例	人数	比例
总人口	2181.58	100.00	133281.09	100.00
城市	607.18	27.83	40376.00	30.29
镇	326.40	14.96	26624.55	19.98
乡村	1248.01	57.21	66280.53	49.73
城镇化率	42.79		50.27	

南疆三地州的和田地区、喀什地区和克州城镇化率仅为 12.69%、20.46% 和 19.87%。东疆的哈密地区城镇化率较高，为 60.15%，吐鲁番地区较低，为 31.66%。自治区直辖县级市（兵团的四个城市）城镇化率也较高，为 63.41%。

表 2－21　　　　　"六普"新疆各地州市城镇化率　　　　单位：人、%

	总人口	城市人口	镇人口	乡村人口	城镇化率
全疆合计	21815815	6071803	3263949	12480063	42.79
北疆合计	9681078	4256111	1486142	3938825	59.31
乌鲁木齐市	3112559	2787993	77402	247164	92.06
克拉玛依市	391008	337855	15444	37709	90.36
昌吉州	1428587	335253	370371	722963	49.39
博州	443680	90075	86185	267420	39.73
伊犁州直属县市	2482592	499798	397077	1585717	36.13
塔城地区	1219369	144022	371560	703787	42.28
阿勒泰地区	603283	61115	168103	374065	38.00
南疆合计	10168548	1073424	1489718	7605406	25.21
巴州	1278486	379777	244089	654620	48.80
阿克苏地区	2370809	209635	555343	1605831	32.27
克州	525570	58102	46352	421116	19.87
喀什地区	3979321	306603	507636	3165082	20.46
和田地区	2014362	119307	136298	1758757	12.69
东疆合计	1195303	315044	226474	653785	45.30
吐鲁番地区	622903	67620	129593	425690	31.66
哈密地区	572400	247424	96881	228095	60.15
自治区直辖县级市	770886	427224	61615	282047	63.41

新疆城市发展方面，截至 2010 年年底，新疆共有城市 21 个，其中地级市 2 个、自治区直辖县级市 4 个、地州辖市 15 个。按照《中国中小城市发展报告 2010》中关于市区常住人口 50 万以下的为小城市，50 万—100 万的为中等城市，100 万—300 万的为大城市的城市等级划分

标准①，新疆只有乌鲁木齐1个大城市，没有中等城市，其余全为小城市（见表2－22）。城市首位度（第一位的城市与第二位城市人口数的比值）高达7.34。

表2－22　　　"六普"与"五普"新疆城市人口②及其变化　　　单位：万人

城市	"六普"	"五普"	人口增加数
合计	607.18	422.59	184.59
乌鲁木齐市	278.80	180.63	98.17
克拉玛依市	33.79	26.90	6.89
吐鲁番市	6.76	9.88	－3.12
哈密市	24.74	19.73	5.01
昌吉市	28.48	19.00	9.48
阜康市	4.93	4.70	0.23
博乐市	9.01	6.67	2.34
库尔勒市	37.98	19.63	18.35
阿克苏市	18.42	21.90	－3.48
阿图什市	5.81	4.12	1.69
喀什市	30.66	18.47	12.19
和田市	11.93	9.21	2.72
伊宁市	35.43	24.92	10.51
奎屯市	14.55	10.90	3.65
塔城市	6.63	5.48	1.15
乌苏市	7.72	5.00	2.72
阿勒泰市	6.11	5.72	0.39
石河子市	31.22	29.72	1.50
阿拉尔市	4.25	—	—
图木舒克市	1.44	—	—
五家渠市	5.81	—	—

---

　　① 中国城市经济学会中小城市经济发展委员会、《中国中小城市发展报告》编纂委员会：《中国中小城市发展报告2010》，社会科学文献出版社2010年版，第15页。

　　② "六普"城市人口是按照2006年国家统计局《关于统计上划分城乡的暂行规定》（国务院于2008年7月12日国函〔2008〕60号批复）中设区的市的区人口和不设区的市所辖的街道人口。而"五普"中城市人口是1999年国家统计局《关于统计上划分城乡的规定（试行）》中的市辖区人口密度在1500人/平方千米以上的区的人口。

第三章 新疆人口与经济协调发展评价

人口与经济发展问题是人类社会最基础也是最重要的问题。人口与区域经济协调发展问题，是区域经济持续增长的重要内容，是制约和影响区域经济可持续发展的首要关键因素。

第一节 评价方法的选择以及新疆 人口经济压力指标的建立

一 新疆人口与经济协调发展评价方法的选择

人口与经济协调发展是指两个系统间协同运作、相互适应，以一种合理的比例关系发展。目前有关人口与经济协调发展的测量与评价，大多采用复合系统协调度测量法。但是，该测量方法存在的主要问题是没有参照区。另外，关于人口与经济协调发展的常用评价方法，还有人口承载力、适度人口、人口经济压力等。而人口经济压力与人口承载力或适度人口有明显区别，人口承载力或适度人口强调现状，而人口经济压力强调预测和理想状态。① 因此，人口经济压力是一个动态的概念，并不单纯地由人口数量与资源的存量来决定，而是在当地社会生产力基础上，由人口系统与其他系统的协调程度所决定。此外，现有研究的尺度大多集中在新疆整体，而忽视了新疆各地州甚至各地州内部各县市之间人口与经济发展的巨大差异。因此，本书在新疆县市研究尺度上通过研究人口经济压力来衡量人口与经济发展是否相适应。

人口压力反映了人口与其生存地区的关系，它表明现有人口对承载

---

① 程道平、刘伟：《人口压力评估及其应用研究》，《中国人口·资源与环境》1995年第1期。

因子所产生的压力水平。人口经济压力是指人口的非适度状态，即人口系统与经济、社会、资源和环境等系统的不适应或不协调。既包括人口数量对其他系统的压力，又包括人口质量、人口结构等对其他系统的压力；既表现在耕地、粮食产量等有形资源的占有，也表现在获取无形资源的能力、社会经济发展、收入分配和生活水平等方面。① 可见，虽然人口与经济的关系、人口压力基于人口与土地等自然资源的关系，但是随着社会经济的发展，人口压力更多地应该从经济发展和生活水平方面来评价。因此，本书以新疆区域内的 84 个县市（不包括 4 个自治区直辖县级市）为研究对象，对人口经济压力指标开展研究。

可持续发展模式包括资源的承载力（表现为资源丰度）、经济生产力（表现为经济强度）、环境的缓冲力（表现为环境容忍度）、发展的稳定性（表现为社会稳定度）和管理的调控力（表现为决策合理度）。目前，新疆发展过程中的以上各方面都摆脱不了人口因素的制约，人口增长速度快、人口分布不均，以及各县经济、人口素质、年龄结构、性别结构、人民生活水平均存在很大差别。因此，定量研究人口经济压力对于协调新疆人口与资源、环境、经济之间的关系，实现区域可持续发展具有重要的指导意义。

二 新疆人口经济压力指标的建立

（一）评价指标的选取

中国科学院可持续发展研究组（1999）使用人口自然增长率压力、人口生存空间压力和潜在人口生存空间、人均教育年限和人口识字水平4 项指标，对中国各地区的人口压力进行了定量研究。② 李通屏（2004）从人口增长率压力、人口生存空间压力、人口素质压力和人口生活水平压力 4 个方面，选取人口自然增长率、人口密度、成人识字率、每万人口中受过高等教育人口数、城镇居民人均消费支出、农村居民人均消费支出 6 个指标，对中国各省、市、自治区的人口压力进行了定量研究。③ 笔者在借鉴以上研究成果的基础上，根据新疆自身的特点，并考虑到数据的可获取性，最终选取 5 个方面的 10 个指标进行评

---

① 李通屏：《中国人口压力的定量研究》，《人口学刊》2004 年第 1 期。
② 中国科学院可持续发展研究组：《1999 年中国可持续发展战略报告》，科学出版社1999 年版，第 252—253 页。
③ 李通屏：《中国人口压力的定量研究》，《人口学刊》2004 年第 1 期。

价。其中，指标值越大、压力越大的指标称为正向指标；指标值越大、压力越小的指标称为负向指标（见表 3 – 1）。

表 3 – 1　　　　　　　　新疆人口经济压力评价指标体系

	一级指标	二级指标	指标性质
人口经济压力（PPI）	人口增长压力指标 B₁	人口出生率 C₁（%）	正向指标
		少数民族人口比例 C₂（%）	正向指标
	人口生存空间压力指标 B₂	外出半年以上人口占总人口比例 C₃（%）	负向指标
		非农业户口人口占总人口比例 C₄（%）	正向指标
		人均耕地面积 C₅	负向指标
	人口结构压力指标 B₃	人口总抚养比 C₆	正向指标
	人口素质压力指标 B₄	6 岁以上人口平均受教育年限 C₇（年）	负向指标
		文盲人口占 15 岁及以上人口比例 C₈（%）	正向指标
	人口生活水平压力指标 B₅	人均生产总值 C₉	负向指标
		人均城乡居民储蓄存款余额（元）C₁₀	负向指标

（二）数据来源及原始数据的标准化

研究所用人口数据来源于《新疆维吾尔自治区 2010 年人口普查资料》，经济方面数据来源于《新疆统计年鉴 2011》。

采用指标体系对研究对象进行综合评价的方法，主要有 AHP 法和主成分分析法等。AHP 法采用专家打分赋权的方法（德尔菲法），主成分分析法采用各个主成分的方差贡献率作为权重。本书选择主成分分析法对新疆人口经济压力进行评价。由于指标的单位和量纲不同，并且指标体系中存在正向指标和负向指标两种类型，本书采用模糊隶属度函数对各评价指标进行标准化处理（见式（3.1）和式（3.2）），以消除指标的正负向性对评价结果的影响。[①]

$$正向指标：\overline{C_i} = \frac{C_i - C_{\min}}{C_{\max} - C_{\min}} \tag{3.1}$$

[①] 童玉芬、刘长安：《北京市人口、经济和环境关系的协调度评价》，《人口与发展》2013 年第 1 期。

负向指标：$\overline{C_i} = \dfrac{C_{max} - C_i}{C_{max} - C_{min}}$ (3.2)

式中：$i = 1, 2, \cdots, n$ 表示第 i 个指标编号；$\overline{C_i}$ 为标准化后的指标值；C_i 为原始指标值；C_{max} 为新疆各县市中该指标的最大值；C_{min} 为新疆各县市中该指标的最小值。

第二节 评价过程与评价结果

一 评价过程

选用 SPSS19.0 软件，对经过标准化处理后的数据进行主成分分析，计算各指标间的相关系数矩阵，发现其中大多数相关系数都大于 0.3；KMO 和巴特莱特球形检验结果显示，KMO 为 0.853，巴特莱特球形检验显著性水平为 0.000，这说明该指标体系适合做因子分析。

根据特征值大于 1 的原则抽取主成分，得到各个主成分因子的特征值、方差贡献率和累计方差贡献率（见表 3-2）。可见，前 3 个主成分因子的累计方差贡献率分别达到 59.937%、76.379%、86.645%，表明前 3 个主成分因子已经能够反映原始变量 85% 以上的信息，所以只提取前 3 个主成分因子。

表 3-2　　　　　　2010 年新疆人口经济压力总体方差解释　　　　单位:%

成分	初始特征值			提取平方和载入		
	合计	方差贡献率	累计方差贡献率	合计	方差贡献率	累计方差贡献率
1	5.994	59.937	59.937	5.994	59.937	59.937
2	1.644	16.442	76.379	1.644	16.442	76.379
3	1.027	10.266	86.645	1.027	10.266	86.645
4	0.374	3.739	90.384			
5	0.296	2.964	93.348			
6	0.264	2.639	95.987			
7	0.151	1.509	97.497			
8	0.122	1.221	98.718			
9	0.072	0.717	99.435			
10	0.056	0.565	100.000			

根据回归法计算得出各主成分因子得分系数矩阵（见表3-3）。

表3-3　2010年新疆人口经济压力各主成分因子得分系数矩阵

指标	主成分		
	1	2	3
人口出生率 C_1	0.914	0.213	-0.102
少数民族人口比例 C_2	0.923	0.244	-0.147
外出半年以上人口占总人口比例 C_3	0.675	0.575	0.115
非农业户口人口占总人口比例 C_4	-0.925	0.075	0.080
人均耕地面积 C_5	0.364	0.794	0.304
人口总抚养比 C_6	0.854	-0.035	0.169
6岁以上人口平均受教育年限 C_7	0.871	-0.349	0.178
文盲人口占15岁及以上人口比例 C_8	0.285	-0.449	0.828
人均生产总值 C_9	0.782	-0.329	-0.246
人均城乡居民储蓄存款余额（元）C_{10}	0.825	-0.374	-0.276

根据各主成分因子得分系数矩阵，获得因子得分函数，并计算得出新疆各市县的主成分因子得分系数矩阵。然后，将各个主成分的方差贡献率作为权重，对各个评价的主成分进行线性加权求和，所得结果为最终评价结果，即某县市的人口经济压力指数 F。

二　评价结果分析

由最终评价结果（见表3-4）可知，人口经济压力与地方经济发展水平具有一定的相关性，人口经济压力较大的县市分布于经济不发达的南疆西南部，而压力较小的县市分布于经济较发达的天山北坡经济带。

依据人口经济压力指数的大小，可以将新疆全区分为三种类型：

（1）人口经济压力指数在1.193—1.573的县有20个，这是新疆人口经济压力最大的县市，主要分布在南疆西南部区域的和田地区、喀什地区、克州。这些地区既是少数民族聚集区和贫困高发区，同时也是人口增长较快、人口素质不高以及人口抚养比较高和生态脆弱的地区。经检验，这些地区人口经济压力较大的原因是人口自身带来的压力和经济

表 3 - 4   2010 年新疆各县市人口经济压力指数（F）及其排序

县市	人口经济压力指数 F	排序	县市	人口经济压力指数 F	排序	县市	人口经济压力指数 F	排序	县市	人口经济压力指数 F	排序
伽师县	1.573	1	沙雅县	1.173	22	霍城县	0.950	43	乌苏市	0.615	64
和田县	1.517	2	麦盖提县	1.158	23	且末县	0.947	44	和布克赛尔	0.614	65
英吉沙县	1.515	3	泽普县	1.145	24	新源县	0.924	45	博乐市	0.614	66
疏附县	1.469	4	巩留县	1.131	25	察布查尔县	0.922	46	若羌县	0.606	67
阿克陶县	1.447	5	阿瓦提县	1.128	26	焉耆	0.889	47	和硕县	0.584	68
莎车县	1.443	6	阿合奇县	1.127	27	托里县	0.873	48	木垒	0.579	69
洛浦县	1.422	7	吐鲁番市	1.111	28	哈巴河县	0.872	49	沙湾县	0.551	70
墨玉县	1.388	8	和田市	1.111	29	布尔津县	0.859	50	奇台县	0.548	71
于田县	1.386	9	库车县	1.104	30	昭苏县	0.854	51	阜康市	0.542	72
皮山县	1.373	10	特克斯县	1.086	31	博湖县	0.784	52	呼图壁县	0.539	73
疏勒县	1.355	11	民丰县	1.080	32	伊宁市	0.759	53	库尔勒市	0.536	74
叶城县	1.352	12	乌恰县	1.065	33	阿克苏市	0.755	54	哈密市	0.526	75
策勒县	1.340	13	拜城县	1.060	34	和静县	0.745	55	额敏县	0.513	76
乌什县	1.335	14	温宿县	1.046	35	精河县	0.723	56	尉犁县	0.510	77
岳普湖县	1.316	15	喀什市	1.041	36	伊吾县	0.707	57	昌吉市	0.476	78
巴楚县	1.287	16	青河县	1.024	37	温泉县	0.692	58	塔城市	0.470	79
柯坪县	1.279	17	尼勒克县	1.012	38	吉木乃县	0.665	59	裕民县	0.467	80
新和县	1.268	18	鄯善县	0.987	39	巴里坤县	0.656	60	玛纳斯县	0.445	81
阿图什市	1.233	19	轮台县	0.985	40	吉木萨尔县	0.636	61	乌鲁木齐	0.396	82
塔什库尔干县	1.193	20	托克逊县	0.959	41	福海县	0.632	62	奎屯市	0.281	83
伊宁县	1.188	21	富蕴县	0.950	42	阿勒泰市	0.630	63	克拉玛依市	0.276	84

发展缓慢共同作用的结果。降低人口增长率和加快经济发展应该是这些区域发展的主要抓手。

（2）人口经济压力指数在 0.784—1.188 的县有 32 个，这是新疆人口经济压力较大的县市，主要分布于巴州和阿克苏地区、托克逊县、吐鲁番市和鄯善县以及伊犁州直属县市。除此之外，还有塔城地区的托里县、阿勒泰地区的哈巴河县、布尔津县、富蕴县和青河县。这些区域的经济发展和人口增长介于人口经济压力最大的 20 个县和人口经济压力最小的 32 个县市之间，经济较发达，人口增长也较快。可见，处理好降低人口增长率和加快经济发展之间的关系应该是这些区域发展的指导思想。

（3）人口经济压力指数在 0.000—0.759 的县有 32 个，是新疆人口经济压力最小的县市，主要分布在天山北坡经济带。这些区域的经济发展较快、人口增长不快。可见，加快经济发展、促进产业集聚和提高人口素质应该是这些区域发展的主要目标。

第三节　新疆人口经济压力的空间分布特征

空间自相关分析是一种空间统计方法，可以揭示空间变量的区域结构形态。利用此方法，可以对新疆人口经济压力全局和局部空间自相关性进行实证分析。空间自相关分析，也是检验某一要素属性值是否与其相邻空间点上的属性值相关联的重要指标。正相关表明，某单元的属性值变化与其相邻空间单元具有相同的变化趋势，代表了空间现象有集聚性的存在；负相关则相反。空间自相关分析可以分为全局空间自相关和局部空间自相关。全局空间自相关概括了在一个总的空间范围内空间依赖的程度；其最常用的关联指标是莫兰指数，可以判断某一地区是否存在显著的空间自相关性，即是否具有明显的空间集聚特征。本书选择全局空间自相关和局部空间自相关，采用共同边界原则（queen 原则）创建权重矩阵，检验新疆 84 个县市的人口经济压力指数（PPI）是否存在空间自相关。

运用 OpenGeoDa 软件计算，全局空间自相关结果显示，人口经济压力指数 = 0.686233，Z 值 = 10.0314，人口经济压力指数如图 3 - 1 所示，局部空间自相关的空间集聚如图 3 - 2 和图 3 - 3 所示。经检验，莫兰指数值显著为正，说明新疆各县市人口经济压力之间存在显著的正相关，高人口经济压力的区域和高人口经济压力区域聚集在一起，低人口经济压力的区域和低人口经济压力区域聚集在一起，且南疆西南部地区呈现高—高关联模式、北疆中部呈现低—低关联模式。

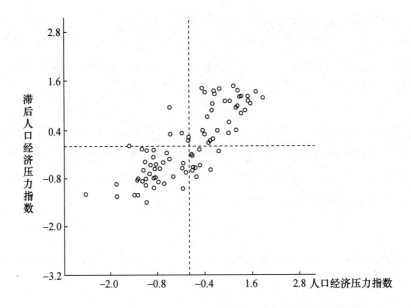

图 3 - 1　2010 年新疆人口经济压力指数散点图

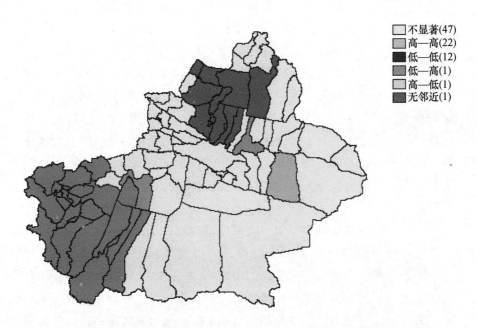

图 3 - 2　2010 年新疆人口经济压力指数的局部空间自相关类型

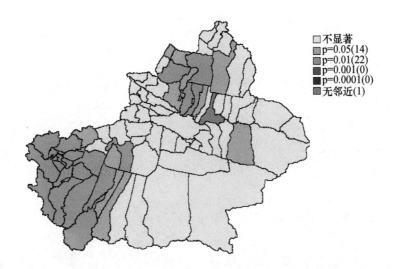

图 3 - 3 2010 年新疆人口经济压力指数的局部空间自相关显著性水平

第四节 小结及需要进一步说明的问题

本章利用主成分分析方法和空间自相关分析,对新疆人口经济压力分类及其分布关系进行了深入探讨。结果表明,人口经济压力较大的市县分布于经济不发达的南疆西南部,而压力较小的市县分布于经济较发达的天山北坡经济带。在空间分布关系上,人口经济压力呈现明显的组团模式,南疆西南部地区呈现高—高关联模式、北疆中部呈现低—低关联模式。

研究不足之处主要表现在:

(1) 人口压力评价应该是综合评价,人口压力可分解为人口对经济、资源、环境、社会生活、公共服务等方面的压力,本书只分析了新疆人口经济压力,关于新疆人口资源环境压力,有待进一步研究。

(2) 人口压力是一个相对概念,一个区域不论人口多少都存在人口压力,即使人口数低于该区域的合理人口容量,也存在人口压力。

(3) 本书新疆人口经济压力指标的选择兼顾了数据的可获得性,可能会在一定程度上损失指标的科学性和合理性。

正如前文所述,新疆人口与经济的关系问题相当复杂,不同于全国其他省份。因此,本书对新疆人口经济压力的分析仍需进一步探索。

中　篇

第四章　新疆人口生育水平与经济协调发展

生育是人口自然变动的基本原因，在死亡水平相对比较稳定的条件下，生育是使人口增加或减少的关键，人口的生育水平在很大程度上决定着一个国家或地区未来的人口规模和结构。在经典人口转变理论看来，生育转变是由经济发展和社会现代化引发的，因此，西方学者对生育转变和生育率下降的分析都遵循着"发展是最好的'避孕药'"这一范式来展开。但是，中国生育率下降却具有非常明显的政策推动色彩。国内一些学者认为，中国生育率的下降既是生育政策作用的结果，也离不开社会经济因素的作用。① 经济发展本身是通过各种中间环节作用于生育率，这些中间环节包括各种相关政策措施和社会制度环境，如计划生育、文化教育、医疗保健、社会保障等。这些都使经济发展水平与生育率变化之间的关系在强度和方向上呈现复杂的地域性和阶段性特征。② 喻晓、姜全保利用20世纪90年代的面板数据，分析了计划生育政策对各地区生育率的影响，认为经济社会发展水平对经济较先进的东部地区的生育率有显著影响，但对经济相对落后的中西部地区影响作用不明显。③ 综上所述，影响一个地区生育水平高低的因素具有多元性，经济发展只是其中一个因素。因此，本章在分析新疆人口生育水平的现状基础上，分析了包括经济发展因素在内的众多因素对生育水平的影响，而不是只分析经济发展因素对生育水平的影响，这样做更具有现实意义。

---

① 巫锡炜：《中国步入低生育率（1980—2000）》，社会科学文献出版社2012年版，第9—10页。

② 彭希哲、黄娟：《试论经济发展在中国生育率转变过程中的作用》，《人口与经济》1993年第1期。

③ 喻晓、姜全保：《低生育水平下我国生育率转变影响机制的地区差异》，《南方人口》2010年第2期。

第一节　新疆人口生育水平的历史演变与现状

一　新疆出生水平的历史演变

1949 年新中国成立以来，新疆人口的生育水平发生了较大的变化。总的趋势是下降的，但是多数年份高于全国水平。由于缺乏历年的总和生育率数据，本书用历年的出生率来分析新疆出生水平的历史演变。出生率（也称粗出生率）是最简单、最常用的人口出生统计指标，是在任意长的时期（通常为 1 年）内活产婴儿数与该时期内总人口的生存人年数之比。

全国出生率的历史变化具有鲜明的时代烙印和阶段性，表现为以下几个特点：1949—1954 年，全国出生率总体呈上升趋势，平稳且居高不下，一直稳定在 37.00‰以上；1955—1961 年，全国出生率总体呈下降趋势，出生率由 1955 年的 32.60‰下降为 1961 年的 18.02‰；1961—1963 年出生率迅速地从 18.02‰攀升为 43.37‰，3 年上升了25.35 个千分点；1963 年之后，出生率逐渐地缓慢下降；1963—1979年，出生率由 43.37‰下降到 17.82‰；1979—1987 年出生率呈现先上升再下降再次上升的波动状态；1987 年之后持续下降（见表 4-1 和图 4-1）。

和全国相比，新疆的出生率也表现出明显的时代和阶段性特征，但与全国稍有不同。首先，新疆出生率的变化情况和全国一样，总体是呈下降趋势的，出生率由 1949 年的 30.02‰下降到 2009 年的 15.99‰，60 年下降了 14.03 个千分点。其次，从 1961 年起，新疆的出生率也与全国表现为相同的模式，也是先上升后下降，但是新疆的高出生率持续时间长，而且一直高于全国水平，这与这个时期大量的迁入人口有关，也与新疆开展计划生育工作晚、普及不够有关。

新疆的出生率在 1957 年以前低于全国水平，在 1957 年之后，普遍高于全国同期水平。新疆的出生率在 1957 年之后之所以高于全国水平，其原因在于：一是与新疆大量的迁入人口有关，二是与党和政府推行的少数民族政策有关。由于新中国成立之前和成立初期，新疆少数民族人口发展缓慢，从当时少数民族人口发展和劳动力需求的实际出发，积极

表 4-1　　　　　　　　1949—2009 年全国与新疆的出生率对比　　　　　单位：‰

年份	全国	新疆	年份	全国	新疆	年份	全国	新疆
1949	36.00	30.02	1970	33.43	36.63	1991	19.68	24.45
1950	37.00	30.09	1971	30.65	35.02	1992	18.24	22.80
1951	37.80	30.12	1972	29.77	38.36	1993	18.09	21.53
1952	37.00	30.16	1973	27.93	38.01	1994	17.70	20.82
1953	37.00	30.63	1974	24.82	35.87	1995	17.12	18.90
1954	37.97	31.31	1975	23.01	33.10	1996	16.98	19.45
1955	32.60	30.67	1976	19.91	28.96	1997	16.57	19.66
1956	31.90	31.10	1977	18.93	26.06	1998	15.64	19.74
1957	34.03	31.48	1978	18.25	22.55	1999	14.64	18.76
1958	29.22	31.03	1979	17.82	22.54	2000	14.03	17.57
1959	24.78	29.87	1980	18.21	21.28	2001	13.38	16.82
1960	20.86	28.13	1981	20.91	21.09	2002	12.86	16.30
1961	18.02	25.16	1982	22.28	21.16	2003	12.41	16.01
1962	37.01	32.02	1983	20.19	19.31	2004	12.29	16.00
1963	43.37	35.14	1984	19.90	19.76	2005	12.40	16.42
1964	39.14	42.26	1985	21.04	19.80	2006	12.09	15.97
1965	37.88	41.65	1986	22.43	20.54	2007	12.10	16.79
1966	35.05	38.08	1987	23.33	21.03	2008	12.14	16.05
1967	33.96	37.16	1988	22.37	19.72	2009	12.13	15.99
1968	35.59	40.73	1989	21.58	21.15			
1969	34.11	38.81	1990	21.06	26.41			

资料来源：历年《中国统计年鉴》和《新疆统计年鉴》。

推行了"人口兴旺"政策，同时少数民族实行计划生育政策比较晚，加之新疆在新中国成立后经济发展、人民生活水平提高，以及医疗卫生条件的改善，这些因素都促使新疆人口有了较高的出生率。

新疆人口规模，1949 年为 433.34 万人；1982 年 7 月第三次人口普查，人口规模为 1308.15 万人；1990 年 7 月 1 日第四次人口普查，人口规模为 1515.69 万人；2000 年 11 月 1 日第五次人口普查时，人口规模是 1845.95 万人；2010 年 11 月 1 日第六次人口普查时，人口规模是 2181.58 万人。可见，从较长的时期来看，新疆的人口规模几乎是线性增长的。

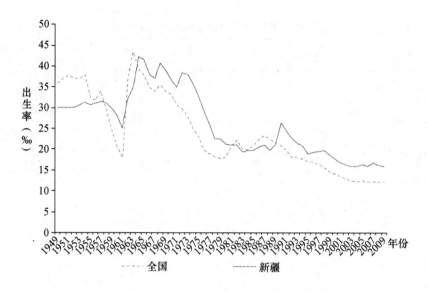

图 4 – 1　1949—2009 年全国和新疆出生率变化

由图 4 – 2 可见，新中国成立以来，新疆人口经历了从"高出生、高死亡、低自然增长率"到"高出生、低死亡、高自然增长率"，再到"低出生、低死亡、低自然增长率"的人口增长模式的转变过程。

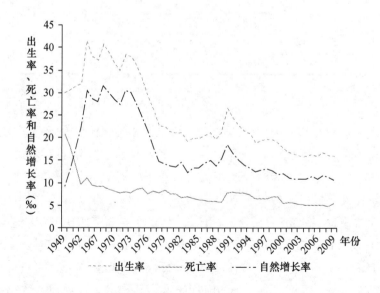

图 4 – 2　新疆主要年份的出生率、死亡率和自然增长率

二　新疆人口生育水平的现状及特点

（一）人口生育水平下降缓慢，在全国处于较高水平

"六普"数据显示，2009 年 11 月 1 日至 2010 年 10 月 31 日新疆共出生 322653 人，出生率为 14.79‰。"五普"数据显示，1999 年 11 月 1 日至 2000 年 10 月 31 日新疆共出生 28.40 万人，出生率为 15.67‰，10 年间出生率只下降了 0.88 个千分点。从全国和各省"六普"的出生率排序来看，新疆人口的出生率在全国排第三位，仅次于广西（15.54‰）和西藏（15.23‰），远高于全国平均水平（10.38‰），属于出生率较高的地区（见图 4-3）。

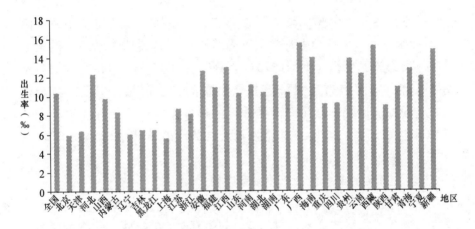

图 4-3　全国及各省份"六普"出生率

总和生育率是反映某时期妇女总体生育水平的综合指标，是一种年龄标准化的指标，不受实际人口育龄妇女年龄结构的影响，因此，也是反映生育水平最常用的指标。总和生育率是指一定时期内各年龄类别妇女生育率的合计数。其含义为：假设一批同时出生的妇女按照该时期的年龄别生育率度过整个育龄期，平均每个妇女所生的孩子数。"六普"显示，新疆的总和生育率为 1.53，高于全国 1.18 的平均水平，比"五普"的 1.51 反而上升了 0.02。表 4-2 显示，"六普"时新疆妇女的总和生育率在全国排序为第三位，仅次于广西和贵州。可见，新疆妇女的生育水平在全国处于较高水平。

表4-2　　　　　　　　　**"六普"全国各省份总和生育率**

省份	北京	上海	辽宁	黑龙江	吉林	天津	浙江	西藏
总和生育率	0.71	0.74	0.74	0.75	0.76	0.91	1.02	1.05
省份	江苏	陕西	广东	内蒙古	四川	山西	福建	重庆
总和生育率	1.05	1.05	1.06	1.07	1.08	1.10	1.12	1.16
省份	山东	甘肃	河南	河北	湖北	宁夏	青海	江西
总和生育率	1.17	1.28	1.30	1.31	1.34	1.36	1.37	1.39
省份	云南	湖南	安徽	海南	新疆	贵州	广西	
总和生育率	1.41	1.42	1.48	1.51	1.53	1.75	1.79	

综上所述，"六普"与"五普"相比，新疆人口的出生率只下降了0.88个千分点，总和生育率只下降了0.02，这说明新疆人口的出生水平下降缓慢，但是这也可能和"六普"比"五普"的普查数据质量好有关系，而"五普"可能存在较严重的出生漏报。但是，与全国其他省份横向比较可见，无论是人口的出生率，还是总和生育率，新疆都排在第三位。可见，当前新疆人口的生育水平在全国处于较高水平。

（二）育龄妇女一般生育率继续下降

出生率指标受人口年龄、性别结构与婚姻状态分布的影响，既不能客观反映生育水平的高低，也不能反映生育时间的早晚。一般生育率是指一定时期内出生的活产婴儿数与育龄妇女总人数的比率，用千分数表示。这个指标将育龄妇女看作一个整体，反映妇女的生育水平。它消除了总人口中性别结构和育龄妇女整体所占比例因素的影响。"六普"数据显示，新疆育龄妇女一般生育率为49.91‰，比"五普"的68.42‰下降了18.51个千分点。而"四普"时这一指标为99.78‰。这说明，2000年以来新疆的人口计划生育工作成效显著，育龄妇女生育水平继续下降，已进入较低的生育水平时期。

（三）生育模式变化较大

年龄别生育率是指按每一年（或年龄组）分别计算的妇女生育率，用千分数表示。通常以1年为单位，定义为在1年中每千名某一年龄或年龄组妇女所生育的孩子数。年龄别生育率不仅可以反映不同年龄妇女的生育水平，而且可以反映人口的生育模式，即生育的早晚、生育的高峰年龄、生育时间的分布情况等。

通过图 4−4 的"四普"、"五普"和"六普"生育模式曲线比较可见，整体上"五普"和"六普"生育模式曲线被"四普"生育模式曲线所包裹，"六普"生育模式曲线也基本被"五普"生育模式曲线所包裹，但是，"六普"育龄妇女年龄别生育率在 30 岁以后稍微超出了"五普"的生育模式曲线。也就是说，"六普"的生育曲线和"五普"、"四普"的相比，变得更加"低"，但是稍微变"宽"，生育率峰值年龄继续推迟，峰值生育率大幅下降，较高生育水平的维持时间大为缩短，但是生育年龄变得较为分散。

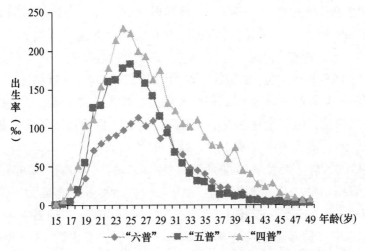

图 4−4　"六普"、"五普"与"四普"生育模式曲线

通过分析表 4−3 的育龄妇女年龄别生育率的详细数据，2010 年"六普"与 2000 年"五普"和 1990 年"四普"相比生育模式具有以下变化特点：

（1）15—18 岁年龄组妇女的累计生育率继续下降。15—18 岁年龄组妇女的累计生育率"五普"比"四普"下降了 57.66 个千分点，"六普"比"五普"下降了 3.5 个千分点，虽然"六普"比"五普"下降的幅度变小了，但还是在继续下降。这表明，随着计划生育工作的逐步深入和人们生育观念的改变，原来比较严重的早婚早育现象已得到有效的遏制。

（2）生育率峰值年龄继续推迟，峰值生育率大幅下降。"四普"时，新疆育龄妇女的生育率峰值年龄为 24 岁，峰值生育率为 229.31‰；"五普"时，生育率峰值年龄为 25 岁，峰值生育率为 182.10‰，比"四普"下降了 47.21 个千分点；"六普"时，生育率峰值年龄为 26 岁，峰值生育率为 113.14‰，比"五普"下降了 68.96 个千分点，超过了"五普"比"四普"的下降幅度。

（3）生育年龄变得较为分散。"六普"的育龄妇女年龄别生育率，30 岁以前（除 16 岁外）所有年龄都低于"五普"，但是 30 岁以后所有年龄的生育率都高于"五普"，这可能和汉族人口生育时间、少数民族二胎生育时间推迟有关。从育龄期的低年龄（15 岁）开始，累计生育率达到总和生育率的 90% 时，"六普"时为 36 岁，"五普"时为 32 岁，"四普"时为 38 岁。可见，"六普"时育龄妇女的生育周期比"五普"变大了，比"四普"变小了。"六普"时年龄别生育率超过 50‰ 的有 20—32 岁 13 个年龄组，"五普"时为 19—32 岁 14 个年龄组，"四普"时为 18—39 岁 22 个年龄组。另外，从生育模式曲线来看，"六普"与"五普"相比，峰值生育率大幅度下降，但是变得稍微宽了，也就是由"五普"的"高而窄"变成了"六普"的"低而宽"了。

（4）较高生育水平的维持时间大为缩短。1990 年"四普"时，0.2 生育率水平（即年龄别生育率为 200‰—300‰）宽度为 4 个年龄组，2000 年"五普"和 2010 年"六普"时都没有；"四普"时，0.1 生育率水平（即年龄别生育率为 100‰—200‰）宽度为 12 个年龄组，"五普"时下降为 10 个年龄组，"六普"时下降为 5 个年龄组。

以上是新疆育龄妇女生育模式的纵向比较，下面把新疆育龄妇女的生育模式与全国平均水平做横向比较。从图 4-5 可见，全国的育龄妇女生育模式曲线基本上被新疆的育龄妇女生育模式曲线所包裹，也就是与全国相比，除 24 岁的全国育龄妇女年龄别生育率稍微高于新疆外，其他所有年龄的新疆育龄妇女年龄别生育率都高于全国。另外，从表 4-4 和表 4-5 的具体数据来看，全国的峰值生育率年龄为 24 岁，峰值生育率为 99.09‰，而新疆的峰值生育率年龄为 26 岁，峰值生育率为 113.14‰。可见，新疆的生育率高于全国，生育模式与全国相比还是"高而宽"，新疆人口的生育观念与全国相比，整体上还有差距。

表4-3　　　　　　　"四普"、"五普"与"六普"新疆
　　　　　　　　　育龄妇女年龄别生育率　　　　　单位：岁、‰

年龄	"四普"	"五普"	"六普"	年龄	"四普"	"五普"	"六普"
15	1.48	0.07	0.00	33	101.74	40.51	48.40
16	5.95	0.36	0.69	34	110.28	30.04	45.01
17	23.83	4.50	4.30	35	87.97	29.76	39.99
18	50.74	19.41	15.85	36	77.29	20.95	29.93
19	104.19	54.46	34.76	37	76.92	12.65	22.73
20	111.77	125.33	70.81	38	60.32	13.54	22.29
21	154.10	129.39	80.06	39	73.81	10.81	12.69
22	178.65	159.78	87.09	40	45.14	11.78	16.17
23	214.27	161.55	90.65	41	40.03	5.73	8.97
24	229.31	177.20	97.36	42	27.40	4.82	8.75
25	222.44	182.10	105.45	43	23.67	3.21	6.53
26	200.46	169.78	113.14	44	27.95	2.85	6.54
27	193.56	156.86	103.12	45	16.13	4.60	5.60
28	163.32	141.43	108.98	46	10.83	1.65	5.04
29	174.47	115.13	85.92	47	9.33	1.45	5.61
30	131.77	92.35	100.54	48	5.79	1.89	6.43
31	121.85	67.30	68.66	49	7.64	1.66	3.20
32	106.03	53.19	65.94	—	—	—	—

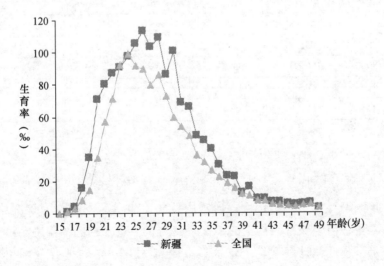

图4-5　"六普"新疆和全国育龄妇女的年龄别生育率

表4-4　　　　"六普"全国和新疆按年龄分组的育龄妇女生育率　　　单位:‰

	15—19 岁	20—24 岁	25—29 岁	30—34 岁	35—39 岁	40—44 岁	45—49 岁
全国	5.93	69.47	84.08	45.84	18.71	7.51	4.68
新疆	12.16	84.86	103.28	65.23	25.25	9.75	5.24

表4-5　　　　　　"六普"新疆和全国年龄别育龄妇女生育率　　　单位：岁、‰

年龄	新疆	全国	年龄	新疆	全国
15	—	0.11	33	48.40	36.23
16	0.69	0.86	34	45.01	32.12
17	4.30	3.21	35	39.99	26.47
18	15.85	8.42	36	29.93	22.67
19	34.76	14.40	37	22.73	18.66
20	70.81	34.54	38	22.29	15.45
21	80.06	57.30	39	12.69	11.88
22	87.09	71.33	40	16.17	10.81
23	90.65	92.51	41	8.97	7.66
24	97.36	99.09	42	8.75	7.87
25	105.45	91.58	43	6.53	5.73
26	113.14	89.83	44	6.54	5.10
27	103.12	79.79	45	5.60	4.83
28	108.98	86.01	46	5.04	4.26
29	85.92	72.97	47	5.61	4.93
30	100.54	59.79	48	6.43	5.53
31	68.66	53.79	49	3.20	3.72
32	65.94	48.42	—	—	—

（四）出生孩次结构

出生孩次结构是一定时期内（通常为1年）全部出生人口中属于某一孩次的婴儿所占的比例，通常用百分比表示，一般称为孩次比例。通常来说，出生孩次结构中的1孩率越高、多孩率越低，就表明该地区生育水平越低，计划生育工作水平也越高。2000年"五普"的出生孩次结构与1990年"四普"的出生孩次结构相比，发生了根本性的转变。2010年"六普"与2000年"五普"的出生孩次结构相比，3孩及以上比例继续降低，2孩比例继续上升，1孩比例有所下降，可见这10年间新疆的人口计划生育工作成效是显著的（见表4-6）。另外，与全国相比，新疆的3孩及以上比例远高于全国，2孩比例和全国接近，这也导致了1孩比例低于全国（见表4-7）。这是由于新疆的计划生育政策宽于其他省份所致，要想接近全国水平，必须调整计划生育政策。

表4-6　　　"四普"、"五普"和"六普"新疆出生孩次结构　　　单位:%

	1孩比例	2孩比例	3孩及以上比例
"四普"	33.96	20.90	45.14
"五普"	57.47	25.72	16.81
"六普"	53.62	31.77	14.61

表4-7　　　　　"六普"新疆和全国出生孩次结构　　　　单位:%

	1孩比例	2孩比例	3孩及以上比例
新疆	53.62	31.77	14.61
全国	62.17	31.28	6.55

第二节　新疆人口生育水平的结构分析

一　新疆城乡之间的人口生育水平比较分析

人口生育水平高低与社会经济发展水平有着密切关系。一般来说，经济发展水平较高、文化教育普及、妇女就业程度高的地区，生育水平就低一些；反之，就高一些。新疆城乡之间无论在经济发展水平、文化教育普及程度、妇女参加社会劳动以及社会保障等方面都有显著差异。因此，分别观察和分析城乡育龄妇女的生育水平就显得极为必要。

从表4-8可见，"六普"与"五普"、"四普"相比，新疆城市、镇和乡村的总和生育率均在下降，乡村的人口生育水平最高，镇其次，城市最低。但是与全国水平相比，新疆城市、镇和乡村的人口生育水平都还是高于全国水平，其中新疆乡村的人口生育水平与全国水平差异最

大，总和生育率高于全国水平0.37。具体来看，"六普"新疆城市总和
生育率为1.04，而"五普"时为1.38，"六普"全国城市总和生育率
为0.88，新疆城市总和生育率仅次于广西和江西，排第三位；"六普"
新疆镇总和生育率为1.28，而"五普"时为1.80，"六普"全国镇总
和生育率为1.15，新疆镇总和生育率仅次于湖南、云南、青海和宁夏，
排第五位；"六普"新疆乡村总和生育率为1.81，而"五普"时为
2.31，"六普"全国乡村总和生育率为1.44，新疆乡村总和生育率仅次
于贵州，在全国排第二位。因为新疆的计划生育政策在不同民族之间差
异很大，这些结果可能和新疆城市、镇和乡村的民族构成不同有关，城
市人口中73.01%是汉族，镇人口中54.33%是汉族，而乡村人口中只
有21.03%是汉族。

表4-8 新疆城乡人口总和生育率比较

	城市	镇	乡村
"四普"新疆	1.48	2.45	4.14
"五普"新疆	1.38	1.80	2.31
"六普"新疆	1.04	1.28	1.81
"六普"全国	0.88	1.15	1.44

另外，城市、镇和乡村育龄妇女的生育模式也存在很大差异。如图
4-6所示，从育龄妇女的生育模式曲线来看，乡村育龄妇女的生育模
式曲线比镇和城市的更加"高而宽"，这也说明新疆乡村的生育观念还
是比较传统的，新疆农村的计划生育工作还要继续努力。"六普"新疆
的城市、镇与乡村育龄妇女的生育模式分别与全国相比，都显示出比全
国更加"高而宽"，尤其是乡村育龄妇女的生育模式比全国的更高、更
宽（见图4-7、图4-8和图4-9）。这可能是新疆的计划生育政策因
民族不同所导致的，新疆作为多民族地区，其城市、镇和乡村的少数民
族人口比例肯定高于全国，且城市、镇和乡村人口中少数民族人口分别
占到了26.99%、45.67%和78.98%。

最后，从三次人口普查的城乡育龄妇女年龄别生育率的比较中可以
看出，"五普"与"四普"相比，无论是城市、镇还是乡村，各年龄组
育龄妇女的生育率都在下降。"六普"与"五普"相比，城市、镇和乡

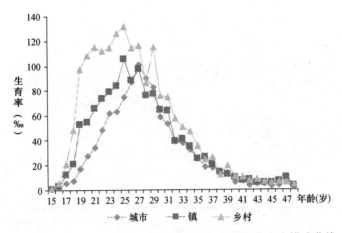

图4-6　"六普"新疆城市、镇和乡村育龄妇女生育模式曲线

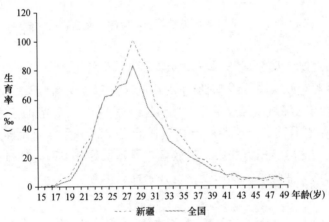

图4-7　"六普"新疆与全国城市育龄妇女生育模式曲线

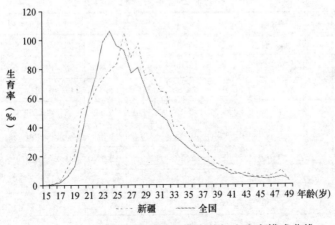

图4-8　"六普"新疆与全国镇育龄妇女生育模式曲线

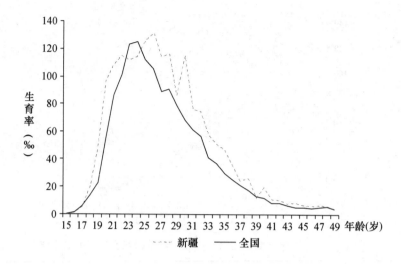

图4-9 "六普"新疆与全国乡村育龄妇女生育模式曲线

村育龄妇女的年龄别生育率表现出一个显著变化，即"六普"城市、镇和乡村育龄妇女中低于29岁年龄组的年龄别生育率均比"五普"有较大幅度的下降（见表4-9），但是30岁以后年龄组的生育率均比"五普"略有升高。这说明城市和镇育龄妇女的生育年龄在推迟，这和城镇中人们的生活压力加大、受教育年限延长等有关系；乡村育龄妇女在计划生育各种政策的作用下，也开始推迟生育。

表4-9　　　　"四普"、"五普"和"六普"新疆城市、镇和
乡村育龄妇女年龄别生育率　　　　　单位：岁、%

年龄	城市			镇			乡村		
	"四普"	"五普"	"六普"	"四普"	"五普"	"六普"	"四普"	"五普"	"六普"
15—19	7.26	7.23	3.19	27.85	19.87	7.18	55.48	34.53	16.81
20—24	102.79	84.73	36.48	155.88	142.96	65.12	217.74	184.47	109.09
25—29	131.23	128.45	83.53	173.27	136.85	89.82	228.94	152.05	115.31
30—34	38.36	40.80	53.02	80.03	43.72	55.95	154.20	60.29	75.27
35—39	12.27	10.49	21.12	36.60	11.75	23.89	103.24	20.99	28.60
40—44	2.87	3.17	7.31	11.43	3.55	8.51	51.63	6.56	11.83
45—49	1.04	1.20	3.76	4.60	0.85	6.02	16.01	2.64	5.92

二 主要民族育龄妇女的生育水平与生育模式比较分析

新疆是一个多民族聚居的地区，"六普"数据显示，总人口中排在前六位的分别是维吾尔族（1000.13万人）、汉族（883.00万人）、哈萨克族（141.83万人）、回族（98.30万人）、柯尔克孜族（18.05万人）和蒙古族（15.63万人）。通过对不同民族的总和生育率和年龄别生育率进行比较，可以看出，不同民族的育龄妇女的生育水平和生育模式也不尽相同。但是这里需要注意的是，由于在人口统计学上生育指标对于小人群比较敏感，在这6个民族中人口超过百万的只有维吾尔族、汉族和哈萨克族，所以对这3个人口超过百万的民族的生育指标的分析是有人口统计学意义的，其他3个民族由于人口较少，其生育指标不完全具有人口统计学意义。

由表4-10可见，"六普"与"五普"相比新疆各主要民族人口的总和生育率都出现了下降，总和生育率的高低排序也发生了变化。按照"六普"的总和生育率从低到高排序，第一是汉族，育龄妇女的总和生育率最低，"五普"时为1.35，"六普"时为1.00，"六普"比"五普"下降了26.22%；第二为柯尔克孜族，"五普"时为2.44，"六普"时为1.32，"六普"比"五普"下降了45.82%；第三为蒙古族，"五普"时为1.48，"六普"时为1.47，"六普"比"五普"下降了0.68%；第四为回族，"五普"时为1.78，"六普"时为1.64，"六普"比"五普"下降了8.03%；第五为哈萨克族，"五普"时为2.06，"六普"时为1.76，"六普"比"五普"下降了14.56%；最高的是维吾尔族，"五普"时为2.64，"六普"时为1.85，"六普"比"五普"下降了29.89%。其中，下降幅度最大的是柯尔克孜族，它的排序也由"五普"时的第五位降至第二位，导致这一变化的原因有待进一步研究。另外，与"五普"相比，"六普"时6个主要民族的生育水平都已经下降到更替水平以下。

表4-10 "五普"和"六普"新疆主要民族人口的总和生育率

	维吾尔族	汉族	哈萨克族	回族	柯尔克孜族	蒙古族
"五普"	2.64	1.35	2.06	1.78	2.44	1.48
"六普"	1.85	1.00	1.76	1.64	1.32	1.47
下降率（%）	29.89	26.22	14.56	8.03	45.82	0.68

不同民族之间生育水平差异较大，这与新疆汉族与少数民族、城镇与农村之间不同的计划生育政策有很大关系。1992 年 7 月 1 日起实施的《新疆维吾尔自治区计划生育办法》规定，"城镇汉族居民一对夫妻可生育一个子女，少数民族居民一对夫妻可生育两个子女。汉族农牧民一对夫妻可生育两个子女，少数民族农牧民一对夫妻可生育三个子女"，从而使少数民族育龄妇女的生育水平明显高于汉族育龄妇女的生育水平。另外，新疆各主要民族之间育龄妇女的生育水平差异较大，这与各民族人口中城镇人口的比例有着密切的关系。柯尔克孜族城镇人口所占比例最低，而且其生育水平也较低，导致这一现象的原因可能和柯尔克孜族人口较少有关系，原因有待进一步研究；维吾尔族和哈萨克族城镇人口所占比例较低，其生育水平相对较高；蒙古族、回族和汉族的城镇人口比例较高，其生育水平也较低（见表 4 - 11）。

表 4 - 11 　　　　　"六普"新疆主要民族城镇人口所占比例　　　　单位:%

民族	城镇人口所占比例
总计	42.79
维吾尔族	21.97
汉族	70.28
哈萨克族	22.07
回族	42.81
柯尔克孜族	17.81
蒙古族	42.48

从整体上看，不同民族间生育模式的差异也较大。维吾尔族、哈萨克族和回族的生育模式曲线"高而宽"，汉族的是"低而窄"，而柯尔克孜族和蒙古族的生育模式曲线不太规则，各年龄段波动较大（见图 4 - 10、图 4 - 11）。从峰值生育率年龄和峰值生育率的变化来看，"六普"显示，新疆主要民族的峰值生育率年龄与"五普"相比，除哈萨克族降低 1 岁外，其他民族都出现了不同程度的上升，其中，蒙古族的峰值生育率年龄最高（30 岁）；其次是汉族（28 岁）。"六普"显示，新疆主要民族峰值生育率最高的为蒙古族，其次为哈萨克族和维吾尔族。

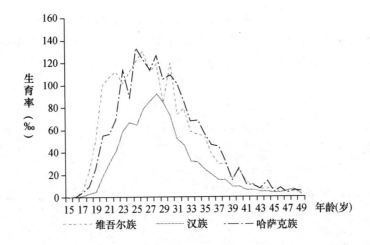

图 4 – 10　"六普"新疆维吾尔族、汉族和哈萨克族育龄妇女生育模式曲线

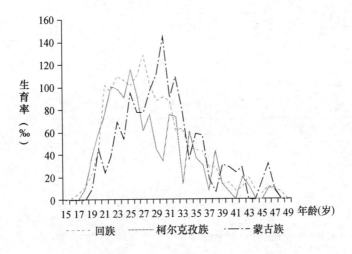

图 4 – 11　"六普"新疆回族、柯尔克孜族和蒙古族育龄妇女生育模式曲线

与"五普"相比，峰值生育率除蒙古族外都出现了较大幅度的下降，其中，柯尔克孜族下降幅度最大，下降了 144.62 个千分点，其次为维吾尔族，下降了 78.46 个千分点（见表 4 – 12）。从各民族具体的年龄别生育率来看，首先是汉族育龄妇女的各年龄生育率都很低，没有一个年龄的生育率超过 0.10 生育水平，并且稍高生育率的持续时间短；其次为柯尔克孜族和蒙古族，这两个民族的各年龄生育率也较低，超过

0.10 生育水平的年龄分别是 2 个和 3 个；最后为回族、哈萨克族和维吾尔族，这 3 个民族的各年龄生育率较高，超过 100‰ 生育水平的年龄分别是 7 个、8 个和 10 个（见表 4-13）。

表 4-12　　　　　　"五普"与"六普"新疆主要民族
　　　　　　峰值生育率年龄和峰值生育率　　　　　单位：岁、‰

民族	峰值生育率年龄		峰值生育率	
	"五普"	"六普"	"五普"	"六普"
维吾尔族	24	26	208.98	130.52
汉族	25	28	156.70	92.44
哈萨克族	26	25	186.23	133.48
回族	26	27	176.53	128.48
柯尔克孜族	24	25	260.36	115.74
蒙古族	27	30	157.58	144.93

表 4-13　　　　"六普"新疆主要民族育龄妇女年龄别生育率　　单位：岁、‰

年龄	维吾尔族	汉族	哈萨克族	回族	柯尔克孜族	蒙古族
15	0.00	0.00	0.00	0.00	0.00	0.00
16	1.07	0.00	0.97	1.47	0.00	0.00
17	6.08	1.32	4.46	5.69	0.00	0.00
18	23.28	3.10	9.63	11.24	9.05	0.00
19	49.89	5.19	25.62	23.68	36.89	9.62
20	100.39	18.20	54.78	43.58	58.58	45.45
21	106.79	31.05	56.53	102.09	74.89	23.81
22	112.45	41.62	69.61	96.43	100.46	38.76
23	102.06	59.13	113.52	110.35	98.13	69.23
24	112.10	66.42	89.14	106.46	90.50	54.26
25	121.03	64.25	133.48	100.81	115.74	94.89
26	130.52	79.06	123.96	110.45	91.37	77.46

续表

年龄	维吾尔族	汉族	哈萨克族	回族	柯尔克孜族	蒙古族
27	112.27	85.29	113.50	128.48	61.22	77.46
28	118.78	92.44	126.81	102.12	75.58	97.01
29	84.71	83.70	105.26	88.45	45.20	111.94
30	119.53	73.00	108.98	90.91	34.29	144.93
31	73.72	52.25	101.72	87.74	75.86	90.28
32	79.51	46.45	85.65	61.70	73.53	109.68
33	59.08	32.32	68.08	63.05	14.18	79.10
34	55.51	31.08	68.27	46.26	60.81	36.27
35	54.29	24.86	56.81	44.57	36.23	59.14
36	38.29	20.19	47.01	43.29	30.77	57.14
37	29.19	15.28	45.10	28.42	7.63	17.86
38	30.48	15.20	31.66	28.47	43.48	6.62
39	16.46	9.22	15.24	13.61	14.08	31.25
40	23.75	9.58	25.55	15.02	7.52	28.90
41	13.57	6.16	11.54	7.82	0.00	24.10
42	11.06	6.46	10.57	10.73	19.80	28.99
43	7.27	5.07	7.88	19.69	11.36	0.00
44	7.77	5.18	14.32	8.11	0.00	0.00
45	7.51	4.47	4.36	5.46	0.00	15.63
46	4.19	4.41	8.04	11.07	10.00	31.50
47	5.33	5.55	3.74	10.69	10.00	8.55
48	5.56	7.40	5.93	5.87	0.00	0.00
49	3.76	2.79	5.09	0.00	0.00	0.00

　　通过比较"六普"和"五普"新疆人口超过百万的3个民族的育龄妇女年龄别生育率和生育模式曲线（见图4-12、图4-13和图4-14），我们发现，"六普"时维吾尔族、汉族和哈萨克族3个民族的育龄妇女的生育模式曲线总体上都比"五普"更加"低而窄"，但是"六

普"育龄妇女的年龄别生育率汉族在 30 岁以后、哈萨克族在 33 岁以后，均高于"五普"的水平，由于这 3 个民族在新疆总人口中占的比例较大，所以也导致"六普"新疆总人口的育龄妇女年龄别生育率在 30 岁以后稍微高于"五普"的生育模式曲线。另外，也发现维吾尔族的早婚早育情况继续好转，但是小于法定结婚年龄（18 岁）的生育依然存在，维吾尔族育龄妇女 16—22 岁每个年龄别生育率均高于哈萨克族（见表 4 - 14）。这说明，新疆总人口和各主要民族育龄妇女的生育水平都在降低，并且生育年龄在推迟，高年龄生育在增加，这和全国的变化趋势是一致的。

表 4 - 14　　　"五普"和"六普"新疆人口超过百万的 3 个
民族的育龄妇女年龄别生育率　　　　单位：岁、‰

年龄	维吾尔族		汉族		哈萨克族	
	"五普"	"六普"	"五普"	"六普"	"五普"	"六普"
15	0.12	0.00	0.00	0.00	0.00	0.00
16	0.50	1.07	0.30	0.00	0.00	0.97
17	7.25	6.08	0.64	1.32	2.28	4.46
18	29.66	23.28	1.21	3.10	8.57	9.63
19	85.91	49.89	8.57	5.19	19.82	25.62
20	169.94	100.39	31.71	18.20	56.70	54.78
21	183.61	106.79	65.60	31.05	97.54	56.53
22	204.82	112.45	90.96	41.62	119.88	69.61
23	203.13	102.06	115.51	59.13	133.52	113.52
24	208.98	112.10	147.88	66.42	141.55	89.14
25	203.25	121.03	156.70	64.25	186.09	133.48
26	196.20	130.52	146.95	79.06	186.23	123.96
27	179.57	112.27	141.66	85.29	176.12	113.50
28	159.22	118.78	124.34	92.44	158.01	126.81
29	141.83	84.71	95.43	83.70	172.47	105.26
30	122.08	119.53	60.97	73.00	123.77	108.98
31	108.62	73.72	43.56	52.25	107.44	101.72
32	86.82	79.51	30.90	46.45	96.75	85.65

续表

年龄	维吾尔族		汉族		哈萨克族	
	"五普"	"六普"	"五普"	"六普"	"五普"	"六普"
33	63.77	59.08	24.49	32.32	64.78	68.08
34	54.09	55.51	13.96	31.08	60.25	68.27
35	48.27	54.29	13.23	24.86	44.78	56.81
36	38.57	38.29	10.22	20.19	31.90	47.01
37	22.66	29.19	6.42	15.28	14.28	45.10
38	25.10	30.48	5.59	15.20	14.86	31.66
39	20.73	16.46	3.97	9.22	14.36	15.24
40	17.49	23.75	2.17	9.58	9.85	25.55
41	10.55	13.57	3.47	6.16	4.34	11.54
42	10.09	11.06	0.56	6.46	5.78	10.57
43	8.97	7.27	0.28	5.07	2.24	7.88
44	6.64	7.77	0.30	5.18	4.08	14.32
45	7.79	7.51	1.42	4.47	0.00	4.36
46	4.24	4.19	0.00	4.41	0.00	8.04
47	3.00	5.33	0.66	5.55	0.00	3.74
48	2.35	5.56	1.70	7.40	0.00	5.93
49	1.72	3.76	1.23	2.79	0.00	5.09

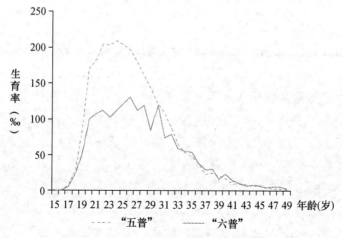

图4-12 "五普"与"六普"新疆维吾尔族育龄妇女生育模式曲线

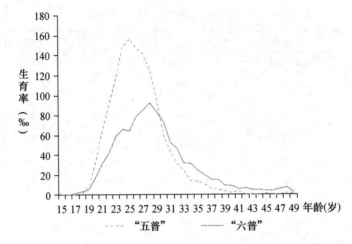

图 4 – 13   "五普"与"六普"新疆汉族育龄妇女生育模式曲线

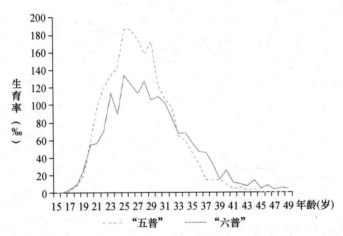

图 4 – 14   "五普"与"六普"新疆哈萨克族育龄妇女生育模式曲线

三　各地区人口生育水平比较分析

自 20 世纪 90 年代以来，新疆人口与计划生育工作，在各地（州、市）都取得了明显成效。"四普"时生育水平最高的地区总和生育率为 5. 29，"五普"时生育水平最高的地区总和生育率为 2. 91，而"六普"时生育水平最高的地区总和生育率为 1. 86（见表 4 – 15），所有地（州、市）的总和生育率都下降到更替水平以下。但是，由于各地社会经济发展水平不同、民族构成差别较大，生育水平表现出了明显的地区差异。

表4-15　"五普"和"六普"新疆各地（州、市）总和生育率

	乌鲁木齐市	克拉玛依市	昌吉州	博州	伊犁州	塔城地区	阿勒泰地区	自治区直辖县级市
"五普"	1.18	1.32	1.54	1.69	1.86	1.70	1.65	1.43
"六普"	1.02	0.99	1.38	1.41	1.61	1.36	1.32	1.04
	巴州	阿克苏地区	克州	喀什地区	和田地区	吐鲁番地区	哈密地区	
"五普"	1.64	2.46	2.79	2.67	2.91	1.88	1.50	
"六普"	1.69	1.60	1.73	1.74	1.86	2.14	1.16	

从"六普"各地（州、市）的总和生育率可见，少数民族人口比例较多的吐鲁番地区、巴州、阿克苏地区、克州、喀什地区、和田地区、伊犁州，其总和生育率也较高，这些地区的总和生育率在1.60—2.14；而少数民族人口比例较小的乌鲁木齐市、克拉玛依市、哈密地区、昌吉州、博州、塔城地区和自治区直辖县级市，其总和生育率也较低，这些地区的总和生育率为0.99—1.41；阿勒泰地区比较特殊，虽然少数民族人口比例达61.45%，但是其总和生育率却只有1.32，这一现象有待进一步研究。

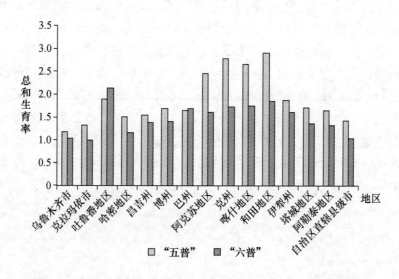

图4-15　"五普"和"六普"新疆各地（州、市）总和生育率

从"六普"与"五普"各地（州、市）的总和生育率的变化可见，吐鲁番地区的总和生育率由"五普"的1.88上升到"六普"的2.14，这和吐鲁番地区农村少数民族人口比例较高有关，与2011年才纳入"南疆三地州农村计划生育家庭特殊奖励政策"有很大关系；巴州的总和生育率由"五普"的1.64上升到"六普"的1.69，这可能与巴州流动人口比例较高有关系；其他地（州、市）的总和生育率都出现了不同程度的下降，其中南疆的阿克苏地区、和田地区、喀什地区和克州的下降幅度较大。这说明，在南疆地区实施的农村计划生育家庭奖励扶助制度和"少生快富"工程、南疆三地州特殊奖励政策、计划生育家庭特别扶助制度等奖励扶助政策发挥了较大作用。

第三节　新疆人口生育水平的影响因素分析

影响妇女生育水平的因素很多，概括起来主要有两个方面：一是各种人口学因素，如育龄妇女的初婚年龄、再婚比例、已婚年数和曾生子女数以及再婚妇女的避孕比例等；二是与社会和经济环境有关的各种因素，如育龄妇女的受教育程度、收入水平、宗教信仰、职业和对家庭规模的态度以及计划生育政策的执行情况等。其中，人口学因素是影响妇女生育水平的直接因素，与社会和经济环境有关的是间接因素，后者是通过前者来影响妇女的生育水平。基于数据的可得性并结合新疆人口的特殊性，本书主要选取2010年新疆14个地（州、市）的少数民族人口比例、领证率、三孩及以上孩次比例、人均GDP、育龄妇女总和生育率5个指标（见表4-16），从少数民族人口比例、计划生育利益导向政策的执行情况、经济发展水平三个方面来分析它们与新疆人口生育水平的相关性[①]，然后再分析妇女的受教育程度和职业对新疆人口生育水平的影响。

---

① 由于样本数量的限制，本书只是对影响生育水平的因素和生育水平做了双变量的相关分析，没能进一步进行多变量回归分析。因此，这些因素对生育水平的影响存在不确定性。

表 4 – 16　　　　　　2010 年新疆各地（州、市）经济发展
水平、计划生育工作和妇女生育情况　　　单位:% 、元

地区	少数民族人口比例	领证率	三孩及以上孩次比例	人均 GDP	总和生育率
全疆	59.52	34.83	14.61	25057	1.53
乌鲁木齐市	25.09	50.17	5.43	43039	1.02
克拉玛依市	18.35	75.87	3.15	121387	0.99
吐鲁番地区	74.98	32.27	10.94	29828	2.14
哈密地区	30.65	64.76	4.11	29375	1.16
昌吉州	24.69	47.52	6.78	35554	1.38
伊犁州直属县市	64.78	33.33	14.30	19479	1.61
塔城地区	34.27	41.82	4.27	23562	1.36
阿勒泰地区	61.45	42.42	6.55	22406	1.32
博州	35.04	40.55	6.48	27374	1.41
巴州	40.71	37.94	9.12	46955	1.69
阿克苏地区	77.11	20.43	14.70	15872	1.60
克州	93.22	32.47	27.86	7202	1.73
喀什地区	92.00	22.58	22.96	8748	1.74
和田地区	96.41	27.76	18.38	5181	1.86

资料来源：本表中人均 GDP、领证率来源于新疆维吾尔自治区统计局《新疆统计年鉴 2011》，中国统计出版社 2011 年版；其他指标来源于新疆维吾尔自治区人口普查办公室《新疆维吾尔自治区 2010 年人口普查资料》，中国统计出版社 2012 年版。

一　少数民族人口比例对生育水平的影响

目前，学者对影响我国妇女生育水平的因素研究普遍认为，依靠行政措施约束的计划生育政策起到了较大的作用，我国的生育政策主要体现在城乡之间的差别。但是，新疆作为多民族地区，计划生育政策不仅在城乡之间差异很大，而且不同民族之间差异也很大，1992 年 7 月 1 日起实施的《新疆维吾尔自治区计划生育办法》（2003 年起被《新疆维吾尔自治区人口与计划生育条例》所取代）规定："城镇汉族居民一对夫妻可生育一个子女，少数民族居民一对夫妻可生育两个子女。汉族农牧民一对夫妻可生育两个子女，少数民族农牧民一对夫妻可生育三个子女。""六普"数据显示，新疆常住人口为 21815815 人。城乡构成方

面，城市人口 6071803 人，占总人口的 27.83%；镇人口 3263949 人，占总人口的 14.96%；乡村人口 12480063 人，占总人口的 57.21%。民族构成方面，汉族人口为 8829994 人，占总人口的 40.48%；少数民族人口为 12985821 人，占总人口的 59.52%。城市、镇和乡村人口中少数民族人口分别占到了 26.99%、45.67% 和 78.98%。[①] 可见，新疆一孩生育政策所覆盖的人口为 6206326 人，占总人口的 28.45%；二孩生育政策所覆盖的人口为 5752733 人，占总人口的 26.37%；三孩生育政策所覆盖的人口为 9856753 人，占总人口的 45.18%。[②] 从表 4 - 17 的计算结果可见，少数民族人口比例与总和生育率之间存在高度的正相关关系，相关系数为 0.837。这一关系的真正原因是新疆目前实行的城乡之间、民族之间差别化的计划生育政策。也就是说，目前新疆计划生育政策与生育水平之间存在高度的相关性。

表 4 - 17　　新疆"六普"人口生育水平统计指标与 2010 年各地
（州、市）计划生育统计指标的斯皮尔曼相关系数

	领证率	三孩及以上孩次比例	人均 GDP	总和生育率
少数民族人口比例	- 0.903 **	0.895 **	- 0.846 **	0.837 **
领证率		- 0.881 **	0.710 **	- 0.868 **
三孩及以上孩次比例			- 0.732 **	0.851 **
人均 GDP				- 0.543 *

注：* 表示在显著性水平（双侧）为 0.05 时，相关性是显著的；** 表示在显著性水平（双侧）为 0.01 时，相关性是显著的。

二　计划生育利益导向政策的执行情况对生育水平的影响

新疆汉族人口的计划生育政策基本上与全国同步实施，汉族人口的生育水平下降较快，汉族妇女的综合生育率在 1982 年"三普"时为

---

① 国务院人口普查办公室、国家统计局人口和就业统计司：《中国 2010 年人口普查资料》，中国统计出版社 2012 年版。

② 此数据为概算，假设常住人口等于户籍人口，且不考虑城乡之间存在和民族之间的通婚。

2.02，1990 年"四普"时下降到 1.53，2000 年"五普"时进一步下降到 1.45，2010 年"六普"时则下降到 1.00。[①] 1989 年，新疆才开始在少数民族人口中推行计划生育政策。之后，少数民族人口的生育水平出现下降趋势，出生率由 1990 年的 31.86‰下降到 2000 年的 16.58‰，总和生育率由 1990 年的 4.51 下降到 2000 年的 2.56。[②] 进入 21 世纪以来，为了进一步稳定低生育率和减少人口过快增长，新疆在国家的大力支持下，由以罚为主转变为以奖代罚，目前已基本形成以农村部分计划生育家庭奖励扶助制度、"少生快富"工程、计划生育家庭特别扶助制度、南疆三地州农村计划生育家庭特殊奖励制度和升学加分政策、提高新农合报销比例为主体，各地、各部门制定出台的计划生育奖励优惠优先政策为补充的计划生育利益导向政策体系。其中，奖励力度最大和新疆独有的是南疆三地州农村计划生育家庭特殊奖励制度，该政策是由国家财政支持、自治区人民政府从 2007 年起实施的一项专门面向喀什地区、和田地区及克州的计划生育奖励政策。该政策主要针对按照《新疆维吾尔自治区人口与计划生育条例》规定执行三孩生育政策的农村少数民族夫妻，自愿少生育一个孩子并领取《计划生育父母光荣证》，或自愿少生两个孩子并领取了《独生子女光荣证》的夫妻，第一年一次性奖励 3000 元，以后夫妻每人每年可领取 720 元的奖金，直至终老。该政策最初只针对南疆三地州的 24 个县市，2010 年扩面增加了三地州以外的 26 个边境县、贫困县，2011 年又增加了 20 个农村少数民族人口占 50%以上的县市。[③] 该政策是国家在农村部分计划生育家庭奖励扶助制度和"少生快富"工程的基础上，提前奖励时间和扩大受惠范围的一种措施，纳入南疆三地州农村计划生育特殊奖励制度的对象，不再纳入农村部分计划生育家庭扶助奖励制度和国家"少生快富"工程范围。这项奖励政策的实施，为新疆南疆地区在如此宽松的生育政策下把生育率降到更替水平发挥了巨大作用。因此，我们选取领证率、三孩及

---

① 1982 年、1990 年和 2000 年资料来源于新疆维吾尔自治区地方志编撰委员会《新疆通志·人口志》，新疆人民出版社 2008 年版；2010 年资料来源于新疆维吾尔自治区人口普查办公室《新疆维吾尔自治区第六次全国人口普查课题汇编》，2013 年 3 月。

② 新疆维吾尔自治区地方志编撰委员会：《新疆通志·人口志》，新疆人民出版社 2008 年版。

③ 《新疆 70 县市享受农村计划生育家庭特殊奖励扶助》，中国新闻网，http://www.chinanews.com/df/2011/05 - 09/3025754.shtml，2011 年 5 月 9 日。

以上孩次比例这两个指标来衡量计划生育利益导向政策的执行情况。其中，领证率是指当地领取《计划生育父母光荣证》和《独生子女光荣证》的家庭户占当地总家庭户的比例。从表4－17的计算结果可见，领证率、三孩及以上孩次比例与总和生育率之间存在高度的相关关系，相关系数分别为－0.868和0.851。这说明，计划生育利益导向政策的执行情况越好、三孩及以上孩次比例越低，总和生育率也越低。

三 经济发展水平对生育水平的影响

新疆是我国经济欠发达地区，并且各地（州、市）社会经济发展水平很不平衡。南疆的阿克苏地区、克州、喀什地区、和田地区经济相对落后、生态环境恶劣、少数民族人口比例高，同时育龄妇女生育水平也相对较高，总和生育率为1.60—1.86，15—64岁妇女平均活产子女数为1.62—1.89人；克拉玛依市在新疆是经济最为发达的地区，其人均生产总值高达121387元，远高于新疆的平均人均生产总值，其育龄妇女的生育水平也最低，总和生育率为0.99，15—64岁妇女平均活产子女数为1.11人；乌鲁木齐市、昌吉州、巴州的经济发展水平仅次于克拉玛依市，属于新疆经济较为发达的地区，其育龄妇女生育水平相对较低，总和生育率为1.02—1.69，15—64岁妇女平均活产子女数为1.01—1.41人；其他地区包括哈密地区、伊犁州、博州、塔城地区和阿勒泰地区的经济发展在新疆处于中间水平，其妇女的生育水平也处于中间，总和生育率为1.16—1.61，15—64岁妇女平均活产子女数为1.31—1.51人；吐鲁番地区是特殊情况，其经济发展水平在新疆处于中间水平，但是其总和生育率却是新疆最高的，为2.14，15—64岁妇女平均活产子女数为1.67人，也较高（见表4－16），这可能和吐鲁番地区在2010年南疆三地州农村计划生育特殊奖励政策扩面时才被纳入有关。从表4－17可见，经济发展水平与生育水平呈显著的负相关关系，相关系数为－0.543。这说明，经济发展水平越高，总和生育率也越低。

四 妇女受教育程度对生育水平的影响

妇女文化素质对其生育水平有着重要而深刻的影响。一般来讲，育龄妇女的受教育程度越高，其生育水平则越低。受教育程度对生育水平的影响，常常通过两个途径来实现：一是通过影响初婚和初育年龄。妇女受教育程度越高，接受教育的时间便越长，从而延迟了其初婚和初育年龄。二是通过影响期望拥有的孩子数量和对孩子的性别偏好。一般来说，受教育程度较高的妇女，与孩子数量相比更注重孩子的质量，既注重优生优育，也注重对孩子后天的培养，对孩子的期望也较高。从养育孩子的成本看，受教育程度较高的妇女，由于注重对孩子后天的培养而使养育孩子的直接成本提高，养育孩子影响其学习、升职等，也使养育孩子的间接成本（机会成本）提高；从效益方面讲，受教育程度较高的妇女，其收入也较高，有较好的生活保障，因此，孩子特别是男孩的养老保障作用相对降低，"养儿防老"等传统观念较为淡化。另外，受教育程度较高的妇女，容易接受新的观念和生活方式，对国家计划生育政策更容易接受。

从表4-18可见，"六普"新疆15—64岁各受教育程度妇女平均活产子女数均高于全国，育龄妇女孩次比例中一孩比例均低于全国，而二孩比例和三孩及以上比例均高于全国，其中三孩及以上比例高于全国的幅度较大，这可能是由新疆少数民族人口比较宽松的计划生育政策所导致的。

表4-18　　　"六普"新疆和全国15—64岁妇女平均
活产子女数和育龄妇女孩次比例　　　单位：人、%

受教育程度	15—64岁妇女平均活产子女数		育龄妇女孩次比例					
			一孩比例		二孩比例		三孩及以上比例	
	新疆	全国	新疆	全国	新疆	全国	新疆	全国
合计	1.46	1.33	53.63	62.02	31.78	31.45	14.58	6.53
未上过学	2.73	2.47	28.50	30.87	38.86	39.24	32.64	29.89
小学	2.46	2.06	32.60	39.88	36.09	44.45	31.31	15.66
初中	1.28	1.26	52.95	58.94	33.57	35.01	13.48	6.05
高中	0.81	0.72	69.33	76.79	25.91	21.17	4.76	2.04
大学专科	0.81	0.56	73.31	88.92	24.06	10.45	2.64	0.63
大学本科	0.57	0.41	83.10	93.55	16.10	6.17	0.80	0.28
研究生	0.49	0.37	94.20	95.67	4.35	4.05	1.45	0.28

资料来源：国务院人口普查办公室、国家统计局人口和就业统计司：《中国2010年人口普查资料》，中国统计出版社2012年版。

"六普"数据显示，新疆妇女的受教育程度与其初婚年龄和生育水平三者之间有显著的相关性。受教育程度越高的妇女，其初婚年龄越晚，其生育水平也越低，生育的子女一孩比例越高，三孩及以上孩次比例越低（此资料来源于长表抽样数据，研究生层次受教育程度人数较少，为69人，而其中三孩及以上孩次的只有1人，所以三孩及以上孩次比例略高于大学本科受教育程度的妇女）（见表4-19）。

表4-19　"六普"新疆按受教育程度分的妇女婚姻和生育情况

受教育程度	育龄妇女人数（人）	平均初婚年龄（岁）	15—64岁妇女平均活产子女数（人）	一孩比例（%）	二孩比例（%）	三孩及以上比例（%）
合计	6461844	21.87	1.46	53.63	31.78	14.58
未上过学	79571	20.61	2.73	28.50	38.86	32.64
小学	1353883	20.76	2.46	32.60	36.09	31.31
初中	2950301	21.53	1.28	52.95	33.57	13.48
高中	1038376	23.84	0.81	69.33	25.91	4.76
大学专科	674783	24.66	0.81	73.31	24.06	2.64
大学本科	348373	25.43	0.57	83.10	16.10	0.80
研究生	16557	26.22	0.49	94.20	4.35	1.45

资料来源：新疆维吾尔自治区人口普查办公室：《新疆维吾尔自治区2010年人口普查资料》，中国统计出版社2012年版；其中平均初婚年龄数据是根据新疆"六普"数据计算得出。

将受教育程度按未上过学、小学、初中、高中、大学专科、大学本科和研究生次序从低到高编号为1—7，然后计算表4-19中各指标间的相关系数。计算结果显示，妇女的受教育程度与其初婚年龄、生育水平在0.01的显著性水平上均呈现出高度的相关性（见表4-19）。另外，从表4-19还可以发现，未上过学和小学受教育程度妇女的生育水平最高，初中受教育程度妇女的生育水平位于中间，初中以上受教育程度妇女的生育水平最低。因此，普及高中和大学教育有利于推迟育龄妇女的初婚和初育年龄，有利于降低育龄妇女的生育水平。最后，"六普"数据显示，新疆育龄妇女受教育程度偏低，小学及以下受教育程度的占22.18%，而全国这一比例为16.07%。

表 4 - 20　　　"六普"新疆妇女的受教育程度与平均初婚年龄、
生育水平指标间的斯皮尔曼相关系数

	平均初婚年龄	15—64 岁妇女平均活产子女数	一孩比例	二孩比例	三孩比例
受教育程度	0.857 **	- 0.922 **	0.857 **	- 0.857 **	- 0.905 **

注：* 表示在置信度（双侧）为 0.05 时，相关性是显著的；** 表示在置信度（双侧）为 0.01 时，相关性是显著的。

五　妇女职业对生育水平的影响

妇女职业是影响生育水平的一个重要因素。不同职业妇女所处的社会地位、工作环境不同，经济收入也有较大的差异，这些因素直接或间接地影响着妇女的生育行为。从新疆和全国 15—64 岁妇女按职业分的平均活产子女数可见，新疆各种职业的 15—64 岁妇女的平均活产子女数和全国平均水平相差不大，其中从事农林牧渔水利业生产人员的生育水平最高，显著高于其他职业，这实际上反映了城乡之间的差异，是生育政策、经济发展水平和受教育程度等多种因素共同作用的结果。但是新疆 15—64 岁妇女的职业分布情况和全国水平有差异，其中从事农林牧渔水利业生产人员的比例高于全国 11.31 个百分点，从而导致了新疆整体的妇女生育水平较高（见表 4 - 21）。

表 4 - 21　　　"六普"新疆和全国 15—64 岁妇女职业分布情况和
按职业分的平均活产子女数　　　单位：%、人

职业	各职业妇女比例		平均活产子女数	
	新疆	全国	新疆	全国
总计	100.00	100.00	1.53	1.45
国家机关、党群组织、企业、事业单位负责人	1.05	1.02	1.08	1.07
专业技术人员	10.77	8.03	0.95	0.83
办事人员和有关人员	3.46	3.28	0.93	0.79
商业及服务业人员	14.93	19.19	1.08	1.09
农林牧渔水利业生产人员	63.37	52.06	1.81	1.82
生产、运输设备操作人员及有关人员	6.27	16.34	1.16	1.13
不便分类的其他从业人员	0.14	0.08	1.25	1.25

资料来源：新疆维吾尔自治区人口普查办公室：《新疆维吾尔自治区 2010 年人口普查资料》，中国统计出版社 2012 年版。

六 小结

上述研究发现，新疆人口生育水平与少数民族人口比例、计划生育利益导向政策执行情况、妇女受教育程度存在高度相关性，而经济发展水平与生育水平之间却是中度相关关系。陈友华、陆建新研究发现，我国低生育率格局并非整齐划一，而是有着显著的差异性和不平衡性。[①]喻晓、姜全保利用 20 世纪 90 年代的面板数据，分析了计划生育政策对各地区生育率的影响，认为经济社会发展水平对经济较先进的东部地区的生育率有显著影响，但对经济相对落后的中、西部地区影响作用不明显。[②] 可见，这一结论与目前有些研究认为的经济社会发展水平对经济较发达东部地区的生育率有显著影响而对经济相对落后的中部、西部地区的作用不明显的结论相一致。因此，在当前阶段，新疆进一步稳定或降低人口生育水平应该重点在人口政策方面进行完善。

第四节 稳定新疆人口生育水平的对策

"六普"数据显示，新疆总人口的总和生育率为 1.53，高于全国 1.18 的平均水平，在全国排序（由高到低）为第三位，仅次于广西和贵州。可见，新疆妇女的生育水平在全国处于较高水平。但是"六普"数据也显示，新疆汉族人口的总和生育率已经降为 0.996，已经属于极低生育水平。分城乡来看，新疆乡村的总和生育率最高，为 1.81，高于全国水平 0.37，且乡村人口中少数民族人口比例为 78.98%。此外，新疆的计划生育政策存在民族之间和城乡之间的差异，对于少数民族人口尤其是南疆三地州少数民族人口的生育水平，由于其本身生育政策的宽松，当前低于更替水平的生育率主要是奖励政策的效果。调研发现，少数民族聚集区普遍存在受生育高峰期和解决生育积压双重影响、非法生育现象屡禁不止以及受宗教极端思想的影响，育龄妇女擅自终止节育措施现象已呈蔓延趋势，长效节育率和综合节育率逐年下降，农牧民领

---

① 陈友华、陆建新：《中国生育率的地区差异及其政策选择》，《人口与经济》2003 年第 4 期。

② 喻晓、姜全保：《低生育水平下我国生育率转变影响机制的地区差异》，《南方人口》2010 年第 2 期。

证率也呈下降趋势，生育水平有较大反弹风险，人口过快增长的趋势依然明显。再加上恶劣的资源环境约束和工业基础薄弱，就业压力巨大。人口过快增长，会严重制约这些地区的经济社会发展，甚至可能成为影响新疆发展长治久安的不稳定因素。因此，对于少数民族人口，重点是稳定当前生育水平。而稳定新疆少数民族人口生育水平工作的重点在农村，尤其是少数民族人口比例高的农村地区，主要是南疆和农牧区。而这些地区又是贫困高发地区和生态环境脆弱地区。这些地区很多还没有摆脱"越穷越生，越生越穷"的恶性循环。因此，新疆今后是否能有效稳定人口生育水平，很大程度上取决于新疆少数民族人口的生育水平是否能稳定。

一　完善计划生育奖励政策，强化利益导向机制

　　南疆三地州农村计划生育家庭特殊奖励政策是由国家财政支持、新疆人民政府从 2007 年起实施的一项专门面向喀什地区、和田地区及克州的计划生育奖励政策。该特殊奖励制度基本条件是自愿少生一个或两个子女，领取《计划生育光荣证》，女方年龄在 49 周岁以内，自愿采取一项长效节育措施的农村少数民族家庭。奖励标准为：当年即一次性奖励 3000 元；从第二年开始，夫妻两人每人每年领取 600 元的奖励金，直至终老。该政策最初只对南疆三地州的 24 个县市，2010 年扩面增加了三地州以外的 26 个边境县、贫困县，并将从第二年开始夫妻每人每年的奖励标准提高到 720 元。2011 年，又扩面增加了 20 个农村少数民族人口占 50% 以上的县市，并且将南疆三地州 24 个县市和 26 个边贫县奖励发放标准由每人每年 720 元提高到 1200 元，直到其亡故为止。截至 2012 年年底，新疆已有 70 个县（市），共有 1357324 人次享受了农村计划生育家庭特殊奖励，累计发放奖励金 13.4897 亿元。① 通过各地区生育水平的比较也发现，与"五普"相比，南疆三地州的喀什地区、和田地区及克州妇女的总和生育率分别由"五普"的 2.67、2.91 和 2.79 下降到"六普"的 1.74、1.86 和 1.73。同期农村少数民族人口比例也较高但低于南疆三地州的吐鲁番地区的总和生育率反而由 1.88 上升到 2.14，而吐鲁番地区的两县一市于 2011 年才纳入"南疆三

---

① 《新疆 70 县（市）农村计生家庭获奖励》，http：//news. ts. cn/content/2013 - 01/24/content_ 7719498. htm。

地州农村计划生育家庭特殊奖励政策" 的实施范围。南疆三地州与吐鲁番地区生育水平变化的比较可见，南疆三地州农村计划生育特殊奖励政策对少数民族人口的生育水平下降发挥了很大作用。另外，研究发现，新疆计划利益导向政策的执行情况与生育水平呈高度的负相关。因此，今后应继续完善计划生育奖励政策，各地应尽快制定出台并完善地方性计划生育利益导向政策体系，加大在计划生育利益导向方面的投入，坚持"两个纳入"、"两个优先"的原则，把对农村计划生育领证家庭的奖励扶助纳入各级政府及各部门实施民生工程的重点内容，纳入各级政府及各部门为民办实事的重要内容；各级政府及各部门制定各项惠民政策时优先考虑计划生育领证家庭，优先让计划生育领证家庭分享改革发展成果。围绕农村计划生育领证家庭在优生优育、子女成才、生殖健康、家庭致富、抵御风险等方面的需求，探索和完善相应的政策措施，积极推进社会保障"普惠"制度与计划生育"奖励扶助"制度的互补兼容，做好新农合、新农保、富民安居、扶贫开发、农村富余劳动力转移等民生政策与计划生育奖励扶助政策的衔接，在各项惠农政策中进一步体现计划生育利益导向，进一步扩大受益人群覆盖面，使农村计划生育领证家庭切实享受到普惠基础上的优先优惠，增强计划生育奖励扶助政策的吸引力，让农村计划生育领证家庭切实感到政治上有荣誉、社会上有地位、经济上有实惠、生活上有保障，引领更多群众走少生快富之路。还要继续完善老年人的养老社会保障，提高保障标准，淡化"养儿防老"观念。最后，要进一步加大对人口和计划生育事业的公共投入，提高计划生育技术服务的设备和人员培训投入，确保将基层计划生育工作人员和技术服务人员的工资报酬纳入地方财政预算，提高村级计划生育宣传员的津贴标准，加大计划生育工作的宣传力度。

二 长期应考虑调整少数民族人口计划生育政策

新中国成立以来，我国少数民族人口政策大致经历了 1950—1970 年的人口兴旺政策阶段、1971—1981 年的酝酿和准备计划生育阶段、1982 年至今的适当放宽的生育政策阶段。1982 年 12 月，五届全国人大五次会议批准的"六五"计划指出："少数民族聚居的地区，也要实行计划生育，并根据各个地区的经济发展、自然条件和人口状况，制定计划生育工作规划。" 1984 年 4 月，中共中央批转的国家计划生育委员会党组《关于计划生育工作精神的汇报》中说："对少数民族的生育政策，可以考虑，人口在一千万以下的民族，允许一对夫妇生育二胎，个别的可以生育三胎，不准生四胎……"总之，我国现行的对少数民族人口的计划生育政策是根据不同民族和民族地区的人口数量、人口分布、自然生存条件以及社会经济发展等因素区别对待的。

目前，在我国的 5 个自治区中，除了广西少数民族的生育政策较为严格一些，其他少数民族的生育政策都明显宽松于汉族。客观地说，这种生育政策，在 20 世纪 50 年代基本符合我国少数民族人口少、增长速度慢的实际情况。但是 20 世纪初，在民族地区经济社会发展加快、人民生活水平显著提高、人口状况有了很大变化的情况下，如果继续实行这种宽松的生育政策，就会导致民族地区人口增长速度更快、增长势头更猛，从而在 21 世纪会给民族地区经济发展、劳动就业、文化教育、人民生活的改善以及小康目标的实现，造成许多难以解决的问题。[1] 杜卫华（2002）通过对我国人口生育水平的时间数据和空间数据分析，提出稳定低生育水平的工作难点关键是在少数民族地区，并以吉林延边朝鲜族和新疆少数民族生育水平为例，进行了比较研究，得出结论：对少数民族的计划生育优惠政策实际上是"好心照顾他，反倒害了他"，只有降低生育率才更有利于少数民族地区的可持续发展。[2] 苏东海（2003）认为，少数民族地区人口增长快，除经济社会发展相对缓慢、文化教育较为落后、传统婚育观念影响较深之外，生育政策的宽松是一个不可忽视的重要因素，并建议对民族地区宽松的生育政策进行适当调整，应尽快列入民族地区计划生育工作的战略决策之中。[3]《中国农村扶贫开发纲要（2011—2020 年）》的目标任务中提出，到 2015 年，力争重点县人口自然增长率控制在 8‰以内，妇女总和生育率控制在 1.8 左右。到 2020 年，重点县低生育水平持续稳定，逐步实现人口均衡发展。而最新"六普"长表数据中的乡村妇女总和生育率，广西最高（2.15），其次为贵州（2.03），新疆排名第三（1.81）。由此可见，广大少数民族贫困地区降低生育率的任务还较艰巨，没有计划生育政策的调整，降低生育率的目标很难。

———————

① 苏东海：《小康社会与少数民族地区生育政策的调整》，《社会科学》2003 年第 2 期。
② 杜卫华：《可持续发展与少数民族地区的计划生育政策》，《西北人口》2002 年第 1 期。
③ 苏东海：《小康社会与少数民族地区生育政策的调整》，《社会科学》2003 年第 2 期。

　　新疆各地州市少数民族人口比例与总和生育率之间存在高度的正相关关系，其实质就是新疆计划生育政策与生育水平之间存在高度的相关性。1988年4月23日，为加速发展少数民族地区经济、文化建设事业，提高少数民族的健康水平和人口素质，新疆人民政府下发了《新疆维吾尔自治区少数民族计划生育暂行规定》（新政发〔1988〕56号），标志着开始在少数民族人口中实施计划生育政策。根据《新疆维吾尔自治区人口与计划生育条例》第十八条的规定：城镇汉族居民一对夫妻可生育一个子女，少数民族居民一对夫妻可生育两个子女。汉族农牧民一对夫妻可生育两个子女，少数民族农牧民一对夫妻可生育三个子女。可见，与全国对少数民族人口的计划生育整体政策和其他几个自治区和少数民族人口较多的省区相比，新疆少数民族人口的计划生育政策是最宽松的。从访谈资料也可以看出，很多少数民族农牧民最终生育的孩子数是3个，这明显是受计划生育政策的影响。另外，研究发现，计划生育政策的长期实施会强化人们对生育数量的认同，课题组在调研时发现，基层计划生育干部认为，在政策允许农村少数民族人口生育3个子女的情况下，利益引导会发挥一定作用，但是也出现了部分农村少数民族人口退出奖励政策要求、按计划生育政策规定生足3个子女的情况。

三　抓住机遇，加快经济发展，尤其是加快南疆地区的经济发展

　　虽然在现阶段新疆人口生育水平与经济发展属于中度相关关系，但是从长期来看，经济发展对生育水平的降低是起决定作用的。经济发展会通过改变人们的职业、提高人们的收入，从而提高生育子女的机会成本，减少生育数量。而新疆稳定低生育水平的重点和难点在农村少数民族人口。"六普"数据显示，南疆地区农村少数民族人口在全疆农村少数民族人口中占71.01%。因此，南疆地区是今后全疆稳定低生育水平的重点区域。南疆地区生态环境极其脆弱，农地资源短缺和区位条件处于劣势，既是少数民族聚居区，同时也是贫困高发区。首先，新疆特别是南疆地区应紧紧抓住当前中央推进新疆跨越式发展和长治久安以及全国新一轮对口援疆的机会，依托南疆民族文化和特殊的地理位置，重点扶持旅游业、特色农业和现代物流业三类产业，以促进区域经济发展，增强经济实力。其次，要借助对口支援侧重民生投入的机会，加快安居富民和牧民定居等工程，通过纵向转移支付与横向转移支付相结合的方

式，加快推进南疆地区的公共服务均等化。最后，尽管南疆地区生态环境脆弱，却肩负着重要的生态修复和生态保护职能，因此应加快建立多元化的生态补偿机制，提高南疆地区人民的生活水平。

四　大力发展双语教育和职业教育，提高少数民族人口的受教育程度和就业能力

如上所述，妇女受教育程度的提高，会促使妇女推迟初婚和初育年龄、更注重孩子的质量、接受新的观念和生活方式、对国家计划生育政策更容易接受等，从而降低生育水平。对于今后新疆人口计划生育工作的重点地区——南疆少数民族地区来说，国家"十一五"规划纲要中新疆塔里木河荒漠生态功能区属于限制开发区，因此，南疆地区的发展主要应在以下两个方面着力：一是有选择地扶持和培育特色优势产业，实现劳动力就近转移；二是大力开展劳动力培训，以财政补贴和税收优惠支持和鼓励劳动力跨省转移。但是，南疆地区是维吾尔族人口聚居区，受语言、素质、能力以及生活习惯等限制，维吾尔族人口的劳动力转移难度很大。尽管如此，要解决南疆的贫困问题，通过劳动力就近和跨省转移仍是重要途径。因此，必须创新职业教育和劳动力转移培训工作，在深入了解企业用工需求和摸清农业富余劳动力基本情况的基础上，根据对企业用工和劳动力基本情况和培训意愿的调查，面向符合企业用工条件的城乡青壮年劳动力积极开展"订单"、"定岗"、"定向"培训，根据就业市场对不同工种的需求量，分类指导，提高培训的针对性和实效。在培训内容上，不仅要培训具体职业技能，还要将汉语、文化法律知识、集体观念、安全生产、职业生涯规划等产业工人职业素养纳入培训内容，实现"素质＋技能"的培训模式。另外，对有创业意愿的劳动力，也要开展创业政策和技能的培训。

第五章　新疆人口迁移、流动与经济协调发展

第一节　新疆人口迁移与经济发展

一　人口迁移的相关理论

人口迁移行为是一种复杂的社会行为，受自然、经济、社会、心理等众多复杂因素的影响，人口迁移是上述各因素综合作用的结果。对于人口流动的规律性研究有很多，比较成熟的多是国外的研究，现只将与我国社会经济发展结合比较一致的研究结论做一介绍。除雷文斯坦在19世纪80年代提出的人口迁移规律外，唐纳德·博格在20世纪50年代末（1959）提出的"推力—拉力"理论及E.李在20世纪60年代（1966）提出的人口迁移理论也归入人口迁移规律。

（一）雷文斯坦的人口迁移规律

雷文斯坦的人口迁移规律可归纳为六条：（1）迁移者的主体进行的是短距离的迁移。（2）一般的人口迁移所形成的迁移流指向具有吸引力的巨大工商业中心，尤其是长距离的迁移者，通常是优先选择迁入巨大的工商业中心。（3）农村向城市的人口迁移呈梯次逐级展开，城市吸收农村人口的过程，先是城市附近地区的农民向城市聚集，由此城市附近农村出现空缺，再由较远农村人口迁来填补，这种连锁影响逐次展开以致波及更远的农村。（4）迁移发生率与原地到目的地之间的距离成反比，即迁移的路程越长，移民的人数越少。（5）每个主要的迁移流会产生一个补偿性的逆迁移流，以致两地间的净迁移量在总迁移量中所占比例不大，逆迁移流具有与迁移流相似的梯次递进性和距离递减性特征。（6）农村居民比城市居民更富有迁移性，女性比男性更富有迁移性。

（二）E. 李的人口迁移理论

E. 李 1966 年在英国《人口学》杂志上发表的《人口迁移理论》一文中，将迁移理论概括为三部分。

1. 关于人口迁移量的规律

E. 李认为，影响人口迁移量大小的主要因素有：（1）不同地区社会经济发展条件和自然地理环境条件的差异；（2）人口群体的差别，如青壮年比例大的人口群体迁移量显然会较高；（3）迁移障碍因素的多少、大小以及被解决的程度；（4）与经济的增长基本成正比；（5）迁移一旦开始，一般情况下，人口迁移量和迁移率总是与日俱增的。

2. 关于迁移流和反迁移流的规律

迁移流与反迁移流有以下规律：（1）大规模的人口迁移称为迁移流，每一个大的迁移流，必会产生一个逆向迁移流；（2）如果迁出地对迁移流的影响主要是负因素，那么迁移流量较低；（3）中介障碍对迁移流有很大影响；（4）迁移流与经济的繁荣程度成正比。

3. 关于迁移者特征的规律

E. 李认为，人们在审慎比较迁出地和迁入地的各种条件后，做出迁移选择：（1）基于对迁入地的各种正面因素或负面因素的考虑，迁移者做出积极的或消极的选择。（2）迁出地与迁入地之间各方面的差距越大，吸引力也越大；迁移障碍越大，迁移者返回的比例越低。（3）迁移者在生命周期中的不同阶段有不同的迁移偏好，年轻时期的迁移愿望最强烈。

（三）唐纳德·博格的"推力—拉力"理论

唐纳德·博格在 20 世纪 50 年代末提出的"推力—拉力"理论着眼于人口迁移原因的研究，即迁出地的消极因素和迁入地的积极因素对迁移者的影响。他认为，迁出地必然有种种消极因素形成的"推力"将当地居民推出原居住地，而迁入地必然有种种积极因素所形成的"拉力"将其他地方的居民吸引进来。

形成"推力"的因素诸如当地的自然资源枯竭、农业生产成本不断增加、农村劳动过剩导致的失业和半失业状况、较低的经济收入水平等。形成"拉力"的积极因素诸如较多的就业机会、较高的工作收入、较好的生活水平、较好的受教育机会、较好的文化设施和交通条件等。

（四）迁移规律适用性的变化

雷文斯坦所处的时期正是英格兰和多数欧洲国家城市化和工业化的上升时期，并且是以轻工业为主的工业化时期，人口迁移盛行，迁移者多是农村居民，女性迁移者有更多的就业机会。而 E. 李和唐纳德·博格的理论则形成于西方国家即将从工业化时期进入后工业化之时，大规模的人口迁移已基本结束，在人口迁移流向大城市的同时，从大城市向外的扩散流也同时存在。交通和通讯的发展使人们更容易获得关于迁入地的信息，也更容易克服各种迁移障碍。这些在工业化进程不同阶段归纳出的迁移规律，迄今仍被研究者们广泛引用。

与上述迁移规律有所不同的是，随着技术进步、发达国家进入后工业化、经济国际化导致国际劳动地域分工的变化等，农村人口向城市的迁移，虽仍存在递进现象，但越来越多的人直接迁入城市；以女性占优势的迁移流，除以近距离为主外，还发生在以轻工业为主的工业化阶段和以出口加工为主的地区。迁移量的与日俱增，发生在城市化达到成熟期以前。虽然"推力—拉力"形象地分析了引起人们迁移的动因，但在许多发展中国家，从农村向城市的大规模人口迁移，并不是迁移者对"推力—拉力"进行权衡的结果，而主要是由于农业落后、贫穷和失业等推力作用而引起的。

（五）当代人口迁移（流动）的研究进展

西方国家对人口迁移的研究已从 19 世纪 80 年代基于人口迁移距离和流向、迁移者的某些特征来探讨人口迁移规律，发展到 20 世纪 50—70 年代将人口迁移流动与社会经济现代化、人口再生产类型转变和城市化的历史进程相联系，探讨不同时期人口迁移的规律或特征，再到 20 世纪 80—90 年代将人口迁移与经济国际化相联系，探讨生产组织方式、新国际劳动地域分工和世界城市体系的发展变化对人口迁移的影响；从分析迁移者特征和迁出迁入地的推力—拉力对人口迁移的作用，深入分析社会和劳动市场的结构性变化、各类市场的发展、人力资本投资、移民关系网络、累积效应及性别差异等对人口迁移的影响。这说明不仅影响人口迁移的内外因素日益复杂化、多样化，人口迁移对迁出地、迁入地的影响也日益复杂化、多样化。

1. 扎林斯基的"人口移动转变论"

该理论将迁移进程分为五个阶段三大迁移流：工业革命前人口很少

流动；工业革命早期到后期，从农村向城市的迁移从主迁移流转变为非主迁移流；工业革命后期到发达和未来超发达社会阶段，城市间或城市内的迁移逐渐成为主迁移流；从工业革命时期到发达社会和未来超发达社会阶段，国际迁移流从向海外迁移转变为从海外迁入；再到控制来自发展中国家的人口迁入。

2. 国际劳动地域分工对人口迁移的影响

萨森（Sassen，1988，1991）认为，新国际劳动地域分工，加速了发展中国家工业化和进入世界市场的步伐，加剧了这些国家内部不同地区间劳动力供需的变化，以及引起农村人口向城市的大规模迁移，也加剧了这些国家城市现代经济与农村传统经济之间、城市正式经济与非正式经济之间的二元经济结构和就业结构的变化，以及不同性别劳动力迁移和就业的变化。

3. 刘易斯两部门劳动力转换理论

该理论认为，传统农业部门与现代工业经济部门之间经济结构和收入结构的差异，导致两部门之间的劳动力转换，从而引起农村人口向城市的迁移。发展中国家只有通过现代化工业吸收农村中的隐蔽性失业的过剩劳动力，方可使国民经济发展由停滞转变为稳定增长，从而摆脱贫困走上富裕道路（刘易斯，1984）。

4. 托达罗预期收入理论

该理论针对许多发展中国家农村人口大量涌入城市而城市经济无力为大多数人提供长期就业机会的现象，试图系统地阐述城乡劳动力迁移的经济行为模式，并将农村迁入人口就业的可能性与城市劳动力需求及供给因素的模式结合在一起。该理论认为，农村劳动力向城市迁移的原因是城乡之间"预期收入"的差异，而不是实际收入的差异。因此，减少农村劳动力进入城市成为减少潜在失业大军和缩小城市传统部门规模，以及缩小城乡收入差别和改善乡村人民生活的最为重要的措施（托达罗，1970）。

5. 以贝克尔和舒尔茨为代表的人力资本"投资—效益"理论

该理论认为，在现代社会中影响人们迁移的最重要因素是迁移所带来的可以提高迁移者个人或家庭收益的各种新机遇。

6. 就业机会对人口迁移的影响

吉萨克对美国1965—1986年181个基本经济区的人口净迁入率与

就业机会增长、收入、投资、当地人口的受教育程度、生活质量等变量间的关系进行了多元相关分析，认为影响人口净迁入的最重要因素是就业机会的增长（吉萨克，1996）。

7. 以鲍尔（Piore，1979）为代表的二元劳动市场理论

该理论认为，一方面，工业社会的结构性工资反映了劳动者的职业阶层和社会地位，各层次工资的提高有联动效应，不能仅以提高最低层次工种的报酬来吸引本地人，本地人也不愿从事这些低收入、低社会地位的工作。而移民，尤其是来自低收入国家或地区、受教育少的新移民，仅将工作看作获得收入的手段，无法介意其所包含的社会地位意义。而且，也许这很低的收入也高于其在家乡所可能获得的收入。作为家乡社区的一员，其寄往家乡的汇款，可巩固或提高其本人或家庭在家乡社区的经济地位和社会地位。

因而，劳动市场的工作一般可分为两类，在主导部分或正式部门就业的人受教育程度高、收入高、福利待遇好；非主导部分或非正式部门以低工资、非稳定性工作、缺少合理的提升机会为特征，主要招收非熟练劳动力。

8. 以马希为代表的移民关系网络和累积效应理论

该理论认为，新老移民之间、迁出地与迁入地居民之间，由亲朋或同乡关系形成的人际关系网络是一种社会资本，其建立和扩张有助于降低迁移成本和迁移风险，提高迁移的可能性。通过关系网络形成的迁移，又称为移民自组织的迁移。迁移量的逐渐增加，不仅使网络得到进一步拓展，对迁出地、迁入地的社会影响也越来越大。

二 新疆人口迁移与经济发展

人口迁移的类型多种多样，引起迁移的具体原因也很复杂，但影响最大的是经济因素。应该看到，在多数情况下，人口迁移是由经济因素引起的，人们迁移是为了追求更好的就业机会和更高的经济收入，从而能够有更高的生活质量。

新疆自古以来就是人口迁移频繁的地区①，跨省迁移是新疆人口迁移的主要特点。自新中国成立以来，新疆更是迎来了大规模的移民浪

---

① 杨政、原新、童玉芬：《新疆人口省际迁移研究》，《新疆大学学报》（哲学社会科学版）1995 年第 2 期。

潮。新疆人口的省际迁移活动具有计划迁移和自发迁移的双重特色，并且经历了以计划迁移为主、自发迁移为辅向以自发迁移为主进行转变的历史过程。新疆 50 多年的省际人口迁移变动具有大起大落和明显的阶段性特征（见图 5 - 1），大致可以划分出以下几个阶段：

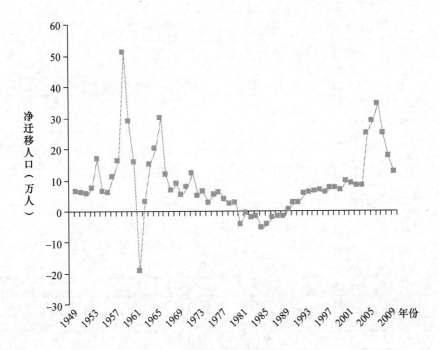

图 5 - 1　新疆省际净迁移人口变化

（一）第一阶段：1949—1961 年

这一阶段是新疆省际人口迁入的第一个高潮期。在这 13 年，新疆人口由 433.34 万人增长到 710.06 万人，总增长 276.72 万人，其中净迁移人口为 187.72 万人，年均净迁入 15.64 万人，占同期净增人口数的 67.84％。① 在此时期，由于新中国刚刚成立，国家为了巩固新生政权，发展新疆经济，组织了大批青壮年人口从内地定居新疆，政策性移民包括：1959—1961 年先后从江苏、湖北、河南、安徽等省计划迁移青

_____

① 新疆维吾尔自治区地方志编撰委员会编：《新疆通志·人口志》，新疆人民出版社 2008 年版，第 113 页。

表 5-1　　　　　　　　1949—2010 年新疆省际净迁移人口①　　　　单位：万人、‰

年份	净迁移人口	净迁移率	年份	净迁移人口	净迁移率
1949	—	—	1980	2.66	2.10
1950	6.10	13.91	1981	-4.40	-3.40
1951	5.92	13.18	1982	-0.65	-0.50
1952	5.33	11.59	1983	-2.06	-1.56
1953	7.13	15.11	1984	-1.87	-1.40
1954	16.80	34.34	1985	-5.62	-4.15
1955	6.32	12.49	1986	-4.28	-3.12
1956	5.85	11.20	1987	-2.20	-1.58
1957	10.83	19.85	1988	-1.76	-1.24
1958	16.04	28.13	1989	-1.73	-1.20
1959	51.12	83.03	1990	0.34	0.23
1960	28.79	43.12	1991	2.52	1.67
1961	15.57	22.30	1992	2.62	1.67
1962	-19.46	-27.62	1993	5.32	3.34
1963	3.01	4.26	1994	5.88	3.63
1964	14.96	20.53	1995	6.05	3.67
1965	19.99	26.07	1996	6.48	3.87
1966	29.88	36.73	1997	5.68	3.33
1967	11.78	13.78	1998	7.17	4.14
1968	6.54	7.35	1999	7.17	4.07
1969	8.67	9.36	2000	6.59	3.64
1970	5.04	5.25	2001	9.40	5.00
1971	7.55	7.60	2002	8.60	4.50
1972	12.08	11.73	2003	8.20	4.30
1973	4.80	4.49	2004	8.10	4.10
1974	6.20	5.60	2005	24.90	12.40
1975	2.73	2.39	2006	28.83	14.20
1976	5.27	4.50	2007	34.36	16.58
1977	5.84	4.88	2008	24.80	11.73
1978	3.64	2.98	2009	17.31	8.07
1979	2.27	1.82	2010	12.50	5.76

---

① 表中 1949—2005 年来源于新疆维吾尔自治区地方志编撰委员会编：《新疆通志·人口志》，新疆人民出版社 2008 年版，第 112—113 页，其余数据为根据历年人口自然变动资料推算出的净迁移数量，推算所用公式为：当年净迁移人口数 = 当年年末总人口 - 年初总人口 - 自然增长人口。

壮年及其家属 30.25 万人，占 3 年净迁移总人数的 31.38%；解放军转业就地安置约 20 万人，这些人成为创立新疆生产建设兵团的主体；此外，还有随企业同迁的移民，为了平衡迁移人口性别比偏高的状况从上海、天津、山东、湖南等地招进的一批女性人口，分配或自愿来新疆的知识分子和大中专毕业生，反"右"运动中错划的"右派"，下放干部，送入新疆服刑改造的罪犯等。自发性经济型移民主要是由于新疆劳动力短缺和内地部分省份农村生活条件艰苦而自发流入新疆的人口，据有关部门专家估算，1958—1961 年自发迁入新疆的外省人员至少为 200 万—250 万人。可见，这一阶段虽然是以政策性迁移开始，但是从数量上来看，自发性经济型移民远远超过了政策性计划移民的规模，自发性经济移民是新疆移民的主体，也是定居新疆的主要群体。这主要是由于新疆当时农业开发和工业建设对内地移民的"拉力"和内地部分省份农村人多地少、生存压力较大的"推力"共同作用的结果。

（二）第二阶段：1962—1963 年

这一阶段是新疆人口迁移的第一个低谷期。1962 年，迁出人口大于迁入人口，净迁移人口为 –19.46 万人，净迁移率为 –27.62‰，是新疆 20 世纪 80 年代以前净迁移量为负值的唯一年份。1963 年，迁入人口大于迁出人口，净迁移人口转为正值，但数值很低，仅有 3.01 万人，净迁移率也仅为 4.26‰，远低于 50 年代的平均水平。[1] 这一情况的出现是因为"三年经济困难"时期和"大跃进"的盲目冒进造成了国民经济发展跌入低谷，为了贯彻中央的"调整、巩固、充实、提高"的方针，关、停、下马了部分企业，未下马的企业和机关事业单位实施精简下放政策，一方面将城镇企业及机关精减人员下放到农村，另一方面又将大批早年流入并定居的移民劝返原籍。可见，这一时期造成新疆省际人口迁移低估的原因主要是政治因素导致的经济社会发展受阻。

（三）第三阶段：1964—1980 年

这一阶段是新疆人口迁移的第二个高潮期。这一阶段历时 17 年，17 年间新疆人口由 744.18 万人增至 1283.24 万人，净增人口 539.06 万人，其中，省际净迁入 149.90 万人，年均净迁入 8.82 万人，占同期

---

[1]　新疆维吾尔自治区地方志编撰委员会编：《新疆通志·人口志》，新疆人民出版社 2008 年版，第 114 页。

净增人口数的 27.80%。① 这一阶段的特点是周期长、增长速度慢、规模逐渐减小。这一时期政策性移民主要是新疆生产建设兵团从内地招收的 12.67 万支边青年，以及 1961—1965 年仅民政部门就有组织地接迁了 11.86 万支边青壮年的家属。自发性经济型移民，据统计，1958—1978 年，从其他省、直辖市、自治区自流迁入新疆的人口为 148.60 万人。可见，这一阶段从数量上来看，自发性经济型移民远远超过了政策性计划移民的规模。

（四）第四阶段：1981—1989 年

这一阶段是新疆省际人口迁移的第二个低谷期。从 1981—1989 年的 9 年中，省际人口的净迁移量均为负值，表明每年迁入人口都小于迁出人口。9 年间，迁入新疆的总人口为 62.58 万人，迁出新疆的总人口为 87.15 万人，净迁移人口为 -24.57 万人，平均每年净迁出新疆的人口为 2.73 万人。② 造成这种现象的原因主要是东西部经济差异的加大。改革开放以来，东部沿海地带凭借其优越的地理位置、宽松的政策环境率先发展起来，使东西部差距越拉越大，引起了 20 世纪 50 年代来新疆求职谋生为主的移民的返迁浪潮。这其中也包括专业技术人员和大中专学生的流失。可见，与上一次新疆省际人口迁移低谷期主要是由政治因素导致的不同，造成新疆省际人口迁移的第二个低谷期的主要原因是经济发展。

（五）第五阶段：1990—2000 年

这一阶段为新疆省际人口净迁移的缓慢增长期。这一阶段新疆省际人口净迁移量逐年回升，但规模与 20 世纪五六十年代已不可相提并论。净迁移总量为 60.28 万人，占同期新疆人口总增长的 18.27%，年均约 6.03 万人，而且迁移规模增长速度加快。从 1991—1995 年 5 年间，年均净迁移量为 4.48 万人，1996—2000 年 5 年间，年均净迁移增至 7.57 万人。③ 这主要是由于进入 20 世纪 90 年代以后，新疆人开始把羡慕的目光从东部收回来，开始盯住西部广阔的市场。中央和新疆提出了"东联西出"和"全方位开放"的发展战略。新疆以其丰富的资源优

---

① 新疆维吾尔自治区地方志编撰委员会编：《新疆通志·人口志》，新疆人民出版社 2008 年版，第 115 页。

② 同上。

③ 同上书，第 117 页。

势、优越的地缘位置吸引着内地人来新疆创业。可见，这一时期新疆人口省际迁移主要是经济型迁移。

必须要指出的是，甘肃省并无移民新疆的计划，但甘肃省迁入新疆的人口占新疆全部迁入人口的比例一直位于前三位，且甘肃移民的返迁率很低。这也说明了，新疆省际迁移是由迁出省和新疆的人口与经济状况以及就业机会和预期收入所决定的。

（六）第六阶段：2001—2010 年

这一阶段为新疆省际人口净迁移的又一快速增长期，但是这一阶段新疆省际人口净迁移先上升后下降的特征较明显。2001—2004 年，净迁移总量为 34.3 万人，年均 8.6 万人。这和国家开始实施西部大开发、新疆加快发展有关。2005—2008 年，净迁移总量为 112.88 万人，年均28.22 万人。这是国家西部大开发战略效果的逐步显现以及新疆经济快速发展所导致的。从 2009 年开始出现下降，2009—2010 年，净迁移总量为 29.8 万人，年均 14.9 万人，但仍高于 2001—2004 年的水平，这可能是由于 2009 年乌鲁木齐"7·5"事件的影响，新疆人口净迁移从 2008 年的 24.8 万人下降到 2009 年的 17.3 万人，2010 年继续下降到 12.5 万人。可见，这次事件对新疆省际人口的净迁移有较大影响，但是 2010 年的省际人口净迁移总量还是较大。这说明经济因素仍然是影响人口迁移的决定影响，但是也不能忽略社会文化等其他因素的影响。

综上所述，影响新疆省际人口迁移的最主要因素是经济发展因素。新中国成立至 20 世纪 80 年代，大量人口的迁入主要与新疆自身条件和政策干预有关。新疆地广人稀，能源和矿产资源丰富，原有经济基础又较薄弱，大面积的土地开发和工矿企业、新兴城镇的相继建立，形成了对劳动力的巨大需求。而同时内地其他省区则面临着城市就业压力大、农村地少人多、劳动力过剩的局面，故而新疆开发带来的就业机会对内地许多省区的城乡人口产生了较大的吸引力。另外，新疆是灌溉农业区，农业产量稳定，受自然灾害的影响相对小，人均拥有耕地较多，还有大面积的宜农耕地等待开发，这对于其他省份一些自然条件恶劣、灾害频繁、生活保障低的贫困地区的人口来说，诱惑力较大，同期表征为陕西、甘肃、青海、河南、四川等地的农民大量迁入新疆。与此同时，国家移民干预政策对新疆移民在客观上起到了很大的推动作用。国家实施各种优惠政策，采用多种方式，包括部队转业以及随迁家属等方式，动员、鼓励和分配人员迁入新疆，以支援边远地区的建设。进入 20 世纪 90 年代以后，新疆成为 21 世纪中国能源资源的战略后备基地，国家为实现新疆从资源优势向经济优势的转型，加强了资源性产业的开发力度，特别是以石油和棉花为主导产业的大发展。2000 年以后西部大开发战略的实施，又加强了新疆的基础设施以及基础工业的建设，创造了大量就业机会，吸引了大批外来人口入疆从事工业生产和服务业。据统计，在各种迁移原因中，务工经商的比例最高，达到 30%，其次是随迁家属，比例可达 23%。同时，由于新疆本地人的就业观念和知识技术结构等原因，造成城市结构性失业，为其他省份劳动力进入新疆城镇传统工业和服务业、建筑业等行业提供了可能。另外，新疆经济发展水平的提高和新疆与内地以及新疆区内交通运输条件的不断改善，也成为新疆省际人口迁入的拉力。[①]

如前所述，新疆区际流动人口主要分布在开发程度高、经济发展较快、交通便利的地区，且分布在北疆的比例远高于南疆和东疆。这说明了经济发展是影响人口迁移的主要因素。

第二节 新疆流动人口的现状与特征

对于新疆流动人口的研究，一直以来主要集中在新疆省际流动人口，也就是跨省流入新疆的人口，而有关新疆省内流动人口的研究比较缺乏。本章所研究的流动人口是指"五普"和"六普"规定的在普查时点发生常住地改变半年以上且地理区域为跨乡、镇、街道的人口，包括市区人户分离人口。从一个省级行政单位来看，流动人口可以分为省际流动人口（基于普查数据该部分人口只是指跨省流入人口，不包括跨省流出人口）和省内流动人口。一直以来，新疆都是我国省际人口迁移的主要迁入地之一。但是，近年来随着新疆经济社会发展和城镇化的发展，新疆省内流动人口也在大规模增加，而目前有关新疆省内流动人口的研究比较缺乏，本章利用"六普"数据对新疆流动人口（包括

---

① 汪学华、刘月兰、唐湘玲：《建国以来新疆人口的省际迁移状况分析》，《西北人口》2010 年第 4 期。

省内流动人口和省际流动人口）进行了分析。

一　新疆流动人口的现状

（一）新疆流动人口增速低于全国平均水平，省内流动人口增速提高，省际流动人口增速放缓，流动人口占总人口的 1/5

"五普"到"六普" 10 年间，新疆全部流动人口由 2829699 人增加到 4276951 人，增长率为 51.15%，年均增长率为 4.22%；同期全国全部流动人口由 144390748 人增加到 260937942 人，增长率为 80.72%，年均增长率为 6.10%（见表 5 - 2）。可见，新疆全部流动人口的增长率和年均增长率低于全国平均水平。

表 5 - 2　"五普"与"六普"全国与新疆全部流动人口变化情况

单位：人、%

地区	"五普"	"六普"	增长率	年均增长率
全国	144390748	260937942	80.72	6.10
新疆	2829699	4276951	51.15	4.22

从新疆流动人口绝对数和相对数在全国的排序来看，流动人口绝对数在全国的排序（由多到少）由"五普"的第 22 位下降到"六普"的第 26 位，其中跨省流入人口绝对数在全国的排序（由多到少）由"五普"的第 7 位下降到"六普"的第 9 位。流动人口占总人口的比例由"五普"的 15.33% 提高到"六普"的 19.60%，但是这一比例在全国的排序（由高到低）由"五普"的第 9 位下降到"六普"的第 13 位；省际流动人口占总人口的比例由"五普"的 7.64% 提高到"六普"的 8.21%，但是这一比例在全国的排序（由高到低）由"五普"的第 5 位下降到"六普"的第 8 位。可见，新疆全部流动人口和省际流动人口的绝对数都在增加，但是新疆全部流动人口和省际流动人口绝对数及其占总人口的比例在全国的排序都在下降。

从流动人口占总人口的比例来看，"五普"到"六普" 10 年间，新疆这一比例由 15.33% 提高到 19.60%，增加了 4.27 个百分点。而同期全国这一比例由 11.62% 提高到 19.58%，增加了 7.96 个百分点，新疆流动人口占总人口的比例增幅低于全国平均水平，"五普"时新疆流动人口占总人口的比例高于全国平均水平 3.71 个百分点，而"六普"时新疆流动人口占总人口的比例高于全国平均水平仅 0.02 个百分点（见表 5-3）。其中，新疆省内流动人口占总人口的比例为 11.39%，低于全国平均水平（13.13%）1.74 个百分点；新疆省际流动人口占总人口的比例为 8.21%，高于全国平均水平（6.44%）1.77 个百分点。可见，新疆流动人口占总人口的比例增幅低于全国平均水平，但流动人口占总人口的比例仍高于全国平均水平，省内流动人口占总人口的比例低于全国平均水平，而省际流动人口占总人口的比例高于全国平均水平。

从流动人口的内部结构来看，"五普"到"六普"10 年间，新疆省内流动人口占全部流动人口的比例由 50.13% 提高到 58.11%，而同期全国这一比例由 70.62% 降低到 67.09%；新疆省际流动人口占全部流动人口的比例由 49.87% 降低到 41.89%，而同期全国这一比例由 29.38% 提高到 32.91%（见表 5-3）。可见，与全国平均水平相比，新疆省内流动人口占全部流动人口的比例在提高，但是仍低于全国平均水平；新疆省际流动人口占全部流动人口的比例在降低，但是仍高于全国平均水平。

从省内流动人口和省际流动人口的增长情况来看，"五普"到"六普"10 年间，新疆省内流动人口由 1418613 人增加到 2485309 人，增长率为 75.19%，年均增长率为 5.77%；同期全国省内流动人口由 101972186 人增加到 175061605 人，增长率为 71.68%，年均增长率为 5.55%（见表 5-4）。新疆省际流动人口由 1411086 人增加到 1791642 人，增长率为 26.97%，年均增长率为 2.42%；同期全国省内流动人口由 42418562 人增加到 85876337 人，增长率为 202.45%，年均增长率为 7.31%（见表 5-5）。可见，新疆省内流动人口的增长率和年均增长率略高于全国，新疆省际流动人口的增长率和年均增长率远低于全国。这可能是从全国范围来看新疆对省外流动人口的吸引力减弱所导致的，随着我国劳动力阶段人口的减少，未来新疆省际流动人口的增速和规模有可能继续下降。

表5－3　　　"五普"与"六普"全国与新疆流动人口构成情况　　　单位:%

地区	"五普"			"六普"		
	流动人口占总人口比例	省内流动人口占总流动人口比例	省际流动人口占总流动人口比例	流动人口占总人口比例	省内流动人口占总流动人口比例	省际流动人口占总流动人口比例
全国	11.62	70.62	29.38	19.58	67.09	32.91
新疆	15.33	50.13	49.87	19.60	58.11	41.89

表5－4　　"五普"与"六普"全国与新疆省内流动人口变化情况

单位：人、%

地区	"五普"	"六普"	增长率	年均增长率
全国	101972186	175061605	71.68	5.55
新疆	1418613	2485309	75.19	5.77

表5－5　　"五普"与"六普"全国与新疆省际流动人口变化情况

单位：人、%

地区	"五普"	"六普"	增长率	年均增长率
全国	42418562	85876337	202.45	7.31
新疆	1411086	1791642	26.97	2.42

（二）与"五普"时相比，新疆城镇吸纳的流动人口比例在大幅上升，而乡村吸纳的流动人口比例在大幅下降，但"六普"新疆乡村的流动人口比例仍高于全国10个百分点左右，且新疆流动人口主要分布在北疆地区，35.05%的流动人口分布在乌鲁木齐市，省内流动人口和省际流动人口的地区分布有所差异

"六普"数据显示，新疆流动人口在城市、镇和乡村的比例分别为58.05%、18.30%和23.65%，而"五普"时这三个比例为43.53%、14.18%和42.29%。可见，与"五普"时相比，新疆城镇吸纳的流动人口比例在大幅上升，而乡村吸纳的流动人口比例在大幅下降。而"六普"全国流动人口在城市、镇和乡村的比例分别为65.33%、21.27%和13.40%。另外，无论是省内流动人口还是省际流动人口，

分布在城市的比例低于全国，而分布在镇和乡村的比例高于全国，其中分布在乡村的流动人口比例高于全国 10 个百分点左右。这符合一直以来在新疆存在的从农村（包括疆外和疆内的农村）到农村（疆内的农村）的人口迁移具有一定规模的历史。这也和新疆农业的发展需要的劳动力较多，以及农业作为新疆的主要产业的现状还没有改变有关。按照 2008 年第二次土地调查的耕地数据与"六普"人口数据计算，新疆人均耕地 2.84 亩，而全国同期人均耕地 1.37 亩，2010 年新疆第一产业增加值为 1078.6 亿元，在全国排第 18 位，三次产业比例为 19.8∶47.7∶32.5，而同期全国为 10.2∶46.8∶43.0。

另外，从大的地理空间上新疆通常被分为北疆、东疆、南疆。"六普"数据显示，新疆全部流动人口在北疆、东疆和南疆的分布分别为 2806102 人、257011 人和 1213838 人，分别占新疆全部流动人口的 65.61%、6.01% 和 28.38%。可见，新疆流动人口主要分布在北疆。这和新疆内部南北疆区域经济发展不平衡有关。

"六普"数据显示：在各地州市层面上，新疆流动人口的分布相对比较集中，无论是总流动人口还是省内流动人口和省际流动人口，乌鲁木齐市的流动人口最多，占新疆全部流动人口的 35.05%。其次主要集中在伊犁州、昌吉州、阿克苏地区、巴州和喀什地区。从省内流动人口和省际流动人口来看，新疆省内流动人口与省际流动人口的分布表现出一定的差异，新疆省内流动人口在各地州市的分布最多的前 6 位是乌鲁木齐市、伊犁州、昌吉州、喀什地区、阿克苏地区和巴州，新疆省际流动人口在各地州市的分布最多的前 6 位是乌鲁木齐市、巴州、昌吉州、阿克苏地区、自治区直辖县级市（包括石河子市、阿拉尔市、图木舒克市和五家渠市）、伊犁州。另外，全疆各地州市除克拉玛依市、巴州和自治区直辖级市的省际流动人口多于省内流动人口外，其余地州市的省内流动人口多于省际流动人口（见表 5-6）。

二　新疆流动人口结构特征

（一）性别结构方面，省内流动人口的性别比远低于全国平均水平，省际流动人口的性别比远高于全国平均水平

"六普"数据显示，我国流动人口的性别比为 110.50，其中省内流动人口的性别比为 102.51，省际流动人口的性别比为 128.89；新疆流动人口的性别比为 109.31，其中省内流动人口的性别比为 93.89，省际

流动人口的性别比为 135.25。可见，新疆流动人口的性别比低于全国平均水平，但是其中省内流动人口的性别比远低于全国平均水平，省际流动人口的性别比远高于全国平均水平。

表 5-6　　　　　　　　　"六普"新疆流动人口分布　　　　　　单位: 人、%

地区	全部流动人口		省内流动人口		省际流动人口	
	人数	比例	人数	比例	人数	比例
合计	4276951	100.00	2485309	100.00	1791642	100.00
乌鲁木齐市	1499122	35.05	812734	32.70	686388	38.31
克拉玛依市	125496	2.93	49182	1.98	76314	4.26
吐鲁番地区	106784	2.50	59914	2.41	46870	2.62
哈密地区	150227	3.51	81950	3.30	68277	3.81
昌吉州	357477	8.36	217199	8.74	140278	7.83
博州	92356	2.16	50583	2.04	41773	2.33
巴州	321958	7.53	149521	6.02	172437	9.62
阿克苏地区	332087	7.76	192493	7.75	139594	7.79
克州	28805	0.67	21562	0.87	7243	0.40
喀什地区	256556	6.00	194566	7.83	61990	3.46
和田地区	111899	2.62	93849	3.78	18050	1.01
伊犁州	364533	8.52	264698	10.65	99835	5.57
塔城地区	212213	4.96	130817	5.26	81396	4.54
阿勒泰地区	66886	1.56	46583	1.87	20303	1.13
自治区直辖县级市	250552	5.86	119658	4.81	130894	7.31

（二）年龄结构方面，新疆省内流动人口的平均年龄低于全国平均水平，省际流动人口的平均年龄高于全国平均水平

"六普"数据显示，我国流动人口的平均年龄为 31.62 岁，其中省内流动人口的平均年龄为 32.43 岁，省际流动人口的平均年龄为 30.64 岁；新疆流动人口的平均年龄为 31.84 岁，其中省内流动人口的平均年龄为 31.72 岁，省际流动人口的平均年龄为 32.01 岁。可见，新疆流动人口的平均年龄高于全国平均水平，其中省内流动人口的平均年龄低于全国平均水平，省际流动人口的平均年龄高于全国平均水平。

从各年龄段流动人口占全部流动人口的比例来看，新疆全部流动人

口的年龄结构与全国相比，0—14岁年龄段流动人口的比例高于全国平均水平、15—29岁年龄段流动人口的比例低于全国平均水平、30—34岁年龄段流动人口的比例与全国平均水平相等、35—49岁年龄段流动人口的比例高于全国平均水平、50—64岁年龄段流动人口的比例低于全国平均水平（见图5-2）。其中，新疆省内流动人口的年龄结构与全国相比，0—14岁流动人口比例高于全国、15—24岁流动人口比例低于全国、25—44岁流动人口比例高于全国、45—64岁流动人口比例低于全国（见图5-3）。新疆省际流动人口的年龄结构与全国相比，0—14岁流动人口比例高于全国、15—34岁流动人口比例低于全国、35岁及以上流动人口比例高于全国（见图5-4）。可见，在年龄结构方面，新疆省内流动人口与省际流动人口表现出较大的差异。其中，无论是省内流动人口还是省际流动人口，新疆0—14岁流动人口的比例都高于全国；新疆省内流动人口中25—44岁流动人口的比例高于全国，45—64岁流动人口比例低于全国；而新疆省际流动人口中15—34岁流动人口的比例低于全国，35岁及以上流动人口比例高于全国。

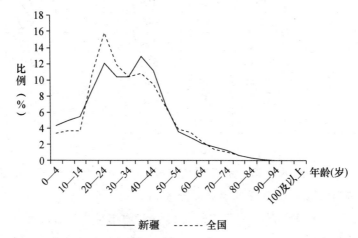

图5-2 "六普"全国和新疆全部流动人口年龄构成

（三）受教育程度结构方面，整体上新疆省内流动人口的受教育程度最高，总人口次之，省际流动人口最低。新疆流动人口的受教育程度低于全国平均水平，在新疆各地州市分布不均衡

"六普"数据显示，新疆流动人口中72.02%接受过初中及以上文

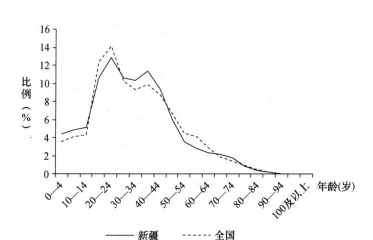

图5-3　"六普"全国和新疆省内流动人口年龄构成

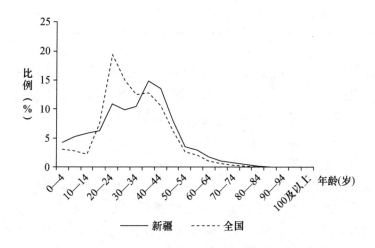

图5-4　"六普"全国和新疆省际流动人口年龄构成

化教育，其中初中学历的占38.28%，高中学历的占17.93%，大学专科的占9.99%，大学本科的占5.55%，研究生的占0.28%，未上学的占3.11%，小学毕业的占24.88%，平均受教育年限为9.62年（见表5-7）。与全国平均水平相比，新疆流动人口中未上过学、小学和大学专科受教育程度人口所占比例高于全国平均水平，其他阶段受教育程度人口比例都低于全国平均水平，其中小学受教育程度人口比例高于全国8.51个百分点，并且全部流动人口的平均受教育年限也低于全国平均水平 0.66 年。可见，新疆流动人口的受教育程度低于全国平均水平。

表 5 - 7　　　　"六普"新疆与全国流动人口受教育程度结构　　单位:%、年

教育程度	全部流动人口		省内流动人口		省际流动人口		新疆总人口
	全国	新疆	全国	新疆	全国	新疆	
未上过学	1.92	3.11	2.12	2.26	1.50	4.28	3.18
小学	16.37	24.88	15.90	21.28	17.32	29.86	32.87
初中	40.97	38.28	35.12	31.67	52.84	47.42	39.60
高中	22.66	17.93	25.58	21.87	16.76	12.47	12.75
大学专科	9.93	9.99	11.83	14.37	6.07	3.91	7.64
大学本科	7.53	5.55	8.76	8.17	5.04	1.92	3.77
研究生	0.62	0.28	0.70	0.38	0.47	0.15	0.19
平均受教育年限	10.28	9.62	10.59	10.42	9.66	8.51	8.92

　　从省内流动人口和省际流动人口来看，新疆省内流动人口的平均受教育年限仅低于全国 0.17 年，而新疆省际流动人口的平均受教育年限却低于全国 1.15 年。全国省内流动人口的平均受教育年限高于省际流动人口 0.93 年，新疆省内流动人口的平均受教育年限也高于省际流动人口，但是差距却高达 1.91 年。新疆省际流动人口中初中及以下受教育程度人口比例为 81.56%。另外，整体上新疆省内流动人口的受教育程度最高，总人口次之，省际流动人口最低。可见，新疆省际流动人口的受教育年限远低于新疆省内流动人口和全国省际流动人口的平均水平，新疆八成多省际流动人口只接受过初中及以下教育，这反映出与全国其他省份相比新疆对高层次人才的吸引力很弱。

　　从分地市州来看，流动人口的平均受教育年限超过全疆平均水平的只有乌鲁木齐市、吐鲁番地区、克州和自治区直辖县级市。乌鲁木齐市流动人口的平均受教育年限最高，为 10.24 年，而且乌鲁木齐市大学专科及以上受教育程度的流动人口占新疆流动人口中大学专科及以上受教育程度总人数的比例高达 47.45%（见表 5 - 8）。可见，大学专科及以上受教育程度的流动人口在全疆分布相当不均衡、比较集中，只乌鲁木齐市就占近一半，这反映出新疆除乌鲁木齐市外的其他地州市对高层次

人才的吸纳能力远远低于乌鲁木齐市。

表5-8　　　　"六普"新疆各地州市流动人口受教育程度比较

地区	平均受教育 年限（年）	大学专科及以上 人数（人）	比例 （%）
全疆	9.62	640758	100.00
乌鲁木齐市	10.24	304036	47.45
克拉玛依市	9.39	15223	2.38
吐鲁番地区	9.76	15133	2.36
哈密地区	9.52	17576	2.74
昌吉州	9.27	45655	7.13
博州	8.78	9349	1.46
巴州	9.31	34390	5.37
阿克苏地区	9.02	32556	5.08
克州	10.11	4863	0.76
喀什地区	9.03	23502	3.67
和田地区	9.10	16352	2.55
伊犁州	9.47	47964	7.49
塔城地区	8.78	17314	2.70
阿勒泰地区	9.51	7966	1.24
自治区直辖县级市	9.73	48879	7.63

（四）迁移原因

无论是新疆还是全国，无论是省内人口迁移还是省际人口迁移，务工经商、随迁家属已经是前两位因素，但是省内流动人口中务工经商的比例远低于省际流动人口，且无论是省内人口迁移还是省际人口迁移，新疆流动人口中随迁家属的比例均远高于全国。全国和新疆全部流动人口以及省内迁移人口的迁移原因中学习培训是第三位因素，而新疆的省际人口迁移中的第三位因素不是学习培训，而是投亲靠友。

分省内流动人口和省际流动人口来看，新疆省内迁移人口中随迁家属、投亲靠友、婚姻嫁娶、工作调动都高于全国，其他都低于全国。新疆省际人口迁移中随迁家属、投亲靠友、工作调动都高于全国，其他都低于全国，其中随迁家属高于全国平均水平 9.14 个百分点，投亲靠友高于全国平均水平 2.85 个百分点，而务工经商低于全国平均水平13.86 个百分点（见表 5 -9）。

表 5 -9　　　　"六普"新疆与全国流动人口流动原因比较　　　单位:%

	全部流动人口		省内流动人口		省际流动人口	
	全国	新疆	全国	新疆	全国	新疆
务工经商	45.12	40.56	30.62	25.95	74.68	60.82
工作调动	3.85	4.86	4.53	6.44	2.48	2.66
学习培训	11.42	8.57	14.86	12.05	4.40	3.74
随迁家属	14.17	19.49	16.56	20.26	9.29	18.43
投亲靠友	4.21	5.74	4.68	5.47	3.26	6.11
拆迁搬家	9.30	6.01	13.44	9.77	0.86	0.81
寄挂户口	0.72	0.41	1.00	0.63	0.14	0.10
婚姻嫁娶	4.83	6.08	5.94	8.89	2.56	2.18
其他	6.39	8.28	8.37	10.54	2.34	5.15

按段成荣等（2008）的做法，根据流动原因的目的性把省际流动人口分为经济型省际流动人口和社会型省际流动人口。经济型省际流动人口包括因务工经商、工作调动和学习培训等原因流入的省外人口，社会型省际流动人口包括因随迁家属、投亲靠友和婚姻嫁娶等原因流入的省外人口。[1] 可见，新疆流动人口尤其是省际流动人口也表现出与全国相一致的社会型省际流动人口从属于经济型省际流动人口的特征，但是新疆流动人口尤其是省际流动人口中社会型流动高于全国平均水平。

（五）迁移时间

由表 5 -10 可见，我国和新疆的流动人口在离开户口所在地时间上

---

① 段成荣等：《改革开放以来我国流动人口变动的12大趋势》，《人工研究》2008 年第 6期。

的分布，具有明显的两头高中间低的偏"V"形特征，即离开户口所在地时间较短（半年到 3 年）的人口占比较高，离开户口所在地时间中等（3—6 年）的人口占比较低，而离开户口所在地时间较长（6 年及以上）的人口占比又较高。这表明我国人口流动的长期化。

从省内流动人口来看，新疆省内流动人口离开户口所在地 3 年及以下时间的人口比例均低于全国平均水平，但是离开户口所在地 3 年以上时间的人口比例均高于全国平均水平，并且与全国平均水平相比在各个流动期限上分布的差异不大。从省际流动人口来看，新疆省际流动人口离开户口所在地 4 年及以下时间的人口比例均低于全国平均水平，且随着流动期限的增加，两者的差距在缩小；离开户口所在地 4 年以上时间的人口比例均高于全国平均水平，其中离开户口所在地 6 年以上的人口比例高达 33.33%，高于全国平均水平 12.63 个百分点。从全部流动人口来看，新疆流动人口离开户口所在地 3 年及以下时间的人口比例均低于全国平均水平，但是离开户口所在地 3 年以上时间的人口比例均高于全国平均水平，其中离开户口所在地 6 年以上的人口比例高达 29.63%，高于全国平均水平 5.81 个百分点（见表 5 - 10）。

表 5 - 10　"六普"新疆与全国流动人口离开户口所在地时间分布　　单位:%

时间	全部流动人口				省内流动人口				省际流动人口			
	全国	累计比	新疆	累计比	全国	累计比	新疆	累计比	全国	累计比	新疆	累计比
0.5—1 年	20.78	20.78	18.84	18.84	19.38	19.38	18.22	18.22	23.63	23.63	19.69	19.69
1—2 年	21.01	41.79	17.77	36.61	20.94	40.33	19.68	37.91	21.15	44.78	15.13	34.82
2—3 年	15.03	56.82	13.69	50.30	15.41	55.74	15.17	53.07	14.26	59.03	11.64	46.46
3—4 年	9.65	66.47	9.71	60.02	9.54	65.28	10.26	63.33	9.88	68.92	8.97	55.43
4—5 年	5.68	72.15	5.91	65.92	5.53	70.81	5.69	69.02	5.97	74.89	6.20	61.63
5—6 年	4.03	76.18	4.45	70.37	3.84	74.65	4.02	73.04	4.41	79.30	5.04	66.67
6 年以上	23.82	100.00	29.63	100.00	25.35	100.00	26.96	100.00	20.70	100.00	33.33	100.00

可见，新疆流动人口尤其是省际流动人口中离开户口所在地时间较长的人口比例高于全国平均水平，这也在一定程度上反映出目前与全国其他省份相比，新疆对新生代省际流动人口的吸引力在减弱。

（六）新疆省际流动人口的来源地

"六普"数据显示，新疆跨省流入人口中，四川、河南和甘肃流入人口数量最多，占比分别为 19.59%、21.58% 和 19.23%，三省合计占 60.40%；而"五普"时新疆跨省流入人口数量最多的也是这三省，占比分别为 30.31%、20.88% 和 18.71%，三省合计占 69.90%（见表 5-11）。可见，四川、河南和甘肃仍然是新疆跨省流入人口的主要来源地，但是来自四川的人口占比在减少。这些省份中四川、河南两省是我国的人口大省，甘肃是距离新疆路程较短的省，另外，这些地区一直都是与新疆有人口迁移的省份。从上述分析中也发现，新疆省际流动人口中随迁家属和投亲靠友的比例高于全国平均水平。可见，对于流动人口尤其是迁移距离较长的迁入人口来说，其社会资本网络是发挥重要作用的。

表 5-11　　　　"六普"新疆跨省流入人口来源地分布　　单位：人、%

户口登记地	人数	比例	累计比	户口登记地	人数	比例	累计比
四川	350909	19.59	19.59	福建	14946	0.83	95.17
河南	386615	21.58	41.16	广东	11933	0.67	95.83
甘肃	344457	19.23	60.39	黑龙江	10887	0.61	96.44
陕西	102068	5.70	66.09	贵州	10056	0.56	97.00
重庆	90138	5.03	71.12	江西	9863	0.55	97.55
安徽	81166	4.53	75.65	云南	9814	0.55	98.10
山东	56116	3.13	78.78	辽宁	7995	0.45	98.55
湖北	53262	2.97	81.75	吉林	6074	0.34	98.89
江苏	51873	2.90	84.65	内蒙古	5748	0.32	99.21
宁夏	50265	2.81	87.45	上海	4723	0.26	99.47
湖南	31574	1.76	89.22	广西	4132	0.23	99.70
浙江	29981	1.67	90.89	北京	2263	0.13	99.83
河北	28368	1.58	92.47	天津	1966	0.11	99.94
青海	18197	1.02	93.49	海南	828	0.05	99.98
山西	15123	0.84	94.33	西藏	302	0.02	100.00

（七）职业结构方面，新疆流动人口的职业结构中从事第一产业的比例远高于全国平均水平

全国省内流动人口的职业主要分布在商业及服务业人员，生产、运输设备操作人员及有关人员，从事这两类职业的流动人口合计占全国省内流动人口的 63.87%，而新疆省内流动人口的主要职业分布前三位的是商业及服务业人员、农林牧渔及水利业生产人员、生产、运输设备操作人员及有关人员。全国省际流动人口的就业主要分布在生产、运输设备操作人员及有关人员和商业及服务业人员，从事这两类职业的流动人口合计占全国省际流动人口的 83.08%，而新疆省际流动人口中从事这两类职业的流动人口的比例也最高，二者合计占 71.55%，但是新疆省际流动人口中农林牧渔及水利业生产人员的比例较高，为 19.35%，而全国省际流动人口中这一比例仅为 3.49%（见表 5-12）。可见，与全国相比，新疆流动人口的职业结构中最大的不同是从事第一产业的比例远高于全国平均水平，这和新疆作为农业大省、人均耕地面积较大有直接关系。

表 5-12　　　　　　"六普"新疆与全国流动人口职业分布　　　　　　单位：人、%

职业	省内流动人口				省际流动人口			
	全国		新疆		全国		新疆	
	人数	比例	人数	比例	人数	比例	人数	比例
合计	8348215	100.00	117455	100.00	6022697	100.00	107127	100.00
国家机关、党群组织、企业、事业单位负责人	337503	4.04	4433	3.77	147228	2.44	2199	2.05
专业技术人员	1225365	14.68	19527	16.63	351904	5.84	5004	4.67
办事人员和有关人员	756369	9.06	9066	7.72	302675	5.03	2116	1.98
商业及服务业人员	2830717	33.91	37024	31.52	1664717	27.64	35492	33.13
农林牧渔及水利业生产人员	681885	8.17	23926	20.37	210456	3.49	20729	19.35
生产、运输设备操作人员及有关人员	2501388	29.96	23130	19.69	3339252	55.44	41161	38.42
不便分类的其他从业人员	14988	0.18	349	0.30	6465	0.11	426	0.40

第三节　引导新疆人口迁移与促进
流动人口发展的对策

一　高度重视，将管理寓于服务中，以服务促管理

人口在地理空间上的大规模移动，无疑会对迁入地的政治、经济、社会、文化以及人口本身产生深刻的影响。一直以来，迁移人口和流动人口对新疆社会经济的发展做出了巨大贡献，同时由于跨省流入新疆人口以汉族人口为主体，迁移人口和流动人口还发挥着改善新疆人口民族构成的重要作用。因此，必须站在新疆跨越式发展和长治久安的高度做好流动人口的服务管理工作。任何政策只有与公民的各项权利相结合，才具有实质意义；只有与公民的切身利益相结合，公民才能积极主动去申办，政府才能采集到真实可靠的人口信息。在人口管理信息采集硬件建设方面，新疆全区新型流动人口信息网络系统基本建成。2011 年 10 月，新疆开始在全区推行"居住证"制度，但是从目前的实施情况来看，其推动流动人口与当地居民享受同等的居住、就业、经营、就医、子女入学、贷款、税收等社会服务的进展不大，类似于国内部分城市"暂住证"改"居住证"、"换汤不换药"的情况，服务功能体现不够。如上所述，与内地其他省份相比，加快流动人口尤其是跨省流入人口留在新疆，不仅具有经济意义，还具有政治意义。因此，新疆应在国家的支持下，在全国户籍制度改革和促进流动人口融入方面走在全国前列，在财政投入上可根据不同地区流动人口规模确定资金投入，结合对服务分层、分类、有梯度的公共服务供给制度逐步推进，按照子女就学、医疗、养老、住房的顺序操作。

二　优化城镇结构和布局，量质并重，加快推进新疆城镇化进程

城镇化战略和模式的选择直接决定着人口迁移流动的状态。新疆的城镇化率由"五普"的 33.84% 提高到"六普"的 42.79%，提高了 8.95 个百分点，而同期全国的城镇化率由 36.92% 提高到 50.27%，提高了 13.35 个百分点，可见，新疆的城镇化发展速度低于全国平均水平。此外，新疆的城镇化率地区差异较大，克拉玛依和乌鲁木齐两个地级市城镇化率全疆最高，其中克拉玛依市达 98.62%。北疆除伊犁州略

低于全疆平均水平外，其他地州城镇化水平都高于全疆平均水平。南疆除巴州外其他地州城镇化水平都低于全疆平均水平，尤其是南疆三地州的和田地区、喀什地区和克州的城镇化率仅为 16.87%、22.64% 和 29.73%。由上面的分析可见，新疆省内流动人口的增长率和年均增长率略高于全国，而新疆省际流动人口的增长率和年均增长率远低于全国。这可能是从全国范围来看新疆对省外流动人口的吸引力减弱所导致的，随着我国劳动力阶段人口的减少，未来新疆省际流动人口的增速和规模有可能继续下降。新疆城镇吸纳的流动人口比例在大幅上升，而乡村吸纳的流动人口比例在大幅下降，但"六普"新疆乡村的流动人口比例仍高于全国水平 10 个百分点左右，且新疆流动人口主要分布在北疆地区，35.05% 的流动人口分布在乌鲁木齐市。因此，优化城镇结构和布局，量质并重，继续加快推进新疆的城镇化进程，才能吸引更多的省内流动人口和省际流动人口，实现新疆农村人口和劳动力的转移以及生活质量的提高，并以高质量的城镇化吸引省际流动人口加入到新疆的跨越式发展中来，最终实现新疆的跨越式发展和长治久安。

三　加快推进新型工业化进程，大力发展服务业

2010 年新疆生产总值的产业结构为 19.8∶47.7∶32.5，而同期全国生产总值的产业结构为 10.2∶46.8∶43.0。可见，新疆产业结构中第一产业比例高于全国平均水平 9.6 个百分点，第二产业比例高于全国平均水平 0.9 个百分点，第三产业比例低于全国 10.5 个百分点。2010 年新疆三次产业的就业结构为 48.97∶14.84∶36.19，而全国同期三次产业的就业结构为 36.7∶28.7∶34.6[①]，可见，新疆就业结构与产业结构是不协调的，第一产业就业人口比例偏大，劳动生产率相对较低，存在大量需要转移的剩余劳动力；而新疆第二产业主要以劳动力吸纳能力弱的重化工等产业为主，第三产业发展不足。产业结构的现状必然对流动人口的就业结构和职业结构产生影响，由以上分析可见，新疆省内流动人口和省际流动人口中农林牧渔及水利业生产人员的比例为 20.37% 和 19.35%，远高于全国的 8.17% 和 3.49%。因此，新疆应加快新型工业化进程，注重发展劳动密集型中小企业，加快发展服务业，提高第二、

---

① 新疆维吾尔自治区统计局：《新疆维吾尔自治区统计年鉴（2011）》，中国统计出版社 2011 年版。

第三产业对劳动力和流动人口的吸纳能力。

四 以推行"居住证"为契机，构建以落实流动人口基本公共服务均等化为核心的政策体系

2005 年 11—12 月，国家统计局新疆调查总队组织实施的全疆流动人口抽样调查发现，被访流动人员中最早来新疆的流动人员可追溯到 20 世纪 50 年代，此后一直到 20 世纪 90 年代初历年都有迁入新疆各地的流动人口。1990 年以前迁移新疆各地的流动人员约占总数的 2.5%，虽然人数不多，但是居然存在历经数十年，甚至半个世纪仍然以非常住人口的身份生活在新疆的"流动人口"，这一现象也确实令人吃惊。[①]最新"六普"数据显示，新疆省际流动人口中离开户口所在地 6 年以上的人口比例高达 33.33%，高于全国平均水平 12.63 个百分点，也同样反映出这一现象。其中原因无非是自身意愿或者自身经济条件不具备，无论具体是哪方面的原因，都从侧面反映出新疆在促进流动人口融入当地和落实流动人口基本公共服务均等化方面有待加强。当前，我国流动人口的家庭化迁移趋势日益凸显。新疆省内和省际流动人口的流动原因中随迁家属和投亲靠友的比例均高于全国平均水平。另外，新疆跨省流入人口还存在性别比高、平均年龄较大、流动时间长以及社会型流动比例高等特征，因此，新疆应加强针对跨省流入人口的公共服务和相关政策支持，以推行"居住证"为契机，建立分层、分类、有梯度的公共服务供给制度，加强流动人口技能培训和就业服务，确立支持流动人口家庭团聚的社会经济政策导向，促进流动人口家庭发展。充分发挥社区、群团组织、社会组织在覆盖流动人口及促进社会参与中的作用，使流动人口在就业、医保、子女教育等方面享有必要的待遇。

五 构建流出地与流入地双向合作管理机制，创新流动人口社会管理

社会管理的基本对象是人，社会管理的终极目标是为了促进人的发展。人口管理在社会管理中的地位和作用较为特殊。流动人口为新疆带来了各类人才、技术和资金，为经济社会又好又快发展做出了突出贡献。同时，流动人口的快速增长也给新疆社会建设和管理带来了新的挑战。鉴于新疆跨省流入人口来源地较为集中的特点，新疆应加快建立流

---

① 张小雷、李国江：《新疆人口发展战略研究》，新疆人民出版社 2010 年版，第 289 页。

动人口流出地各级政府与流入地各级政府间进行有效的协调与合作，流出地与流入地政府之间应在流动人口信息、管理方面加强合作，建立联动机制，定期召开区域性、部门间的联席会议，加强信息的共享性，分析情况，互通有无，加强协作，针对出现的新情况、新问题及时提出相应的对策。

第六章　新疆人口素质与经济协调发展

人口数量和人口素质是人口发展两个不可分割的方面。一定数量的人口总是由具有一定素质的个人所组成的。人口群体是素质和数量的统一，二者相互联系和相互制约。在一定的社会条件下，控制人口数量有助于提高人口素质，而提高人口素质反过来又会促进控制人口数量。人力资本在经济社会发展中具有十分重要的作用，人口素质高低体现的就是人力资本积累量的多少。人口与经济发展之间的关系不仅表现在数量方面，而且更表现在人口素质方面。尽管说，中西部省区社会经济发展缓慢的原因是多方面的，然而，人口素质低下给这些地区社会经济发展带来的影响，却是十分巨大而深刻的。[①] "控制人口数量、提高人口素质"，是我国人口的根本政策，也是我国的基本国策。关于人口素质的研究始于优生学和遗传学，优生的目的在于提高出生人口的素质，减少发育畸形、智力低下的婴儿。20世纪80年代初，伴随着我国计划生育政策的实施，重点研究少生孩子的同时，医学方面的专家和学者开始研究如何提高出生人口素质。人口理论工作者和实际工作者，在研究人口数量的同时，也把人口素质的研究放在了应有的地位。人口素质可以通过教育、健康等方面的投资来获得和提高。当代，发展的竞争归根结底取决于人力资本的竞争，取决于人口素质。谁的人口素质高、人力资本雄厚，谁就占据先机，谁就会走在发展的前列；谁的人口素质低、人力资本积聚不够，谁就会丧失发展的机遇，跟不上时代前进的步伐。

[①] 赵秋成：《我国中西部地区人口素质与人力资本投资》，《管理世界》2000年第1期。

第一节　人口素质与经济增长

一　人口素质的界定

人口素质是一个相对概念，在不同的学科视野里可能有着不同的规定。20 世纪 70 年代初中国人口学复兴以来，人口素质的概念曾是众多学者高度关注的一大热点，但至今依然见仁见智，未有定论。

人口素质涉及人口性别、年龄构成、职业构成、人群健康、国家政策、社会关系、教育水平、人际交往、环境和遗传等诸方面因素。因此，我国人口学者认为，人口素质是一个具有多义性的概念，可以从不同的角度来理解和界定它的含义。北京大学人口所教授穆光宗认为：所谓人口素质或者人口质量，是指在一定的历史条件下人口的结构和组合状态所展现的各种社会功能和影响力。较高的人口素质和人口质量，一般总是具有较为合理的结构和组合，同时也会产生较强的社会功能和较为积极的影响力。[①]

从人口素质的外延来看，主要是人口素质的"三要素"和"二要素"之争。传统的"三要素"论认为，人口素质包括了身体素质、科学文化素质和思想道德素质这三个方面，认为身体素质是人口质量的自然条件和基础，科学文化素质和思想道德素质是人口质量的中心。"三要素"论认为，"素质"即"潜能"，包括生理潜能和心理潜能；就人口素质的内在结构来看，包括身体素质、智力素质和非智力素质（或称心理素质）。陈剑在 1985 年提出的"二要素"论则认为，"人口素质"只能由身体素质和文化科学素质组成。其理由是：如果把思想道德素质包括进去，由于缺乏统一的衡量尺度，就难以进行人口素质的比较。[②] 本书采用人口素质"二要素"论。

二　人口素质与经济发展

一定的经济发展状况决定了人口素质的状况，经济是基础，发展经济才能促进人口素质的提高。人口素质状况反作用于经济发展，尤其是

---

① 穆光宗：《人口素质》，《人口研究》1989 年第 3 期。
② 陈剑：《略论人口素质》，《人口学刊》1985 年第 5 期。

劳动力人口素质对经济发展至关重要，因为人口尤其是劳动力是经济发展的重要生产要素。人口对经济发展的作用，除表现在人口数量之外，更主要体现在人口素质上。可以说，人口素质的变化对经济活动中的生产、交换、分配以及消费等各个方面，都起着普遍的促进作用。当人口素质与经济发展相适应时，就会促进经济发展；如果人口素质尤其是劳动力人口素质普遍低下时，就会阻碍经济发展。总之，人口素质的提高会促进经济的发展，而经济的发展又带动人口素质的提高。二者相互促进，相互影响。

（一）人口素质提高促进经济发展

1. 人口素质的提高可以推动科技进步

一般来说，科技进步是与知识量的增加、人口素质的提高、研究开发等密切相关的。现代经济理论认为，经济的增长主要是科学技术进步的成果，而人口素质的提高尤其是高素质的劳动力和科技人才，对科技进步有巨大的影响，因而人口素质的提高和科技进步的作用要远远超过资本积累。人口素质的提高可以推动科学技术的进步，从而提高劳动生产率，促进经济发展。

2. 人口素质的提高可以促进产业结构优化升级和转变经济发展方式

人口素质的改善，有利于经济发展方式的转变。首先，提高人口素质有利于促进技术进步，提高劳动生产率，促使经济发展走内涵发展之路，增强产品的市场竞争能力，提高经济效益，实现经济又好又快发展。其次，提高人口素质可加快知识存量增长速度，并有效地把知识存量转为现实生产力，推动经济增长方式的转变。与此同时，发展资料和生产资料需求量增加，也将促进第三产业的发展，有利于产业结构调整，促进经济可持续发展。

3. 人口素质的提高可以促进消费模式的转变

提高人口整体素质，有利于提高社会生产力，提高国民收入水平，进而刺激社会消费需求增加。提高人口素质也有利于消费模式的转变。人口素质提高会促进生活水平的提高，使生活方式趋向现代化，使消费结构更趋合理。消费需求可为物质再生产提供动力和导向，使生产规模、结构和布局进一步优化，使社会生产良性发展，经济可持续发展。

4. 人口素质的提高有利于消除贫困

人口素质低是经济贫困的重要原因之一。提高人口素质，可以摆脱传统的生育观念，晚婚晚育、少生优生，减轻家庭和社会负担；可以增强人口流动频率，促进先进技术的引进和产业转移；可以改变传统"上学无用论"的错误认识，掌握先进科学技术，提高劳动生产率；可以提高产品科技含量，提高产品交换价值，增强产品市场竞争力，获得更大的经济效益；可以减轻对资源和环境的破坏。综合来看，这无疑会加速摆脱贫困的进程。

5. 人口素质的提高有利于降低人口出生率

事实说明，人口素质与人口生育率成反比，提高人口素质可以有效降低生育水平。人口数量增长减缓，会减轻社会负担，减轻就业压力，也能提高妇女社会地位，也有利于青少年的培养和成长，可摆脱"高生育率—低人口素质—低劳动生产率—高生育率"的恶性循环模式，有利于促进经济可持续发展以及人与社会和谐发展。

6. 人口素质的提高有利于保护生态环境

一般来讲，人口素质高，则认识和掌握自然规律、经济规律、生态经济规律的自觉性会相应增强，从而有利于人们掌握保护资源环境的知识和技能，生态环境意识随之提高。

（二）经济的发展带动人口素质提高

经济的发展主要表现在国民收入的提高、国民消费结构的改善、国家财政的增长、产业结构的升级、国际经济活动活跃等方面，经济发展的方方面面都会对人口素质的提高有着重要的影响。国民的收入水平提高，使民众有更多的经济实力投入到教育以及医疗健康消费中去，与此相应的是，国家的收入增加，使政府能够有更多的财力投入科、教、文、卫、体事业上，从而使人口素质的持续提高有了经济保证。

当前，新疆正处于全面建设小康社会的攻坚时期，从"十三五"时期及中长期来看，人口问题、人力资本问题对新疆的突出影响，表现为人口质量是新疆经济社会发展的"瓶颈"，人口综合素质是发展的首要问题，提高人口素质是人口长期稳定发展面临的重要任务，有利于降低新疆人口的生育水平、解决贫困问题，也有利于生态环境保护和可持续发展。可见，提高人口素质尤其是南疆贫困地区的人口素质，是关乎新疆跨越式发展和长治久安的全局性、长期性和根本性问题。

第二节 新疆人口素质与经济发展

人口素质与经济发展是统一的。社会经济的发展，直接影响人口素质的各个方面。人口素质是由社会的经济基础决定的，受各种社会条件的制约，经济条件是人口素质的重要基础，而人口素质又会反作用于社会经济的发展。

一 人口身体健康素质与经济发展

身体素质是人口素质的生物学基础，它体现着人口的自然属性。身体素质是人口质量的自然条件和基础，是人口素质的最基本内容，它的优劣将直接影响到人口素质的其他方面。人口身体素质的提高主要依赖于人们生活水平的提高以及医疗卫生条件的改善。

在社会经济等各方面还不是十分发达的情况下，生活水平的高低会在很大程度上影响人的健康状况。1978 年以来，改革开放给新疆经济带来了新的生机，人民生活水平提高很快，农村居民家庭人均纯收入由1978 年的 119 元提高到 1990 年的 684 元，再到 2000 年的 1618 元和2010 年的 4643 元；相应地，城镇居民家庭人均年可支配收入由 1978年的 319 元提高到 1990 年的 1314 元，再到 2000 年的 5645 元和 2010年的 13644 元；农村和城镇居民家庭恩格尔系数分别由 1980 年的60.8% 和 57.3% 下降到 2010 年的 40.3% 和 36.2%。[①] 物质生活水平的提高，使人口的身体素质得到了加强。

医疗卫生服务事业的发展，可以使人民健康状况得到极大改善，人口身体素质显著提高。1949 年，新疆仅有医疗机构 54 个、病床 696张，每万人只有 1.6 张病床、0.19 名医生，且卫生机构都分布在少数城市（镇）。[②] 新中国成立以来，新疆的经济建设、社会发展取得了巨大成就，政府不断加大医疗卫生投资，人们的医疗卫生水平不断提高。截至 2010 年年底，新疆拥有各类卫生机构 16000 家，其中各类医院802 家，病床位 8.99 万张，医生（执业医师及执业助理医师）4.91 万

---

① 新疆维吾尔统计局：《新疆统计年鉴 2011》，中国统计出版社 2011 年版。
② 国务院新闻办公室：《新疆的发展与进步》，人民出版社 2009 年版。

人，每千人口拥有医院卫生院床位 5.08 张，高于全国平均水平（3.27 张）1.81 张；每千人口拥有医生（执业医师及执业助理医师）2.27 人，注册护士 2.06 人，分别高于全国 1.79 人和 1.52 人的平均水平。[①] 2003 年，新疆开始实施农村新型合作医疗制度，到 2010 年已经开展新型农村合作医疗工作的县（市）达 89 个，参加人数达 1019 万人，人均筹资达 158.3 元，略高于全国人均水平（156.6 元）。参加合作医疗的农民就医经济负担有所减轻，促进了农村医疗卫生服务利用和人口身体素质的提高。

人口的身体素质可由一组人的人体运动能力、发育状况、疾病状况、死亡率、呆残低能人口比例、平均预期寿命等反映出来。本书主要选取人口死亡率、婴儿死亡率和平均预期寿命三个指标来分析新疆人口身体素质的发展。

人口死亡率，特别是婴儿死亡率，是说明人口健康状况的主要指标之一，也是衡量一个社会经济文化发展水平及卫生服务水平的重要依据。新中国成立前，新疆由于经济落后，医疗卫生水平极其低下，地方病、传染病频发，人民的健康水平极低，人口处于高出生、高死亡、低增长的状况，人口死亡率达 20.82‰，婴儿死亡率高达 420‰—600‰；人口平均预期寿命不到 30 岁。从表 6-1 可见，新疆历年人口死亡率在下降。到 2010 年"六普"时，新疆人口未经调整的人口粗死亡率为 4.14‰，较 2000 年的 4.75‰下降 0.61 个千分点；以 1990 年的年龄结构为标准的标准化死亡率为 3.20‰，较 2000 年下降 1.55 个千分点；以 2000 年的年龄结构为标准的标准化死亡率为 3.34‰，下降 1.41 个千分点。

新疆 5 岁以下儿童死亡率、婴儿死亡率均逐年下降，但是和全国水平还有差距。2011 年 9 月公布的《新疆维吾尔自治区儿童发展纲要（2001—2010 年）终期监测报告》显示，新疆 5 岁以下儿童死亡率、婴儿死亡率均逐年下降，分别由 2000 年的 65.4‰和 55.5‰下降到 2010 年的 31.95‰和 26.58‰，[②] 而 2010 年全国 5 岁以下儿童死亡率为 16.4‰，

---

① 国家统计局：《中国统计年鉴 2011》，中国统计出版社 2011 年版。

② 《新疆维吾尔自治区儿童发展纲要（2001—2010 年）终期监测报告》，http://www.xjtj.gov.cn/stats_ info/tjfx/119131035545068_ 2. html。

婴儿死亡率为 13.1‰。[①] 可见，新疆 5 岁以下儿童死亡率和婴儿死亡率分别高于全国水平 15.55 个和 13.48 个千分点，和全国水平还有差距。

表 6 - 1   **新疆历年的人口死亡率**   单位:‰

年份	死亡率	年份	死亡率	年份	死亡率	年份	死亡率
1954	16.80	1969	8.66	1984	6.45	1999	6.96
1955	14.40	1970	8.17	1985	6.39	2000	5.40
1956	14.20	1971	7.71	1986	6.13	2001	5.69
1957	14.00	1972	7.92	1987	8.69	2002	5.43
1958	13.00	1973	7.84	1988	5.99	2003	5.23
1959	18.84	1974	8.66	1989	5.71	2004	5.09
1960	15.67	1975	8.74	1990	7.82	2005	5.04
1961	11.71	1976	7.58	1991	7.86	2006	5.03
1962	9.71	1977	8.25	1992	7.84	2007	5.01
1963	9.43	1978	7.69	1993	7.68	2008	4.88
1964	16.35	1979	8.33	1994	7.43	2009	5.43
1965	11.10	1980	7.62	1995	6.45	2010	5.43
1966	9.39	1981	7.46	1996	6.60	—	—
1967	9.19	1982	6.65	1997	6.55	—	—
1968	9.23	1983	6.97	1998	6.93	—	—

新疆人口平均预期寿命继续增加，和全国水平的差距正在逐渐缩小。人口寿命的长短是反映身体素质的一个重要标志。新疆人口的平均预期寿命在 1949 年以前低于 30 岁，在 1990 年达到 62.59 岁。进入 20 世纪 90 年代后，伴随着经济和各项事业的发展、医疗卫生条件的改善，新疆各族群众的生活水平和健康水平都有了较大提高，人口死亡率在 10 年间继续下降 1.68 个千分点，人口平均预期寿命则上升 4.82 岁，2000 年新疆人口平均预期寿命达 67.41 岁，与全国的差距已由 1990 年的 5.96 岁逐渐缩小为 2000 年的 3.99 岁，缩小了近 2 岁。依照标准表参照法计算的新疆 2010 年人口平均预期寿命男女平均为 73.10 岁，较

---

① 卫生部发布 2011 年《中国妇幼卫生事业发展报告》，http://www.china.com.cn/nens/2011-09121/content-23459755.htm。

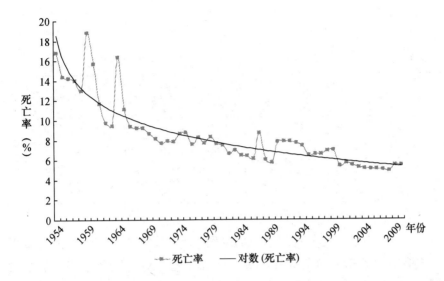

图 6 - 1　新疆 1954 年以来人口死亡率的变化趋势

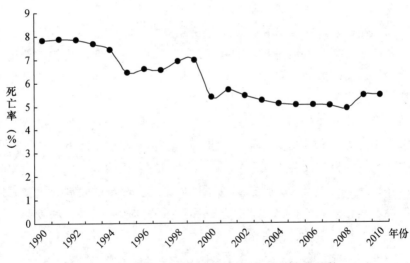

图 6 - 2　新疆 1990 年以来人口死亡率的变化趋势

2000 年增加 5.69 岁，比 2010 年我国人口平均预期寿命（74.83 岁①）
低 1.73 岁，较全国 10 年间平均预期寿命增长水平（3.43 岁）高 2.26

①　国务院第六次全国人口普查领导小组办公室：《我国人口平均预期年龄达到 74 岁、83 岁》，http：//bj. people. com. cn/n/2012/0810/c233086 - 17342159. html。

岁（见表6－2）。

表6－2　　　　　全国及新疆"三普"至"六普"预期寿命　　　　单位：岁

	全　　国				新　　疆			
	平均	男	女	男女差距	平均	男	女	男女差距
"三普"	67.77	68.28	69.27	0.99	60.00	59.59	60.39	0.80
"四普"	68.55	66.84	70.47	3.63	62.59	61.95	63.26	1.31
"五普"	71.40	69.63	73.33	3.70	67.41	65.98	69.14	3.16
"六普"	74.83	—	—	—	73.10	71.81	75.27	3.46

由以上分析可见，新疆经济的发展，生活水平的提高，为人口素质的提高提供了充分的条件和可靠的保证。随着新疆社会经济的快速发展，人民生活水平的不断提高，以及医疗卫生保障体系的逐步完善，新疆人口平均预期寿命继续增加，婴儿死亡率逐年下降，和全国水平的差距正在逐渐缩小，但是和全国水平还有差距。

二　新疆人口科学文化素质与经济发展

人口科学文化素质是指人们在生产实践和社会实践中积累的劳动生产经验，以及在教育培训中学到的文化科技知识。单个人的文化素质的高低，在很大程度上取决于家庭教育、学校教育和个人的努力。一个国家的人口文化素质的高低，则是由社会经济发展状况决定的。衡量一个国家或一个地区的人口文化素质的指标，主要是各种受教育人口在总人口中的比例、科技研究人员的比例、劳动者的文化构成、职工技术等级构成等。人口科学文化素质的提高可以促进社会经济的发展，而教育对人口科学文化素质的提高起着最基础和最重要的作用，教育的发展需要经济社会为其提供各种条件。

（一）新疆教育事业的发展

教育是稳疆兴疆、富民固边的基石，在自治区现代化建设中具有基础性、先导性、全局性的作用。强区必先强教。优先发展教育，对促进各民族共同团结奋斗、共同繁荣发展，实现全面建设小康社会目标具有重要的战略意义。党和国家高度重视新疆的教育事业。新中国成立前，新疆只有1所大学、9所中学、1355所小学，学龄儿童入学率只有19.8%，全疆文盲率高达90%以上。新中国成立后，在国家的支持下，新疆教育事业取得历史性进步，目前义务教育实现了基本普及九年制和基本扫除青壮年文盲，各类成人教育、职业教育从无到有稳步发展。2006 年，随着新的农村义务教育经费保障机制的推行，新疆所有农村中小学生实现了免费教育。2008 年，贫困寄宿生全部享受生活补助，城市义务教育阶段学生全部免除学杂费。从 2007 年开始，国家每年投入 1.29 亿元人民币用于资助 5.1 万名普通高校特困生和 9.5 万名高、中等职业学校特困生，其中 70% 为少数民族学生。2008 年，全疆共安排支持教育资金 187.7 亿元人民币，比上年增长 32.3%。2010 年起，新疆在全国率先开始实施大规模免费师范生教育；2010 年新疆财政性教育经费投入达到 330.63 亿元，占国内生产总值的 5.9%。2011 年 1 月，新疆党委、人民政府公布《新疆维吾尔新疆中长期教育改革和发展规划纲要（2010—2020 年)》，给未来 10 年新疆教育的发展指明了方向。2011 年 5 月，新疆教育工作会召开，提出"教育立区"理念。2011 年，新疆设立"新疆维吾尔自治区人民政府助学金"。由此，惠及从学前到高等教育各学段的助学政策体系建立完备，确保让每一个家庭经济困难学生不辍学。2011 年新疆财政性教育经费投入达到 420.25 亿元，占国内生产总值的 6.34%。2012 年 3 月，我区实施农村义务教育学生营养改善计划，惠及学生 91.7 万人，占新疆义务教育阶段农村学生总数的 53.32%。2012 年年底，"新疆双语幼儿园建设工程"中的 2237 所幼儿园全部完工并陆续投入使用，该项目由国家和新疆共投入 50 亿元建设。

　　2011 年，全区共有各级各类学校 8785 所，各类教育在校生 456.2 万人。其中，学前教育规模持续增长，全区有幼儿园 3475 所，在园幼儿数为 65.1 万人，学前三年毛入园率达 65.96%；义务教育普及与巩固水平进一步提高，全区有小学 3536 所，在校生达 191.9 万人，7—12 周岁学龄儿童入学率达到 99.73%；全区有普通初中 1157 所，在校生 97.7 万人，13—15 周岁学龄儿童入学率达 97.26%，"两基"人口覆盖率达 100%；高中阶段教育规模进一步扩大，比例结构更趋优化，全区有普通高中 368 所，在校生 43.3 万人，有中职和技工学校 227 所，在校生 28.7 万人，高中阶段学龄人口毛入学率达 70.47%，初中毕业生升入高中阶段升学率达 83.93%；全区有普通高等学校 32 所，成人高等学校 8 所，有在读研究生 1.4 万人、普通本专科在校生 25.9 万人、成人本专科在校生 6 万人，全区高等教育毛入学率达到 25.73%。

（二）新疆人口受教育程度现状

受教育情况是人口科学文化素质的主要衡量指标。"六普"数据分析显示，新疆人口受教育的总水平有了明显提高，男女受教育的差距进一步缩小，文盲率下降。但仍存在受教育程度的区域和行业之间的差异。

人口受教育程度存在以下特征：

（1）各类受教育人口年均增长速度快于总人口的增长速度，各类受教育人口的结构发生了明显变化（见表 6-3），人均受教育年限高于全国。"六普"数据显示，2010 年新疆 6 岁及以上的人口有 1996.55 万人（见表 6-4），其中受小学及以上教育的人口为 1933.03 万人，占 6 岁及以上人口的 96.82%；与 2000 年"五普"同口径相比，提高了 5.93 个百分点。新疆 6 岁及以上人口中，接受小学及以上教育的人口 10 年净增 26.52%，年均增长 2.38%，这表明在 6 岁及以上人口中接受各类教育人口的年均增长速度快于总人口的增长速度 0.64 个百分点。

表 6-3　　　　　　　新疆历次普查各受教育程度人口　　　　单位：万人

	"二普"	"三普"	"四普"	"五普"	"六普"
大学专科及以上	4.10	8.37	27.98	94.65	231.53
高中和中专	15.51	84.28	157.42	224.79	254.56
初中	50.37	228.63	313.51	508.59	790.62
小学	197.34	442.57	552.55	699.78	656.32
不识字或识字很少	249.03	265.39	198.11	103.68	63.52
总人口	727.01	1308.15	1515.69	1845.95	2181.58

注：不识字或识字很少的人中除 1964 年包含 12—14 岁人口外，其他均为 15 岁及以上人口。

2010 年新疆"六普"总人口中，高等学历（大学专科及以上）受教育程度人口为 231.53 万人、高中阶段（含中专）受教育程度人口为 254.56 万人、初中受教育程度人口为 790.62 万人，分别比 2000 年"五普"净增 145%、13.25% 和 55.45%，可见，在 6 岁及以上各类受教育人口中，接受高等学历教育和初中教育的人口增长最为迅速。小学受教育程度人口为 656.32 万人，小学受教育程度人口占比有所下降；未上过学的人口由 153.02 万人减少到 63.52 万人，下降了 58.49%（见表 6-4）。新疆 6 岁及以上人口平均受教育年限为 8.92 年①，比"五普"的 7.73 年提高 1.19 年，高于全国"六普"的 8.80 年。

表 6-4　　　"六普"新疆 6 岁及以上人口受教育分类情况　　单位：万人、%

受教育程度	"五普"		"六普"		增长率
	人数	比例	人数	比例	
合计	1680.83	100.00	1996.55	100.00	18.78
大学专科及以上	94.65	5.63	231.53	11.60	144.62
高中和中专	224.79	13.37	254.56	12.75	13.25
初中	508.59	30.26	790.62	39.60	55.45
小学	699.78	41.63	656.32	32.87	-6.21
未上过学	153.02	9.11	63.52	3.18	-58.49

（2）每十万人口中大学专科及以上受教育程度人数高于全国。每十万人口中大学专科及以上受教育程度人数，从 1964 年"二普"的 560 人，到 2000 年"五普"的 5127 人，2010 年"六普"时为 10613 人，高出全国水平（8930 人）1683 人，比"五普"时增长了 1.07 倍，比"二普"时增长了 17.95 倍；拥有高中和中专受教育程度人数由 2130 人增加到 11669 人，增长了 4.48 倍；拥有初中受教育程度人数由 6930 人增加到 36241 人，增长了 4.23 倍；拥有小学受教育程度人数由 27150 增加到 30085 人，增长了 10.81%（见表 6-5）。

（3）受教育程度性别差异缩小。随着社会主义市场经济的不断发展，女性受教育的机会明显增多，使女性受教育人口有了较快增长。"六普"资料显示，2010 年具有小学及以上受教育人口中，男性 1006.49 万人，占 52.07%；女性 926.54 万人，性别比为 108.63（以女性为 100），比 2000 年"五普"的 111.60 降低 2.97，男性略高于女性。从表 6-6 可见，"六普"与"五普"相比，各类受教育人口的性

① 此处计算平均受教育年限的各阶段受教育程度的权重：文盲为 0，小学为 6，初中为 9，高中或中专为 12，大学专科及以上为 16。

别比除高中受教育程度人口外，其他各类受教育程度人口的性别比均有所下降。

表 6-5　　历次人口普查每十万人口中拥有各类受教育人口　　单位：人、%

年份	大学专科及以上	高中（中专）	初中	小学
"二普"	560	2130	6930	27150
"三普"	640	6443	17480	33832
"四普"	1846	10386	20685	36456
"五普"	5127	12178	27552	37909
"六普"	10613	11669	36241	30085
增长率	17.95	4.48	4.23	0.11

表 6-6　　　　按性别分类的 6 岁及以上人口受教育构成　　单位：%

受教育程度	"五普"		"六普"		人口性别比	
	男性	女性	男性	女性	"五普"	"六普"
合计	100.00	100.00	100.00	100.00	111.60	108.63
大学专科及以上	5.91	5.34	11.51	11.69	118.77	105.35
高中（中专）	13.63	13.10	13.09	12.39	111.79	113.06
初中	32.54	27.81	41.29	37.78	125.65	116.92
小学	40.50	42.84	31.64	34.19	101.53	98.98
未上过学	7.12	10.91	2.47	3.95	73.11	66.89

（4）各年龄组人口受教育程度均好转。人口受教育程度不仅受性别的影响，还受年龄的影响，各个时期教育发展水平的差异，会导致受教育程度在各个年龄段上的分布出现差异。从表 6-7 可见，新疆各年龄组除 65 岁及以上年龄组外，所有年龄组受教育人口占同龄人的比例均高于 90%，且低年龄组受教育人口比例更高，这也反映了新疆教育事业的发展与进步。

（5）城镇接受高层次教育人口的比例成倍高于农村，南北疆人口受教育程度的差距明显。"六普"资料显示，新疆城镇大学专科及以上受教育人口占全部大学专科及以上受教育人口的 85.08%，是农村的 5.70 倍；城镇高中（中专）受教育人口占全部高中（中专）受教育人

口的 72.15%，是农村的 2.59 倍；农村初中和小学受教育人口分别占
全部初中、小学受教育人口的 64.10% 和 70.82%。可见，初中和小学
受教育人口主要集中在乡村，而接受高层次教育人口的比例城镇成倍高
于农村，尤其是接受大学及以上教育的人口。

表6-7　　　　　"六普"新疆各年龄人口受教育构成　　　　　单位:%

年龄	合计	大学专科及以上	高中（中专）	初中	小学	未上过学
总计	100	11.60	12.75	39.60	32.87	3.18
6—9 岁	100	—	—	1.44	94.15	4.41
10—14 岁	100	—	1.27	40.77	57.36	0.61
15—19 岁	100	5.83	29.50	55.71	8.53	0.43
20—24 岁	100	19.78	14.35	55.13	10.18	0.56
25—29 岁	100	19.46	11.67	53.93	14.23	0.72
30—34 岁	100	17.92	13.37	46.21	21.56	0.95
35—39 岁	100	16.35	15.14	42.58	24.74	1.19
40—44 岁	100	13.57	15.05	40.45	29.26	1.66
45—49 岁	100	13.20	15.63	38.51	30.46	2.19
50—54 岁	100	10.55	14.21	29.65	41.34	4.25
55—59 岁	100	7.03	8.34	27.55	50.68	6.41
60—64 岁	100	5.17	6.96	21.46	56.67	9.75
65 岁及以上	100	4.24	6.47	16.64	53.76	18.89

　　大学专科及以上受教育的人口占本地受教育人口的比例，北疆地区
占 15.97%，东疆地区占 12.21%，南疆地区占 6.83%；受高中（中
专）教育的人口占本地受教育人口的比例，北疆地区占 17.15%，东疆
地区占 16.79%，南疆地区占 7.54%，南北疆人口受教育程度的差距明
显。每万人拥有大学专科及以上受教育人口，排名前三位的集中在北疆
和东疆地区，其中乌鲁木齐市为 2470 人，克拉玛依市为 2193 人，石河
子市为 1630 人；位居后三位的集中在南疆地区，和田地区为 430 人，
喀什地区为 471 人，阿克苏地区为 643 人。南疆地区拥有大学专科及以
上受教育人口分别比"五普"时有大幅度提高，和田地区、喀什地区、

阿克苏地区分别提高了 2.37 倍、2.39 倍和 2.33 倍，但与排名前三位地市有着很大的差距。

从人口平均受教育年限看，乌鲁木齐市为 10.65 年，克拉玛依市为 10.49 年，最低的地区为和田地区 7.82 年，其余 12 个地、州、市低于、接近或高于平均水平。

表6-8　　2010 年分地区各类受教育人口占 6 岁及以上人口的比例

单位:% 、年

地区		合计	大学专科及以上	高中（中专）	初中
合　计		100	11.60	12.75	39.60
北疆	乌鲁木齐市	100	26.15	21.37	30.40
	昌吉州	100	11.94	15.72	39.54
	克拉玛依市	100	23.15	22.45	32.61
	石河子市	100	17.20	16.51	35.57
	伊犁州直属县市	100	9.21	14.46	38.32
	博州	100	12.14	15.23	38.75
	塔城地区	100	8.54	14.09	44.40
	阿勒泰地区	100	11.13	14.24	43.44
南疆	巴州	100	12.56	15.99	39.11
	克州	100	10.02	9.35	34.08
	阿克苏地区	100	7.13	7.74	43.57
	喀什地区	100	5.32	6.13	45.34
	和田地区	100	4.84	4.02	42.60
东疆	哈密地区	100	14.31	21.18	34.87
	吐鲁番地区	100	10.20	12.60	39.32

地区		小学	未上过学	平均受教育年限
合　计		32.87	3.18	8.92
北疆	乌鲁木齐市	19.46	2.63	10.65
	昌吉州	28.99	3.81	9.09
	克拉玛依市	19.27	2.51	10.49
	石河子市	25.66	5.05	9.47
	伊犁州直属县市	35.35	2.66	8.78

续表

地区		小学	未上过学	平均受教育年限
北 疆	博州	30.01	3.88	9.06
	塔城地区	29.44	3.53	8.82
	阿勒泰地区	29.57	1.62	9.17
南 疆	巴州	30.07	2.26	9.25
	克州	44.42	2.14	8.46
	阿克苏地区	38.29	3.27	8.29
	喀什地区	39.08	4.13	8.01
	和田地区	45.48	3.07	7.82
东 疆	哈密地区	27.35	2.28	9.61
	吐鲁番地区	35.14	2.74	8.79

（6）15 岁及以上人口中文盲人口减少较快，文盲率大幅下降，大学文盲比显著提高。文盲人口及文盲率的高低，是衡量人口受教育程度和教育普及程度的重要指标。"六普"数据显示，2010 年新疆 15 岁及以上文盲人口为 52.20 万人，与 2000 年的 103.68 万人相比，文盲人口减少 51.48 万人，几乎减少了一半；净文盲率（文盲人口占 15 岁及以上人口的比例）由 2000 年的 7.72% 下降为 3.01%，10 年间下降了 4.71 个百分点，比全国平均水平低 1.07 个百分点。大学文盲比是考察人口总体教育水平的综合指标之一，大学受教育程度人口的比例可以集中反映受高等教育的水平，两者之间的差异可以反映出人口总体受教育水平。"六普"的大学文盲比为 3.44 倍，比"五普"的 2.53 倍有显著提高，说明大学受教育人口在快速增加，而文盲人口在逐步缩小。

男性文盲人口有 19.92 万人，占总文盲人口的 38.16%，女性文盲人口有 32.28 万人，占总文盲人口的 61.84%，女性文盲人口是男性文盲人口的 1.62 倍。

从城乡的文盲率看，"六普"城市、镇、乡村的净文盲率分别为 1.92%、2.73%、3.68%，较"五普"分别下降了 2.91 个、2.95 个和 5.58 个百分点，其中乡村的文盲率下降幅度最大，城乡之间的差距在逐步缩小。

在 15 个地州市中，文盲率最低的阿勒泰地区为 1.27%，最高的自治区直属县级市为5.07%，相差3.80个百分点（见表6-9）。

表6-9　　　　　　　　2010年15个地州市文盲人口　　　　单位：人、%

地区		15岁及以上人口	文盲人口	文盲率
合　计		17354013	521979	3.01
北疆	乌鲁木齐市	2684648	62864	2.34
	昌吉州	1208056	43776	3.62
	克拉玛依市	332867	7400	2.22
	自治区直辖县级市	651501	33025	5.07
	伊犁州直属县市	1961651	45671	2.33
	博州	364121	13896	3.82
	塔城地区	45671	33828	3.32
	阿勒泰地区	482795	6115	1.27
南疆	巴州	1050400	21192	2.02
	阿克苏地区	1828219	56763	3.10
	克州	379227	7174	1.89
	喀什地区	2930923	122861	4.19
	和田地区	1486042	46496	3.13
东疆	哈密地区	482300	8240	1.71
	吐鲁番地区	493026	12678	2.57

　　（7）少数民族人口受教育程度明显提高，但与汉族人口和新疆平均水平仍有差距。"六普"资料显示，2010年新疆6岁及以上少数民族人口中，具有小学教育程度及以上教育的少数民族总人口为1114.22万人，占同龄少数民族人口的96.59%，略低于新疆96.82%的平均水平，与2000年相比，这一比例上升了7.36个百分点。根据"六普"资料，新疆6岁及以上人口平均受教育年限达8.92年，其中少数民族为8.19年，比"五普"时的6.97年增加了1.22年，高于同期全疆1.19年的增幅。可见，新疆少数民族总体受教育程度有了明显提高。

　　虽然新疆少数民族总体受教育程度有了明显提高，但大学和高中受教育少数民族人口数量仍然偏低，未上过学的少数民族人口也占一定的比例（见表6-10），与新疆经济社会跨越的形势不相适应。

表 6 – 10　　2010 年"六普"新疆主要民族受教育程度百分比分布　　单位:%

	未上过学	小学	初中	高中	大学专科	大学本科	研究生
全国合计	5.00	28.75	41.70	15.02	5.52	3.67	0.33
新疆合计	3.18	32.87	39.60	12.75	7.64	3.77	0.19
汉　　族	2.87	22.04	37.53	19.55	11.53	6.09	0.38
维吾尔族	3.51	41.78	42.07	6.45	4.29	1.85	0.04
哈萨克族	1.39	36.70	41.35	12.14	6.04	2.33	0.05
回　　族	5.45	38.68	36.33	11.17	5.59	2.65	0.12
柯尔克孜族	2.51	46.58	33.29	9.58	6.15	1.84	0.05

第三节　新疆人口素质综合评价与区域差异[①]

一　人口素质评价指标体系选择

　　人口素质是反映现代社会的重要标志之一，多年来一直是学界不断讨论的热点领域。目前，对人口素质存量的测量一般用人口素质指数（The Physical Quality of Life Index，PQLI）和人类发展指数（Human Development Index，HDI）这两个指标。但也有不少学者指出其局限性，并据此提出了一些改进的方法。另外，还有一些学者用新创造的指数来衡量中国人口素质状况。然而，从总体上来看，在以往人口素质指标体系的相关研究中，仍存在指标体系未能充分展现人口素质的丰富内涵，指标权重值的确定带有一定的主观性等问题。

　　本书主要借鉴屈云龙、许燕（2009）等在《江苏省人口素质评价指标体系的构建及实际测度》[②]一文中构建的人口素质评价指标体系，结合新疆各地州数据的可获得性，选择以下指标作为评价新疆人口素质

---

　　① 此部分参考了阿不拉·玉素甫、樊亚利、史青、刘凯《南疆三地州人口素质现状分析》，详见新疆维吾尔自治区人口普查办公室编印《新疆维吾尔自治区第六次全国人口普查课题汇编》，2010。

　　② 屈云龙、许燕：《江苏省人口素质评价指标体系的构建及实际测度》，《西安社会科学》2009 年第 3 期。

的基本指标构成（见表6－11）。

表6－11　　　　　　　　　　人口素质指标体系

目标层	准则层	指标层
人口素质	身体素质 B1	人口死亡率（‰）C1
		每万人口医生数（个）C2
		劳动年龄人口（15—59岁）比例（%）C3
	科学文化素质 B2	15岁及以上人口文盲率（%）C4
		大学专科及以上学历占6岁及以上人口比例（%）C5
		6岁及以上人口平均受教育年限（年）C6
	劳动技能素质 B3	每万人口科技活动人员数（人）C7
		科技活动人员占从业人员比例（%）C8
		每十万人专利申请授权数（项）C9

（一）衡量身体素质水平的相关指标选择依据

国际上通用的衡量身体素质的常用人口指标是婴儿死亡率、平均预期寿命。鉴于数据的可获得性，本书利用死亡率、每万人口医生数、劳动年龄人口（15—59岁）所占比例三个指标来评价人口的身体素质。因为，死亡率和每万人口医生数可以在一定程度上反映人口的健康水平，劳动年龄人口（15—59岁）比例则是体现人口年龄结构状况的重要指标。一般来说，能够作为劳动力参与经济活动的人口应当是全社会身体素质最好的群体，这部分人口相对多些则社会负担就轻一些。

（二）衡量科学文化素质水平的相关指标选择依据

文化素质是人口素质的另一个基础层次，体现着人口的社会属性。主要通过人口的受教育程度和掌握科学知识的多少来体现。由于识字是整个社会人口掌握知识的基础，因而社会人口的识字率通常被用作体现人口文化素质最基本的指标。但是，识字率忽略了文化程度的层次性，因此，选取它的一个逆指标文盲率来替代。大学专科及以上学历占6岁及以上人口的比例，可以反映出在适龄人口中大学教育的普及程度，以此说明受过高等教育具有较高文化素质水平的人口所占比例。但以上这两个指标未能考虑整个社会群体，为了反映出整体文化水平，又选择6

岁及以上人口平均受教育年限作为文盲率和大学专科及以上学历占 6 岁及以上人口比例的有利补充。通过这三个指标可以较全面地衡量人口的文化素质。

（三）衡量劳动技能素质水平的相关指标选择依据

随着新知识和新技术的层出不穷，劳动技能素质越来越成为人口素质的主要内容。人口劳动技能素质的提高可为国家或地区增强竞争活力和发展后劲提供重要保证。一国人口的劳动技能素质在经济社会领域发展中发挥着重要作用，已经成为经济发展最重要的推动力，这也是邓小平之所以提出"科学技术是第一生产力"的原因所在。所以，选取每万人口科技活动人员数、科技活动人员占从业人员比例这两个指标来测度人口的科研能力和应用科学技术的潜力。每十万人专利申请授权数，最直观地反映了某地区在科技领域内所取得的成就。

二　人口素质状况评价指标权重的确定

1. 建立人口素质水平的递阶层次结构

递阶层次结构最高层是评价的目标层，是要解决的根本问题。在本书中，目标层就是人口素质总体水平。接下来一层是准则层，它以总体的评价目标为基础进行了比较具体的分解，分别从身体素质、科学文化素质和劳动技能素质这三个维度对人口素质水平进行衡量。最后一层是指标层，它是对准则层指标的进一步分解，比准则层更具体，是 AHP 法评价过程的主要载体，即 C1—C9 这 9 项具体指标。

2. 构造判断矩阵

建立了人口素质水平的递阶层次结构以后，上下层之间元素的隶属关系就已确定，接下来就可以根据各类指标的作用程度以及重要性不同，构造两两判断矩阵。其中，A 为 B 层（准则层）元素 B_1—B_3 两两比较值，B_1 为 C 层元素 C_1—C_3 两两比较值，B_2 为 C 层元素 C_4—C_6 两两比较值，B_3 为 C 层元素 C_7—C_9 两两比较值。

$$A = \begin{bmatrix} 1 & 2 & 3 \\ 1/2 & 1 & 2 \\ 1/3 & 1/2 & 1 \end{bmatrix} \qquad B_1 = \begin{bmatrix} 1 & 2 & 2 \\ 1 & 1 & 2 \\ 1/2 & 1/2 & 1 \end{bmatrix}$$

$$B_2 = \begin{bmatrix} 1 & 1/2 & 1/2 \\ 2 & 1 & 1 \\ 2 & 1 & 1 \end{bmatrix} \qquad B_3 = \begin{bmatrix} 1 & 1 & 2 \\ 1 & 1 & 2 \\ 1/2 & 1/2 & 1 \end{bmatrix}$$

3. 对判断矩阵进行一致性检验

对于判断矩阵 A，其最大特征值 $\lambda = 3.0093$

一致性指标 $CI = \dfrac{1}{n-1}(\lambda - n) = 0.00465$

平均随机性指标 $RI = 0.52$，所以一致性比例 $CR = 0.0089 < 0.10$，A 具有一致性。

采用类似方法，同样得到矩阵 B_1、B_2、B_3 的一致性比例 CR 均等于 0，即均通过一致性检验。

4. 指标与指标权重的确定

根据和积法计算各层相对其上一层的权重，得出：身体素质相对于目标层的权重为 0.5390，指标层的人口死亡率、每万人口医生数、劳动年龄人口（15—59 岁）比例的权重分别为 0.4、0.4 和 0.2；科学文化素质相对于目标层的权重为 0.2792，指标层的 15 岁及以上成人文盲率、大学专科及以上学历占 6 岁及以上人口比例、6 岁及以上人口平均受教育年限的权重分别为 0.2、0.4 和 0.4；劳动技能素质相对于目标层的权重为 0.1818，指标层的每万人口科技活动人员数、科技活动人员占从业人员比例、每十万人专利申请授权数的权重分别为 0.4、0.4 和 0.2。

表 6 – 12　　　　　　　　　　人口素质指标体系权重构成

目标层	准则层	指标层
人口素质 （A = 1）	身体素质 （B1 = 0.5390）	人口死亡率（‰）（C1 = 0.4）
		每万人口医生数（人）（C2 = 0.4）
		劳动年龄人口（15—59 岁）比例（%）（C3 = 0.2）
	科学文化素质 （B2 = 0.2792）	15 岁及以上成人文盲率（C4 = 0.2）
		大学专科及以上学历占 6 岁及以上人口比例（%）（C5 = 0.4）
		6 岁及以上人口平均受教育年限（年）（C6 = 0.4）
	劳动技能素质 （B3 = 0.1818）	每万人口科技活动人员数（人）（C7 = 0.4）
		科技活动人员占从业人员比例（%）（C8 = 0.4）
		每十万人专利申请授权数（项）（C9 = 0.2）

本书认为，屈云龙、许燕等的相关指标选择与权重确定具有较强的科学性和合理性。因此，本书借鉴他们的权重系数，不再重新测算相关人口素质指标的权重。指标体系中因为人口普查数据汇总结果中未提供"人口预期寿命"的具体数值，为了顺利完成测算，课题组经认真考虑，选择以"每万人口医生数"来代替"地区人口预期寿命"这一指标。

三 新疆人口素质状况的评价与分析

为充分反映和客观体现新疆各地州市的人口素质状况，本书引用全疆 15 个地州市的人口普查相关资料与 R&D 科技人力资源清查资料汇总数据，运用和积法分层计算，通过 9 项指标的合成指数加以排序，以具体衡量新疆 15 个地州市 2010 年的人口素质状况及排序。新疆各地州市2010 年人口素质状况见表 6－13。

表 6－13　　　　2010 年新疆 15 个地州市人口素质状况

项目 地州市	人口死亡率（‰）	每万人口医生数（人）	劳动年龄人口（15—59岁）比例（%）	15岁及以上成人文盲率（%）	大学专科及以上学历占6岁及以上人口比例(%)	6岁及以上人口平均受教育年限（年）	每万人口科技活动人员数（人）	科技活动人员占从业人员比例（%）	每十万人专利申请授权数（项）
新疆平均	4.12	22.25	69.89	3.01	11.60	8.85	16.10	0.23	7.10
乌鲁木齐市	2.46	38.67	75.20	2.34	26.15	10.53	41.73	0.72	19.63
克拉玛依市	3.00	27.90	74.58	2.22	23.15	10.36	154.45	2.26	42.20
吐鲁番地区	4.90	20.14	70.38	2.57	10.20	8.73	19.49	0.26	6.58
哈密地区	3.74	31.17	72.44	1.71	14.31	9.51	3.48	0.05	3.67
昌吉州	4.17	27.23	71.79	3.62	11.94	9.02	11.46	0.17	8.54
博州	3.25	29.25	71.60	3.82	12.14	8.97	11.54	0.16	8.34
巴州	3.27	28.31	72.50	2.02	12.56	9.17	27.80	0.39	4.38
阿克苏地区	4.72	12.86	68.45	3.10	7.13	8.23	11.76	0.15	1.98
克州	3.78	16.74	64.55	1.89	10.02	8.38	3.81	0.05	1.90
喀什地区	5.45	12.45	65.62	4.19	5.32	7.97	1.30	0.02	0.95
和田地区	5.41	10.92	66.32	3.13	4.84	7.78	0.63	0.01	0.35

续表

项目 地州市	人口死亡率（‰）	每万人口医生数（人）	劳动年龄人口（15—59岁）比例（%）	15岁及以上成人文盲率（%）	大学专科及以上学历占6岁及以上人口比例(%)	6岁及以上人口平均受教育年限（年）	每万人科技活动人员数（人）	科技活动人员占从业人员比例（%）	每十万人专利申请授权数（项）
伊犁州	3.31	22.68	69.71	2.33	9.21	8.71	10.79	0.17	7.94
塔城地区	4.21	19.49	71.27	3.32	8.54	8.76	3.61	0.05	2.05
阿勒泰地区	4.23	29.31	70.72	1.27	11.13	9.09	3.80	0.06	9.78
自治区直辖县级市	3.47	22.63	72.01	5.07	17.20	9.40	26.06	0.43	14.66

注：平均受教育年限 =（小学人口数×6 + 初中人口数×9 + 高中及中专人口数×12 + 大学专科人口数×15 + 大学本科人口数×16 + 研究生人口数×19）/地区总人口。

资料来源：《新疆统计年鉴 2011》、《全国第六次人口普查数据》、《新疆维吾尔自治区第二次全国科学研究与试验发展（R&D）资源清查主要数据公报》、《新疆维吾尔自治区第二次全国科学研究与试验发展（R&D）资源清查主要指标数据 2009》。

确定人口素质各衡量指标的权重后，可以利用新疆各地州市的具体数据，测算出各地州市的人口素质水平。因为，本书所选取的 9 项指标是从不同的侧面反映人口素质状况，其量纲差异较大，因此，在计算人口素质合成指数之前，需要对各指标值进行无量纲化处理，根据指标类型的不同分别选取式（6.1）和式（6.2）：

正向指标：

$$\overline{C_i} = \frac{C_i - C_{\min}}{C_{\max} - C_{\min}} \tag{6.1}$$

负向指标：

$$\overline{C_i} = \frac{C_{\max} - C_i}{C_{\max} - C_{\min}} \tag{6.2}$$

式中，$i = 1, 2, \cdots, n$ 表示第 i 个指标编号；$\overline{C_i}$ 为标准化后的指标值；C_i 为原始指标值；$C_{\max}$ 为新疆各县市中该指标的最大值；$C_{\min}$ 为新疆各县市中该指标的最小值。然后，利用已经确立的权重，计算出新疆各地州市人口素质的总体水平，从而得到新疆各地州市人口素质合成指数的排序（见表6－14）。进行综合处理的方法是用各准则层的权重乘以其下各指标的权重，得到总的权重。

表6－14　　　　　　　　新疆各地州市人口素质水平排序

地区	合成指数	排序	身体素质	排序	科学文化素质	排序	劳动技能素质	排序
克拉玛依市	0.6587013	1	0.3127437	2	0.1829102	2	0.1630475	1
乌鲁木齐市	0.6218868	2	0.3747425	1	0.1937023	1	0.0534420	2
巴州	0.4712073	3	0.3056127	4	0.1392210	5	0.0263736	4
哈密地区	0.4613270	4	0.3051087	5	0.1503676	3	0.0058507	11
博州	0.4461716	5	0.3094888	3	0.1206496	11	0.0160332	7
自治区直辖县级市	0.4400257	6	0.2749330	9	0.1304951	6	0.0345976	3
阿勒泰地区	0.4333926	7	0.2823449	6	0.1402249	4	0.0108228	9
伊犁州	0.4148405	8	0.2777001	7	0.1216502	10	0.0154902	8
昌吉州	0.4139290	9	0.2756308	8	0.1219834	9	0.0163149	6
吐鲁番地区	0.3677762	10	0.2239255	12	0.1231734	8	0.0206773	5
克州	0.3662358	11	0.2352447	11	0.1264094	7	0.0045818	13
塔城地区	0.3560500	12	0.2406147	10	0.1107722	12	0.0046631	12
阿克苏地区	0.3109285	13	0.1956839	13	0.1044637	13	0.0107809	10
和田地区	0.2607222	14	0.1668093	15	0.0931603	14	0.0007525	15
喀什地区	0.2602438	15	0.1717348	14	0.0867453	15	0.0017638	14
新疆平均	0.3978651		0.2538844		0.125105		0.0188756	

注：表中合成指数是反映新疆15个地州市人口素质的综合评价相对值，可作为各地州市人口素质排序参考。

由表6－14显示的评价结果来看，在新疆人口普查汇总数据涉及的全疆15个地州市中，克拉玛依市的人口素质发展水平最高，其次，为首府乌鲁木齐市。两市人口素质的综合评价合成指数分别为0.6587013和0.6218868，遥遥领先于其他地州市，优势明显。而位居第三的是巴州，其人口素质综合评价合成指数为0.4712073，主要在科学文化素质和劳动技能素质方面与克拉玛依市和乌鲁木齐市有较明显的差距。以上测评结果表明，新疆各地州市人口素质平均值在人口身体素质方面的差异并不十分显著，但是各地州市人口在科学文化素质和劳动技能素质方面的差异较为明显。

相对于全疆其他地区而言，南疆 5 个地州市除了巴州，其余均排在全疆人口素质测评的最后 5 位。其中，喀什地区、和田地区人口素质综合评价得分最低，克州位居总体第 11 位，倒数第 5 位。就具体评价指标而言，南疆三地州人口的身体素质、科学文化素质、劳动技能素质三类指标中的科学文化素质和劳动技能素质总体差异显著。其中，喀什地区和和田地区的最终合成指数只有 0.2602438 和 0.2607222，低于全疆15 个地州市人口素质平均水平（0.3978651）近 35%。

可见，新疆内部南北疆之间人口素质差异显著，南疆地区除巴州外，人口素质综合排序在全疆均排在最后。可见，今后提高人口素质的重点在南疆地区，而这些地区又是少数民族聚集地区、生态脆弱和贫困高发地区。提高人口素质已经成为这些地区摆脱贫困的突破口，在这些地区提高人口素质的意义更为巨大，不仅有利于降低这些地区的生育水平，还有利于这些地区实现人口、资源和环境的协调、可持续发展，最终实现这些地区的长治久安。

第四节　新疆人口素质与经济协调发展的对策建议

一　高度认识提高人口素质对新疆经济社会发展的特殊战略意义

人口素质在社会经济发展中起着主导作用，是社会发展的首要问题。人的全面发展是一切发展的总目的，人口身体素质和科学文化素质的提高是经济社会发展的最终目标；反过来，人口素质的提高会促进经济社会的发展。从"十二五"时期及中长期来看，人口问题、人力资本问题对新疆的突出影响，表现为人口质量是新疆经济社会发展的"瓶颈"，因此，人口综合素质是发展的首要问题，提高人口质量是人口长期稳定发展面临的重要任务。

二　降低人口增长率是进一步提高人口素质的保证

人口数量和人口素质是人口发展不可分割的两个方面，两者相互制约、互相影响。当前，新疆正在大力推进双语教育，尤其是南疆贫困地区人口的过快增长会对稀缺的教育资源产生更大的压力，不利于双语教育的开展。另外，降低人口增长率，可以促进社会生产和科学文化的发展，从而有利于人口素质的提高。人口素质尤其是科学文化素质的提高，从长远来看，又将减缓人口的增长。从新疆人口增长率来看，新疆近些年人口自然增长率呈现出下降的趋势，但由于人口惯性的作用，人口规模仍然在扩大。人口总量过大、人口素质不高的状况在短期内难以根本转变，劳动就业压力进一步加大，人口老龄化问题更加突出等，这些都不利于人口素质的再提高。因此，稳定现行的计划生育政策，加强人口与计划生育工作的法制建设，把工作重点放在广大的农村地区，降低人口增长率，对新疆人口素质的提高具有非常重要的现实意义。

三 把提高人口素质、降低人口增长率与扶贫相结合

根据人口生育率和生活贫困之间的正相关关系，即"越穷越生，越生越穷"的恶性循环，将降低人口增长率和扶贫致富有机结合起来，在计划生育奖励措施上，融入扶贫开发的内容。通过计划生育奖励，引导农民走上脱贫致富的道路；再通过扶贫开发项目的实施，减少贫困人口，提高人口素质，达到稳定有效降低过高人口出生率的目的。因此，在"少生快富"工程实施过程中，各级政府应当把奖励与脱贫致富有机结合。

四 大力实施优生促进工程，进一步提高出生人口素质

出生人口素质是未来发展的总起点，出生人口质量是决定人口素质的自然属性的基础。目前，出生缺陷已成为我国出生人口质量和人口健康素质的重要公共卫生问题。出生缺陷儿即使存活也大都终身残疾，给个人、家庭和社会带来的负担很大。因此，要加强医疗保健服务，尤其是农村基层的公共卫生服务体系。开展生殖健康教育与服务，大力普及青少年性教育，全面开展生殖健康和优生优育知识咨询服务，为育龄妇女提供避孕节育、生殖保健、出生缺陷干预服务。深入开展艾滋病宣传、监测、防治工作，增强全民的生殖保健意识。大力普及优生优育知识，建立婚前医学检查制度，为婚前医学检查和出生缺陷干预的开展提供必要的财政支持，对农村地区实行免费筛查和技术服务。

五 提高双语教育师资水平，强化双语教育

目前，新疆双语教育实践中存在活动实施不符合幼儿特点以及双语师资"一缺二低"（教师短缺、汉语水平偏低、教学能力偏低）等问题。因此，必须抓住当前国家大力支持新疆发展学前双语教育的机遇，努力扩大学前教育的规模，坚持把"从学前抓起"作为实现双语教育全覆盖的出发点和落脚点，将重心由中小学向学前下移，范围由县城向农村延伸，科学选择切合实际的教学模式，通过筹办双语教育现场会、树立示范性幼儿园、开展"爱祖国、爱家乡、讲团结"少年儿童双语口语才艺大赛等形式，推动双语教育健康快速发展。另外，通过推进实施免费师范教育，扩大农村双语教师特聘计划规模，抓好内初班毕业生分流纳入中等师范学校培养计划等特殊人才培养措施，提高双语教育师资水平。

六 完善"控辍保学"长效机制，巩固基础教育阶段的入学率和到校率

我们调研中发现，南疆部分地区中小学的实际到校率较低，家长带孩子外出打工现象较多。因此，应该在辍学率和到校率较低的地区开展"控辍保学"专项治理，明确乡村领导、学校校长等各方责任，强化组织领导，通过行政法律、学籍管理、提高教学质量以及与扶贫相结合等手段，提高适龄儿童和少年的入学率和到校率，降低辍学率。

七 加快推进南疆三地州高中阶段全面免费教育，改革职业教育培养模式，普及高中阶段教育

由上面的分析可见，高中和大学专科及以上受教育少数民族人口数量仍然偏低。因此，加大对高中阶段教育的投入，以推进南疆三地州高中阶段全面实施免费教育为重点，推进高中阶段教育的基本普及，促进义务教育的可持续发展。另外，正如前文所述，新疆实际就业的这部分人力资源的就业结构和新疆产业结构不协调。第一产业吸纳了将近一半的实际就业的人力资源，而第一产业 GDP 所占比例仅为 18%，同时，占 GDP 比例 45% 的第二产业仅吸纳了 15% 的实际就业的人力资源。这种产业结构和就业结构相背离的现象可以通过职业教育得到缓解和消除。职业教育的专业设置要结合现实经济发展的需要，甚至可以具体到每个地区县市经济发展的特点，针对性地举办职业技术学校，开设相关专业，聘请有实际工作经验的优秀教师，教学和实习相结合，确保学生学以致用，毕业后可以胜任自己所学专业的工作。通过与援疆省份高、中等职业院（校）的联系，建立校际合作关系，开展"校企合作"模式，采用订单式培养，拓宽培训、就业渠道，提升中职教育师资水平和办学效益。

八 把扫盲工作和农业科学技术培训相结合，防止新文盲产生和复盲现象发生

由上面的分析可见，个别少数民族人口中未上过学的比例还较高。因此，必须创新扫盲教育的内容与方法，继续加强农村扫盲工作和农业科学技术培训的统筹，加强乡镇成人文化技术学校建设，为开展扫盲和脱盲后培训提供稳定阵地，全面提高农牧民文化水平和科学技术水平，防止新文盲产生和复盲现象发生，增强各族群众增收致富能力。

九 重视高层次人力资源的培育

从新疆人口文化教育素质水平来看，学龄儿童入学率已经达到了一个比较高的水平，粗文盲率也在逐年下降，这些都与新疆九年义务教育的普及分不开，但每万人中大学生数的比例却比较低，这也显示了新疆的高级人力资本比较少，凸显了人力资本比例的不协调。因此，在普及基础教育的同时，要增加高等教育的投资，大力培养与社会经济发展相适应的高层次专业人才和创新人才，积极落实国家"科教兴国"和"可持续发展"的战略决策。在普及和完善基础教育的同时，加大对高等教育的投入力度，培养高素质的人才，使这部分潜在人力资源毕业后成为优秀的人才资源，更好地服务于新疆经济和社会的发展。2009 年，新疆教育经费总投入占 GDP 的比例为 6.98%，而高等教育经费占教育总经费的比例只有 15.38%，可见新疆应加大对高等教育的投入力度。不仅国家和政府应该重视，居民也应增强意识，重视对教育的投入，2009 年新疆城镇居民家庭平均每人全年消费性支出构成中用于教育文化娱乐服务的支出仅占 9.17%，农村居民人均生活消费支出构成中用于文教娱乐用品及服务的支出所占比例更小，仅为 5.36%，较 2008 年的 6.30% 还有下降的趋势。要优化人力资源，提升人力资源的素质，必须重视对教育的投入，尤其是对高层次、高素质人才的培育，个人、家庭、政府和国家都应重视起来，共同努力为新疆未来的发展储备更多优秀的人才。

第七章　新疆人口就业与经济协调发展

就业是民生之本、稳定之基，就业对于新疆有着特殊的重要意义。就业问题若得不到解决，不仅将会对新疆经济发展产生不利影响，也会对新疆社会稳定与和谐社会建设产生不利影响。

第一节　经济发展与就业之间的关系

一　经济增长与就业的关系

经济增长与就业增长关系问题，一直是西方经济学关注的核心问题。在西方经济学的发展过程中形成了一系列有关经济增长和就业增长理论。传统经济学理论中有关经济增长与就业关系的理论主要有古典经济学派的自愿失业理论、奥肯定律、索洛模型。奥肯定律描述了经济增长率与失业率之间的关系。该定律表明，失业率与国民生产总值增长率之间呈反向变化，即二者存在负相关关系，经济的高增长率伴随着低失业率，低增长率伴随着高失业率。索洛模型指出，经济发展可以促进就业的增长，而就业增长又反过来促进了经济的发展。索洛的经济增长模型还指明，技术进步率、资本投入增长率以及劳动与资本的产出弹性均与就业增长率存在负相关关系，因为节约劳动型和资本密集型的经济增长会产生就业的挤出效应，从而降低了就业弹性。[①] 总之，这些理论都主张：经济增长一定会带来就业的增长。

随着资本主义经济危机的出现，这些传统理论不断受到批评，20世纪后期，西方经济体中出现的滞胀现象说明，经济发展并不能自然地

---

① 张小建、莫荣等：《经济发展与就业增长的关系研究》，http：//www. clssn. com/html/Home/report/47034 - 1. htm？ reportpos = 1. 2011 - 11 - 04/2012 - 12 - 05。

消除失业现象。在此背景下，以美国经济学家米尔顿·弗里德曼为代表的货币学派提出了自然失业率假说。自然失业率是指在没有货币因素干扰的情况下，劳动市场和商品市场的自发供求力量发挥作用，经济处于均衡状态时的失业率。[①]

进入 21 世纪以来，"无就业增长"的出现更是对传统理论提出了进一步的挑战。"无就业增长"是指"虽然产生就业机会，但是远比投入市场的劳动力的增长和经济增长的速度缓慢"。通俗地说，"无就业增长"绝非是没有就业的经济增长，而是一个国家的就业机会或就业人数的增长率落后于经济增长率。"无就业增长"理论认为，一方面科技革命使资本相对于劳动越来越便宜，另一方面由于劳工市场的非均衡性质，企业的适应性优化行为以及各种制度因素的存在使工资呈现出刚性。于是，科技革命带来的劳动生产率提高在促使经济增长的同时，与工资刚性一起产生了负的宏观经济外部性：无就业增长。并且认为，这种工资刚性和高劳动生产率并存正是造成目前发达国家无就业复苏和无就业增长的原因。[②]

二　经济增长、产业发展和劳动就业作用机理

熊彼特（1961）认为，经济增长的根本原因不是一国所拥有资源的增加，而是对现有资源使用的方式不同。发展经济学家罗斯托（1963）认为，经济增长的本质是产业部门发展的过程，增长不仅仅表现为总量的运动，更重要的是表现为一连串的产业部门发展并形成相互关联的产业序列。钱纳里（1986）更明确提出了经济增长和产业结构演变的关系，认为产业结构演化升级是经济增长的重要原因，劳动和资本从生产效率低的产业部门向生产效率高的产业部门的转移能够加快经济增长的速度。麦迪森（1996）从更长的时间序列和范围实证研究经济增长和产业结构的相关性，认为产业结构的变化是增长的一个非常重要的独立源泉。所以，一国经济的快速增长必然带来产业结构的剧烈变动；反过来这种产业发展也会对经济增长带来累积性作用，两者之间是

---

① 张小建、莫荣等：《经济发展与就业增长的关系研究》，http：//www. clssn. com/html/Home/report/47034 - 1. htm? reportpos = 1. 2011 - 11 - 04/2012 - 12 - 05。

② 杨菁：《新疆"无就业经济增长"实证研究》，博士学位论文，新疆大学，2007 年。

一种双向循环的作用机理。①

关于产业结构与就业结构关系的理论，主要有配第—克拉克定理和库兹涅茨的产业结构演变理论。"配第—克拉克定理"指出，一个国家从事三次产业的就业比例随着国民收入、人均国民收入的增长而变动，具体是农业就业比例急剧下降，制造业就业比例与该产业经济增长同步，而服务业就业拉动效应则不断增长。② 库兹涅茨的产业结构演变理论认为，不同的产业部门由于对技术要求存在差异，所以各产业对劳动者的素质要求也不同。产业发展的一般顺序是从劳动密集型产业向资本密集型、技术知识密集型产业演变，在这一演变过程中劳动就业也会发生变化，随着人均收入水平的提高，劳动力会从第一产业向第二产业和第三产业转移。③ 产业结构升级对劳动力就业有正反两方面的影响。以工业化和重工业化为特征的产业结构升级，既会因为提高资本劳动比而对劳动力就业产生挤出效应，又会因为提高劳动生产率而扩大经济规模，从而吸纳更多的劳动力就业。④

第二节　新疆劳动年龄人口与就业状况分析

自 1982 年第三次人口普查开始，我国历次人口普查都会涉及人口的就业和失业情况，这些数据为我们科学地分析人口的就业状况提供了丰富的资料，对人口的就业和失业情况进行分析研究对人力资源开发、制定和完善相关的劳动与就业政策具有重大意义。但是，需要指出的是，与人口普查的其他项目不同，历次人口普查对就业状况的项目设定和统计口径是存在差异的。有些方面差异还很大。因此，本节主要使用 2010 年"六普"数据对新疆劳动年龄人口及其就业状况进行分析。

① 参见谭菊华《经济增长、产业发展与劳动就业：来自中国的证据检验》，《经济问题》2013 年第 6 期。

② 谭崇台：《发展经济学》，武汉大学出版社 2001 年版，第 21—22 页。

③ 参见谭菊华《经济增长、产业发展与劳动就业：来自中国的证据检验》，《经济问题》2013 年第 6 期。

④ 邹一南、石腾超：《产业结构升级的就业效应分析》，《上海经济研究》2012 年第 12 期。

一　新疆劳动年龄人口变化与分布

劳动力资源是各种生产要素中最积极最活跃的能动要素。在人口分析中，通常用劳动年龄人口这一指标来反映一个国家或地区在特定时期（点）的劳动力资源状况。在我国，若按照国家法定的劳动就业制度，劳动年龄人口是指16—59岁的男性人口和16—54岁的女性人口。但是，鉴于现时的人口统计口径和为便于比较分析，本书使用的是国际分类标准，即15—64岁的人口界定为劳动年龄人口。

必须要说明的是，劳动年龄人口是总人口的主要组成部分，所以总人口的所有结构和特征都会影响劳动年龄人口的结构和特征。由图7－1和表7－1可见，新疆人口属于成年型人口结构。

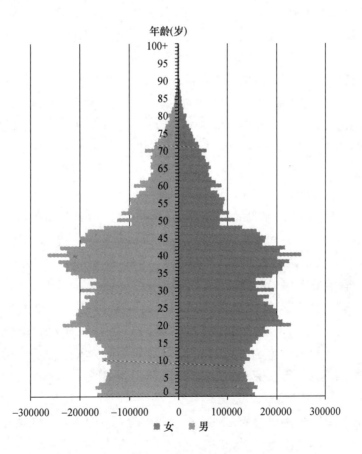

图7－1　"六普"新疆人口金字塔

表7-1　　　　　　　　　新疆历次普查人口年龄构成　　　　单位：万人、%

	总人口	分年龄人口			占总人口的比例		
		0—14岁	15—64岁	65岁及以上	0—14岁	15—64岁	65岁及以上
"二普"	727.01	268.63	428.73	29.65	36.95	58.97	4.08
"三普"	1308.15	517.55	742.42	48.18	39.56	56.75	3.68
"四普"	1515.69	500.97	955.49	59.23	33.05	63.04	3.91
"五普"	1845.95	503.30	1256.40	86.25	27.27	68.06	4.67
"六普"	2181.58	446.18	1593.99	141.41	20.45	73.07	6.48

（一）新疆劳动年龄人口不断增加，就业压力增大

新疆人口数量由"二普"的727.01万人增加到"六普"的2181.58万人，年均增长超过30万人。同时，劳动年龄人口数量由"二普"的428.73万人增加到"六普"的1593.99万人，劳动年龄人口增加数量占同期新疆新增人口的80.11%。并且，劳动年龄人口占总人口的比例也在持续上升，2010年"六普"劳动年龄人口占总人口的比例已达73.07%。新疆就业人口1990年为617.70万人，2000年为672.50万人，2010年为894.65万人，1990—2010年，新疆就业人口增加量为276.95万人，年均增加13.85万人，[①]而同期劳动年龄人口年均增加31.93万人，年均就业人口增加数占年均劳动年龄人口增加数的43.38%。可见，伴随着新疆总人口的增加，新疆劳动年龄人口规模也持续增加，使劳动力供需矛盾突出，劳动就业压力增大。

（二）劳动年龄人口增长速度快于总人口增长速度

劳动年龄人口的数量变化是随着总人口的变化而变化的，但是由于人口年龄结构的影响，劳动年龄人口的数量变化与总人口的变化速度可能不一致。"六普"数据显示，与2000年"五普"相比，10年间新疆总人口的年均增长率为1.68%，而同期劳动年龄人口的年均增长率为2.41%。可见，新疆劳动年龄人口增长速度快于总人口增长速度。

（三）劳动年龄人口有老化趋势

总人口年龄构成的变化决定了劳动年龄人口的年龄构成变化。由前

---

① 此处的就业人口数据来自《新疆统计年鉴2011》，新疆维吾尔自治区统计局：《新疆统计年鉴2011》，中国统计出版社2012年版。

面的分析可见，新疆人口存在两次生育高峰，这对新疆人口的年龄结构产生了影响，也必然影响到新疆劳动年龄人口的结构。结合表7－2和图7－2可见，2010年的"六普"与2000年的"五普"相比，新疆劳动年龄人口的年龄构成发生了变化，高年龄组（35—59岁）的劳动年龄人口比例在增加，而低年龄组（15—34岁）的劳动年龄人口比例在减少。可见，新疆劳动年龄人口有老化趋势。

表7－2　　　"六普"与"五普"新疆劳动年龄人口的年龄分布　　　单位:%

	15—19岁	20—24岁	25—29岁	30—34岁	35—39岁	40—44岁	45—49岁	50—54岁	55—59岁	60—64岁
"六普"	11.0	13.3	11.4	11.3	13.8	13.4	9.7	6.4	5.3	4.4
"五普"	13.8	13.0	15.8	15.4	11.7	7.9	6.9	6.0	4.9	4.7

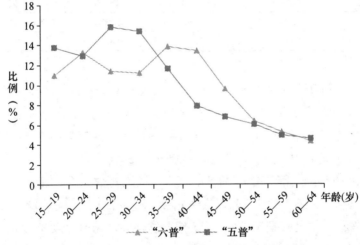

图7－2　　"六普"与"五普"新疆劳动年龄人口的年龄分布趋势

　　（四）乡村劳动年龄人口多于城镇，少数民族劳动年龄人口多于汉族

　　分城乡看，"六普"数据显示，城市、镇、乡村劳动年龄人口占新疆劳动年龄人口总数的比例分别为29.37%、15.27%和55.36%（见表7－3）。可见，乡村劳动年龄人口多于城镇。新疆是多民族地区，"六普"数据显示，新疆少数民族人口占总人口的59.52%，其中维吾尔族

是新疆及各民族人口中人数最多的民族，其人口占少数民族人口的77.02%，占总人口的45.84%。"六普"数据显示，新疆维吾尔族、汉族、哈萨克族人口占总人口的92.82%。这三个民族的劳动年龄人口占新疆全部劳动年龄人口的92.80%，其中汉族劳动年龄人口为685.15万人，占新疆全部劳动年龄人口的42.98%；维吾尔族劳动年龄人口为692.02万人，占新疆全部劳动年龄人口的43.41%；哈萨克族劳动年龄人口为102.25万人，占新疆全部劳动年龄人口的6.41%。另外，"六普"数据显示，新疆劳动年龄人口的平均年龄为35.77岁，汉族为37.90岁，少数民族为34.17岁。

表7-3　　　"六普"新疆总人口和劳动力年龄人口的城乡分布　单位：人、%

	总人口	比例	劳动年龄人口	比例
合计	21815815	100.00	15939934	100.00
城市	6071803	27.83	4681995	29.37
镇	3263949	14.96	2433999	15.27
乡村	12480063	57.21	8823940	55.36

（五）新疆未来劳动年龄人口中少数民族人口将成为主体

由于新疆少数民族人口计划生育政策的实施晚于汉族，并且在生育数量方面较汉族宽松。因此，新疆少数民族人口的年龄结构与汉族相比显得更加年轻。从表7-4可见，新疆少数民族人口中0—14岁人口比例为25.19%，远高于汉族的13.49%。从绝对数来看，新疆0—14岁人口中少数民族为327.09万人，占73.31%，汉族119.09万人，占26.69%，少数民族是汉族的2.75倍，这使新疆未来劳动年龄人口中少数民族人口将成为主体。

（六）小结

由于历史原因和人口惯性的作用，尽管新疆人口的生育水平（"六普"总和生育率为1.53）已低于更替水平，但新疆人口总量始终在不断增加。伴随着人口总量的持续增长，特别是20世纪70年代和90年代两次出生高峰的影响，新疆劳动年龄人口规模持续增加。"六普"新疆劳动年龄人口已达1593.99万人，占总人口的比例达73.07%。由于受1970年前后生育高峰的影响，目前新疆劳动年龄人口有老化趋势。

另外，受新疆总人口城乡分布和民族构成的影响，新疆乡村劳动年龄人口多于城镇，少数民族劳动年龄人口多于汉族。最后，受 2005 年开始的生育高峰出生的人口将在 2020 年陆续达到劳动年龄以及前两次生育高峰出生的人口未退出劳动年龄的双重影响，未来新疆劳动年龄人口还将持续增加，并且受少数民族人口较为宽松的计划生育政策的影响，新疆未来劳动年龄人口中少数民族人口将成为主体。这些将使新疆未来劳动力供需矛盾更加突出，劳动就业压力非常大。

表 7 - 4　　　　"六普"新疆汉族与少数民族人口年龄构成　　　单位:%

民族	0—14 岁	15—64 岁	65 岁及以上
全部	20. 45	73. 07	6. 48
汉族	13. 49	77. 59	8. 92
少数民族	25. 19	69. 99	4. 82

二　劳动力利用情况

"六普"长表中，人口就业情况的调查内容和逻辑关系与"五普"相比发生了变化，"六普"数据中把 16 岁及以上人口分为经济活动人口和非经济活动人口。经济活动人口又分为就业人口（正在工作和暂未工作人口）和失业人口。非经济活动人口是指在劳动年龄内（16 岁及以上）的在校学生、丧失工作能力人口和有劳动能力但如果有合适的工作不能在两周内开始工作的人口。失业人口是指非经济活动人口中除在校学生、丧失工作能力人口外的有劳动能力并如果有合适的工作能在两周内开始工作的人口。

"六普"数据显示，不论男女新疆 16 岁及以上人口的劳动参与率和就业人口比都高于全国平均水平，而失业率均低于全国平均水平（见表 7 - 5）。这可能和新疆人口尤其是农村人口的收入和社会保障水平低于全国水平有关。"六普"数据显示，按照户口性质划分的 16 岁及以上人口中农业户口经济活动人口占全疆经济活动人口的 65.21%，并且 16 岁及以上人口中农业户口人口的劳动参与率为 80.49%，远高于非农业户口的 60.87%。

表7-5 **"六普"新疆与全国16岁及以上人口就业情况①** 单位：人、%

| | 16岁及以上人口 | 经济活动人口 | | | | | 非经济活动人口 | 劳动参与率 | 失业率 | 就业人口比 |
| | | 合计 | 就业人口 | | | 失业人口 | | | | |
			小计	正在工作	暂未工作					
新疆	1608023	1163800	1133002	1103097	29905	30798	444223	72.37	2.65	70.46
男	814798	650391	635450	618472	16978	14941	164407	79.82	2.30	77.99
女	793225	513409	497552	484625	12927	15857	279816	64.72	3.09	62.73
全国	103817124	73666301	71547989	69677870	1870119	2118312	30150823	70.96	2.88	68.92
男	52028085	40662617	39597282	38645017	952265	1065335	11365468	78.16	2.62	76.11
女	51789039	33003684	31950707	31032853	917854	1052977	18785355	63.73	3.19	61.69

从分年龄组的劳动参与率变化（见图7-3和表7-6）可见，新疆
16—24岁青年人口的劳动参与率高于全国平均水平，然后25—74岁人口
的劳动参与率低于全国平均水平，但是75岁及以上人口的劳动参与率又高
于全国平均水平。从分地区的全部人口劳动参与率来看，南疆地区的阿克
苏地区、喀什地区、和田地区、克州以及东疆的吐鲁番地区人口的劳动参
与率最高，大大高于全疆平均水平。从分地区按年龄组的劳动参与率分析，
我们也发现，以上四个地区各年龄组的劳动参与率都较高，尤其是较低年
龄组和较高年龄组较高的劳动参与率应该引起重视。

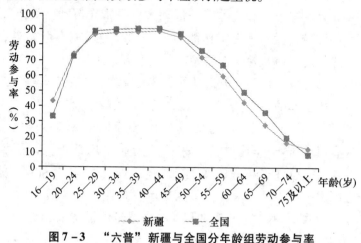

图7-3 "六普"新疆与全国分年龄组劳动参与率

---

① 劳动参与率＝（经济活动人口/16岁及以上人口）×100%；失业率＝（失业人口/经
济活动人口）×100%；就业人口比（也称一般就业率）＝（就业人口/16岁及以上人口）×
100%。

表7−6					"六普"新疆分地区按年龄组的劳动参与率							单位:%	
	16—19岁	20—24岁	25—29岁	30—34岁	35—39岁	40—44岁	45—49岁	50—54岁	55—59岁	60—64岁	65—69岁	70—74岁	75岁及以上	全部人口
新疆	43.0	74.4	86.8	88.0	88.8	88.9	85.5	71.8	59.9	42.6	27.8	16.1	12.2	72.4
乌鲁木齐市	21.2	51.2	81.7	83.5	85.1	85.3	80.1	57.8	36.5	12.8	5.1	2.0	0.8	61.3
克拉玛依市	21.8	77.1	90.7	90.7	94.5	94.1	89.7	59.4	34.1	10.3	3.2	1.3	1.3	71.5
吐鲁番地区	45.3	83.5	89.1	89.7	91.8	91.3	86.1	76.7	67.9	51.6	36.6	21.3	10.8	77.8
哈密地区	19.9	73.5	84.4	86.0	87.3	87.6	83.0	65.2	48.0	25.9	13.5	5.6	3.2	66.5
昌吉州	19.0	63.8	85.7	88.9	90.7	91.7	89.6	74.4	58.9	33.8	20.3	9.7	4.7	69.4
博州	26.0	72.6	85.0	87.5	90.0	91.2	89.9	78.8	65.0	34.3	19.7	8.1	7.4	72.4
巴州	33.2	77.2	88.6	89.1	90.6	90.7	87.4	72.6	58.0	35.4	21.9	12.4	6.7	73.3
阿克苏地区	62.2	86.4	90.7	91.8	91.7	91.4	88.7	78.7	71.0	59.3	47.3	31.8	25.3	80.6
克州	44.7	77.6	85.9	88.7	87.8	86.5	81.9	74.0	68.6	59.8	51.8	39.3	27.7	75.2
喀什地区	59.8	82.7	89.1	90.2	89.7	88.3	86.0	80.9	77.0	66.6	56.7	43.7	34.6	79.5
和田地区	63.7	89.0	93.0	93.8	93.3	93.5	90.9	86.3	81.0	66.9	57.2	38.4	26.1	84.2
伊犁州直属县市	30.6	68.5	79.9	82.2	83.9	84.6	81.4	66.9	56.0	32.9	19.6	10.5	6.6	66.8
塔城地区	25.8	71.6	82.7	86.2	88.7	89.4	86.3	68.9	54.7	28.5	15.2	5.9	2.8	68.5
阿勒泰地区	26.0	72.8	82.8	84.0	85.7	85.7	80.5	62.2	48.3	26.2	15.7	6.1	3.6	67.4
自治区直属县级市	21.3	51.6	87.4	89.6	91.3	92.6	89.3	66.2	45.1	15.5	5.3	1.8	1.5	63.3

三　新疆非经济活动人口的总量和构成

分析社会中成年社会成员特别是处于劳动年龄的人口未从事任何工作的情况,对于了解和认识一个国家或地区适龄人口的劳动参与和人力资源的开发利用具有另一层的特殊意义,特别是分析失业人口的构成和特点,对于有针对性地开展就业促进工作具有一定指导意义。

如上所述,"六普"的非经济活动人口是指在劳动年龄内(16岁及以上)的在校学生、丧失工作能力人口和有劳动能力但如果有合适的工作不能在两周内开始工作的人口。失业人口是指除在校学生、丧失工作能力人口外的有劳动能力并如果有合适的工作能在两周内开始工作的人口。"六普"将非经济活动人口的未工作原因分为9类:在校学习、丧失工作能力、毕业后未工作、因单位原因失去工作（以下简称因单位原因）、因本人原因失去工作（以下简称因本人原因）、承包土地被征用、离退休、料理家务和其他。

从新疆整体与全国整体比较可见，全国非经济活动人口未工作原因分布呈现一种梯次分布特点（见表7-7），其中比例最大的原因是料理家务，其次是在校学习和离退休，最后是"丧失工作能力"。新疆整体非经济活动人口未工作原因的分布特征与全国相似，只是新疆离退休的比例高于在校学生。具体来看，二者最突出的差异，主要是新疆人口中毕业后未工作的比例与全国平均水平相比较高，此外，新疆丧失工作能力的人口比例与全国平均水平相比较低，料理家务、离退休和其他的比例略高于全国平均水平。与全国比较可见，新疆城市非经济活动人口的未工作原因分布与全国城市平均水平相近，差异不大；镇和乡村中丧失工作能力的比例与全国平均水平相比较低，离退休比例高于全国平均水平。由此可见，新疆与全国非经济活动人口的未工作原因分布差异主要来自镇和农村。从非经济活动人口的城乡分布来看，城市、镇、乡村非经济活动人口分别占非经济活动人口总数的 43.17%、18.51% 和38.32%。由此可见，新疆城镇的非经济活动人口数量大于农村。

表7-7　　　　"六普"新疆与全国分城乡非经济活动
人口的未工作原因构成　　　　单位:%

地区		在校学习	丧失工作能力	毕业后未工作	因单位原因	因本人原因	承包土地被征用	离退休	料理家务	其他
总体	全国	23.18	17.04	1.36	0.66	1.48	0.29	21.27	27.90	6.83
	新疆	21.66	9.57	2.21	0.57	1.45	0.20	25.76	30.20	8.36
城市	全国	25.14	4.64	1.32	1.26	2.26	0.39	37.89	20.86	6.24
	新疆	23.76	3.25	2.05	1.10	2.33	0.15	36.15	22.84	8.37
镇	全国	24.29	13.64	1.49	0.52	1.18	0.36	18.08	33.02	7.43
	新疆	18.78	7.49	2.67	0.35	1.23	0.09	30.57	30.52	8.30
乡村	全国	20.43	32.43	1.32	0.08	0.80	0.15	5.04	32.62	7.13
	新疆	20.69	17.70	2.18	0.09	0.57	0.32	11.72	38.35	8.38

根据个体生命周期的阶段性特点，非经济活动人口的年龄分布应该

是"两头大、中间小"，即 16—24 岁的年轻非经济活动人口因上学未
工作的比例较高；受退休制度和个体年龄的影响，55 岁以上的老年非
经济活动人口的比例也较高，处于这两个年龄段中间的各年龄组的非经
济活动人口比例较低。我们发现，新疆和全国的非经济活动人口的年龄
组分布，基本上符合这一特点，但是新疆 16—54 岁各年龄组的比例均
高于全国平均水平，60—75 岁及以上年龄组（除 65—69 岁组外）的比
例均低于全国平均水平（见图 7 - 4），尤其是新疆 75 岁及以上非经济
活动人口占非经济活动人口总数的比例远高于全国平均水平。这与新疆
人口的劳动参与率的年龄分布特点相吻合，反映出新疆人口中经济活动
主体年龄段（25—54 岁）面临着较大的就业压力，而老年人口（60 岁
以上）的劳动参与率较高，这和新疆整体经济发展落后以及新疆农村
经济发展更加落后有关。

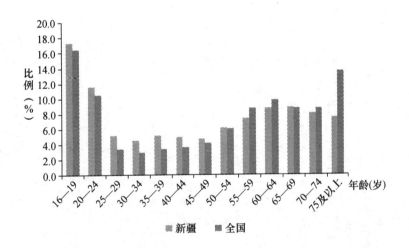

图 7 - 4　"六普"新疆与全国非经济活动人口的年龄组分布

　　新疆内部各地州市之间经济社会发展水平差异较大，导致各地州市
人口就业的产业结构和所有制结构也存在差异，从而也导致各地州市非
经济活动人口未工作的原因构成也差异较大。从表 7 - 8 可见，在全疆
经济较为发达的乌鲁木齐市、克拉玛依市、哈密地区、昌吉州、博州、
塔城地区、巴州和自治区直辖县级市中，离退休人员是非经济活动人口
的最大构成，其中克拉玛依市因离退休而未工作的人口占全部非经济活

动人口的比例高达 55.87%，自治区直辖县级市这一比例也高达
43.74%，乌鲁木齐市这一比例也达 34.86%。这些地区非经济活动人
口中因离退休而未工作的人口比例较高的原因可能和这些地区人口就业
的所有制结构有直接关系。

表 7-8 "六普"新疆各地非经济活动人口的未工作原因构成 单位:%

地区	在校学习	丧失工作能力	毕业后未工作	因单位原因	因本人原因	承包土地被征用	离退休	料理家务	其他
新疆	21.66	9.57	2.21	0.57	1.45	0.20	25.76	30.20	8.36
乌鲁木齐市	26.16	3.68	1.86	1.45	2.90	0.17	34.86	21.35	7.57
克拉玛依市	16.33	1.73	1.64	0.10	2.21	0.00	55.87	18.92	3.20
吐鲁番地区	16.41	15.21	1.76	0.26	0.93	0.08	15.03	42.87	7.45
哈密地区	16.10	8.51	2.17	0.85	1.21	0.24	33.04	30.68	7.19
昌吉州	21.61	11.18	1.39	0.48	1.21	0.18	28.97	26.50	8.49
博州	20.52	10.60	2.93	0.39	1.33	0.21	27.78	24.27	11.95
伊犁州直属县市	17.96	9.53	2.87	0.25	0.74	0.21	20.72	37.17	10.55
塔城地区	15.40	10.65	2.84	0.29	1.21	0.15	33.15	30.50	5.81
阿勒泰地区	18.72	12.94	3.15	0.35	1.98	0.08	22.16	37.34	3.28
巴州	19.58	8.28	2.17	0.23	1.09	0.09	32.38	25.51	10.68
阿克苏地区	18.06	16.48	2.07	0.18	0.79	0.18	18.09	32.71	11.45
克州	24.29	9.54	2.42	0.20	0.52	0.09	10.86	43.47	8.61
喀什地区	22.93	13.13	2.51	0.15	0.80	0.51	9.24	40.90	9.84
和田地区	23.88	18.14	2.11	0.29	0.38	0.14	9.29	37.83	7.94
自治区直辖县级市	31.31	4.22	1.53	1.01	2.04	0.10	43.74	12.82	3.23

在全疆经济较为落后的吐鲁番地区、伊犁州直属县市、阿勒泰地
区、阿克苏地区、克州、喀什地区、和田地区，非经济活动人口未工作
原因中第一位的是料理家务，其中吐鲁番地区、克州和喀什地区因料理
家务而未工作的人口占全部非经济活动人口的比例均高于40%，和田
地区、伊犁州直属县市、阿勒泰地区、阿克苏地区这一比例也均高于
30%。这些地区非经济活动人口中因料理家务而未工作的人口比例较

高，不是由于经济发达、收入水平较高导致的，反而可能是由这些地区经济发展水平较低、就业机会不足和少数民族家庭观念强所造成的。

综上所述，首先，从非经济活动人口的城乡分布来看，新疆城镇的非经济活动人口数量大于农村。"六普"新疆与全国非经济活动人口的未工作原因构成相比，最大的差异是新疆非经济活动人口中毕业后未工作、料理家务、离退休和其他原因的比例高于全国平均水平。其次，从非经济活动人口的年龄组分布来看，新疆16—54岁各年龄组的比例均高于全国平均水平，60—75岁及以上年龄组（除65—69岁组外）的比例均低于全国平均水平，尤其是新疆75岁及以上非经济活动人口占非经济活动人口总数的比例远高于全国平均水平，这一点应引起重视。最后，从新疆内部各地州市非经济活动人口未工作原因构成来看，在全疆经济较为发达的乌鲁木齐市、克拉玛依市、哈密地区、昌吉州、博州、塔城地区、巴州和自治区直辖县级市中，离退休是非经济活动人口的最大构成，而在全疆经济较为落后的吐鲁番地区、伊犁州直属县市、阿勒泰地区、阿克苏地区、克州、喀什地区、和田地区，非经济活动人口未工作原因中第一位的是料理家务。

四　新疆失业人口的总量和构成

如上所述，失业人口是指非经济活动人口中除在校学生、丧失工作能力人口外的有劳动能力并且如果有合适的工作能在两周内开始工作的人口。对失业人口的群体特征进行了解和分析，对于促进人口充分就业、更好地开发利用人力资源和保证社会的稳定、和谐，都具有重要意义。

从表7-9可见，"六普"新疆与全国失业人口的未工作原因构成相比，新疆失业人口中因毕业后未工作、料理家务和其他原因未工作的比例高于全国平均水平，其中新疆失业人口中因料理家务原因未工作的比例高于全国平均水平最多，达6.82个百分点。并且分城乡来看，新疆城市、镇中失业人口中因毕业后未工作、料理家务和其他原因未工作的比例分别高于全国城市和镇的平均水平，而新疆乡村失业人口中只有因料理家务未工作的比例高于全国乡村的平均水平，且高于全国乡村的平均水平14.37个百分点。这和上面分析的新疆非经济活动人口未工作特征相吻合，原因应该也一致。这也证明，近年来新疆把毕业生就业、"零就业"家庭和农村富余劳动力转移这三类确定为重点就业群体是符合现实的。

表7－9　　"六普"新疆与全国分城乡失业人口的未工作原因构成　　单位：%

地区		毕业后未工作	因单位原因	因本人原因	承包土地被征用	离退休	料理家务	其他
总体	全国	24.03	19.09	15.18	3.97	1.32	15.77	20.64
	新疆	26.15	15.07	10.31	2.33	0.91	22.59	22.65
城市	全国	20.21	25.69	17.52	3.57	1.63	12.76	18.62
	新疆	23.29	21.27	15.23	1.16	1.06	15.02	22.97
镇	全国	25.53	16.72	11.66	5.44	1.24	17.87	21.55
	新疆	28.64	13.19	6.96	1.71	0.97	24.97	23.57
乡村	全国	31.49	6.03	13.28	3.42	0.65	20.67	24.46
	新疆	29.52	4.81	3.73	5.08	0.56	35.04	21.26

从失业人口的年龄组分布来看，与全国平均水平相比，新疆失业人口中20—44岁各年龄组的比例均高于全国平均水平（见表7－10），并且这些年龄组是就业人口的主体，这也反映出新疆就业压力较大。

表7－10　　　"六普"新疆与全国失业人口的年龄组分布比较　　单位：%

	16—19岁	20—24岁	25—29岁	30—34岁	35—39岁	40—44岁	45—49岁	50—54岁	55—59岁	60—64岁	65—69岁	70—74岁	75岁及以上
新疆	8.29	24.56	15.61	10.54	13.57	12.87	8.16	3.34	1.80	0.63	0.32	0.19	0.13
全国	8.91	24.16	13.89	9.87	11.42	11.23	9.72	5.35	3.53	1.03	0.46	0.22	0.20

从新疆各地州市失业人口的未工作原因构成来看：首先，新疆各地州市毕业后未工作人口占失业人口的比例都较高。其次，南疆的阿克苏地区、克州、喀什地区、和田地区因料理家务原因未工作的人口占失业人口的比例较高，均高于30%（见表7－11）。

表7－11　　　"六普"新疆各地州市失业人口的未工作原因构成　　单位：%

地区	毕业后未工作	因单位原因	因本人原因	承包土地被征用	离退休	料理家务	其他
总计	26.15	15.07	10.31	2.33	0.91	22.59	22.65
乌鲁木齐市	21.16	24.50	18.71	0.80	0.75	12.62	21.46

续表

地区	毕业后未工作	因单位原因	因本人原因	承包土地被征用	离退休	料理家务	其他
克拉玛依市	33.76	11.02	15.75	0.30	6.00	23.13	10.04
吐鲁番地区	27.08	13.08	6.46	2.31	1.08	29.85	20.15
哈密地区	28.75	18.64	9.32	2.05	0.91	16.93	23.41
昌吉州	24.99	16.31	12.24	2.32	0.72	19.10	24.32
博州	32.05	11.96	9.90	0.44	0.59	14.03	31.02
巴州	25.03	12.57	8.27	2.21	1.54	17.64	32.75
阿克苏地区	23.30	8.09	4.14	6.45	0.67	31.04	26.32
克州	33.76	8.24	5.10	0.70	0.70	32.25	19.26
喀什地区	23.54	5.72	3.13	3.62	0.56	39.97	23.45
和田地区	29.53	10.72	2.55	1.28	0.26	31.32	24.34
伊犁州直属县市	28.40	10.41	6.97	3.69	0.77	23.63	26.13
塔城地区	34.46	13.95	10.78	1.83	0.42	19.66	18.89
阿勒泰地区	39.63	21.86	9.67	1.30	0.56	19.35	7.63
自治区直辖县级市	25.67	28.41	16.38	1.86	0.89	10.17	16.63

综上所述，新疆失业人口中毕业后未工作的比例较高以及南疆地区失业人口中料理家务的比例较高，是新疆失业人口的显著特征。南疆地区以绿洲农业为主、工业企业少且规模较小的产业结构，以及南疆地区人口基数大且少数民族人口比例高，使南疆地区就业空间有限，就业压力更大。可见，近年来新疆实施的"零就业家庭24小时动态清零"、"少数民族普通高校毕业生赴对口援疆省市培养"工程以及鼓励大学生自主创业等一系列措施将大学生等作为目标群体是正确的，建议新疆今后在此基础上重点实施"南疆就业促进计划"，借助国家的支持和对口支援的机遇，通过发展商贸物流、餐饮服务、农副产品深加工等产业带动就业、加强基层职业技能培训能力建设、加快就业服务平台建设等措施，把扶贫工作、就业促进工作和人口计生家庭发展相结合，帮助毕业未工作人口和农村剩余劳动力就业。

第三节　新疆人口就业与经济协调
发展实证分析

一　新疆经济的增长并未带来就业量的显著增加

改革开放以来，尤其是 2000 年西部大开发实施以来，新疆地区生产总值快速增长。按不变价格计算，2010 年新疆地区生产总值达5437.47 亿元人民币，比 1978 年改革开放初期增长了 23.44 倍，年均递增 10.4%；比 2000 年西部大开发开始实施时增长了 1.67 倍，年均递增 10.3%。但是，新疆经济增长与劳动就业之间却呈现出显著的非一致性。1979—2010 年，从业人员的年均增长率只有 1.9%。① 由此可见，新疆经济的增长并未带来就业量的显著增加（见图 7-5）。

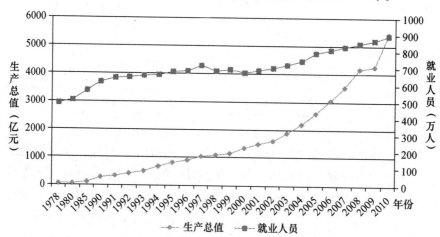

图 7-5　1978—2010 年新疆 GDP 和就业人数变化趋势

资料来源：《新疆统计年鉴 2011》，中国统计出版社 2011 年版。

就业弹性是衡量经济增长和就业增长之间关系的常用指标，它反映了经济增长对就业的吸纳能力。目前关于就业弹性的估算，主要有三种方法：点弹性法、弧弹性法、回归模型法。② 下面采用点弹性法计算1978—2010 年新疆的就业弹性，由图 7-6 可见，新疆的就业弹性除个

---

① 新疆维吾尔自治区统计局：《新疆统计年鉴 2011》，中国统计出版社 2011 年版。
② 赖德胜、包宁：《中国不同区域动态就业弹性的比较》，《中国人口科学》2011 年第 6 期。

别年份的波动外，基本上都稳定在 0.20 上下。从近期来看，2008 年以后就业弹性开始上升，到 2010 年达到 0.31。总体来看，新疆经济增长的就业弹性没有随着新疆经济的高速发展而出现大幅上升。可见，新疆经济增长对就业的拉动作用并不显著，但是从近几年来看，新疆经济增长对就业的吸纳能力开始出现上升趋势。

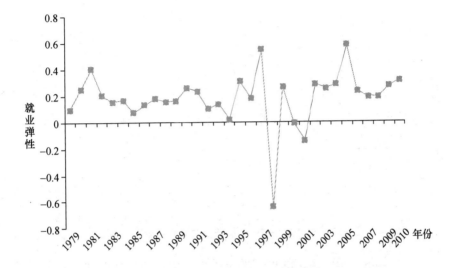

图 7 - 6　1979—2010 年新疆就业弹性变化趋势

资料来源：GDP 指数和从业人员数来自《新疆统计年鉴 2011》；GDP 指数是以 1978 年为 100 计算得出，GDP 增长率指实际 GDP 增长率。

由于非农产业未能吸纳的就业都被计入农业中，所以有学者对当前就业弹性的计算采用了城镇就业年度增长率与城镇 GDP 增长率（蔡昉、都阳、高文书，2004[①]）和非农产业就业弹性（人力资源社会保障部课题组，2011），以使就业弹性的计算更具现实意义。

基于数据的可得性，本书选用非农产业就业弹性来研究新疆经济增长和就业增长之间的关系。采用人力资源社会保障部课题组（2011）的计算公式：非农产业就业弹性 = 非农产业就业增长率/非农产业 GDP 增长率。其中，非农产业就业人数 = 第二产业就业人数 + 第三产业就业人数，非农 GDP 增长率 = 第二产业 GDP 增长率 × 第二产业 GDP 比例 +

---

① 蔡昉、都阳、高文书：《就业弹性、自然失业和宏观经济政策》，《经济研究》2004 年第 9 期。

第三产业 GDP 增长率×第三产业 GDP 比例。[①]

从图 7-7 可以看出，新疆非农产业的就业弹性也没有出现上升，一直稳定在 0.5 左右。

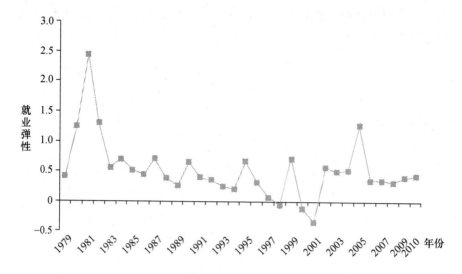

图 7-7 1979—2010 年新疆非农产业就业弹性

综上所述，新疆经济的增长并未带来就业量的显著增加，新疆经济发展属于"高经济增长、低就业增长"模式。但是，随着新疆总人口的增加，新疆劳动年龄人口规模也在持续增加，使得劳动力供需矛盾突出，劳动就业压力增大。由于产业是就业的载体，不同产业的经济增长对就业增长的促进作用是不同的，就业结构与产业结构之间存在着密切的联系，人口就业与经济发展之间的关系最直接的体现就是人口的就业结构与产业结构的关系。因此，下面重点从产业结构与就业结构之间的关系来分析新疆的人口就业与经济发展之间的关系。

二 新疆产业结构与就业结构关系

（一）新疆产业结构逐步优化，但三次产业结构不协调，产业结构的层次较低

由图 7-8 可见，新疆三次产业的增加值都呈现出增加的趋势，但是 2000 年以后第二产业增加值的增加幅度最大，第三产业其次，第一产业最

---

① 张小建、莫荣等：《经济发展与就业增长的关系研究》，http：//www.clssn.com/html/Home/report/47034-1.htm？reportpos=1.2011-11-04/2012-12-05。

小。由图 7-9 可见，新疆第一产业比例总体呈现快速下降特征；第二产业在生产总值中的比例一直较大，并在波动中继续上升；第三产业在 2002 年以后出现下降，这可能是由第二产业增加值增加过快而第三产业增加值增长缓慢所造成的。2010 年，新疆三次产业结构为 19.8∶47.7∶32.5，是"二三一"结构；全国三次产业结构为 10.2∶46.8∶43.0，也是"二三一"结构（见图 7-10）。虽然同为"二三一"型，但是新疆第一产业比例过高，高出全国 9.6 个百分点，说明农业在新疆国民经济中的地位相对突出；第二产业比例与全国相当，但第三产业比例低于全国平均水平 10.5 个百分点。总的来说，新疆三次产业结构的比例关系不协调，这反映了新疆产业结构的层次较低，与现代经济结构还有较大差距。

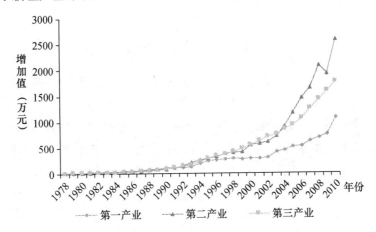

图 7-8　1978—2010 年新疆三次产业增加值

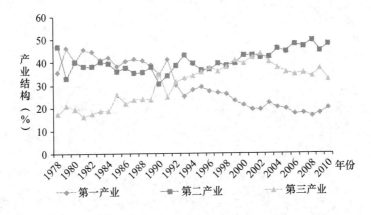

图 7-9　1978—2010 年新疆三次产业比例变化情况

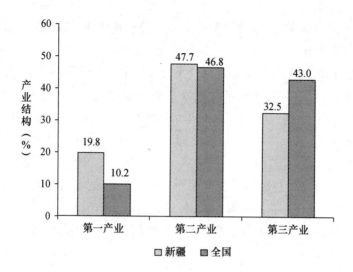

图 7 - 10 2010 年新疆产业结构与全国的对比情况

（二）新疆第三产业经济增长对就业的吸纳能力最大，第二产业次之，第一产业最小

从图 7 - 11 可见，新疆三次产业就业人数都在增加，但是第三产业就业人数增加最显著，幅度最大，第一产业和第二产业就业人数增加不显著，幅度很小。从图 7 - 12 可见，新疆三次产业的就业结构变化是：

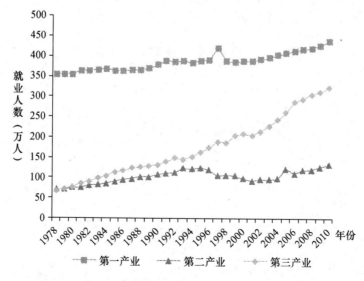

图 7 - 11 1978—2010 年新疆三次产业就业人数变动趋势

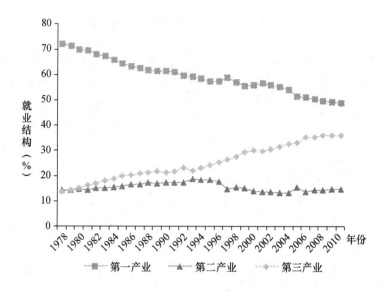

图 7 - 12　1978—2010 年新疆三次产业就业结构变动趋势

第一产业就业人员所占比例持续下降，第二产业的就业人员所占比例保持稳定，第三产业就业人员所占比例持续上升。另外，新疆 1979—2010 年第一产业、第二产业和第三产业的平均就业弹性分别为 0.11、0.14 和 0.39。由此可见，新疆第三产业经济增长对就业的吸纳能力最大，第二产业次之，第一产业最小。

（三）第一产业中种植业占绝对优势，农村劳动力转移的压力较大

从新疆农业生产的资源优势和发展条件来看，第一产业中种植业和牧业应该是新疆第一产业的主导产业，新疆 1978 年第一产业中种植业的比例为 74.5%，1990 年为 76.4%，2000 年为 74.0%，2010 年为 74.6%，而全国 2010 年这一比例为 53.3%。2010 年新疆第一产业中畜牧业的比例为 20.4%，而全国 2010 年这一比例为 30.0%。可见，新疆第一产业内部结构不合理，种植业一直占绝对优势，畜牧业发展有待加强。

从第一产业内部的就业结构来看，种植业就业比例占全部第一产业就业人数的 90.8%，大大高于其产值占第一产业产值的比例，说明从整体上看新疆种植业的劳动生产率较低，农村大量人口集中在种植业，可见新疆农村劳动力转移的压力较大。

表 7 – 12　　　　　2010 年新疆第一产业内部产值结构和就业结构　　　　单位:%

	产值结构	就业结构
农　业	74.6	90.8
林　业	1.9	0.3
牧　业	20.4	6.9
渔　业	0.7	0.1
农林牧渔服务业	2.4	1.9

　　资料来源: 产值比例来自《新疆统计年鉴2011》, 就业比例来自"六普"数据。

（四）新疆工业内部结构的不合理, 工业对就业的吸纳能力弱于全国平均水平

2010 年第二产业生产总值中工业为 2161.39 亿元, 占新疆 GDP 的 39.80％, 占第二产业增加值的 83.38％; 建筑业为 430.76 亿元, 占新疆 GDP 的 7.90％, 占第二产业增加值的 16.62％。可见, 新疆工业增加值占新疆 GDP 的近四成, 工业对整个经济增长起着主要的支持作用。但是从表 7 – 13 可见, 新疆工业对就业的吸纳能力弱于全国平均水平, 而建筑业对就业的吸纳能力高于全国平均水平, 这可能和新疆工业的内部结构有关。

表 7 – 13　　2010 年新疆与全国第二产业生产总值结构与就业结构　　单位:%

	生产总值结构		就业结构	
	新疆	全国	新疆	全国
工业	83.38	85.76	65.12	77.32
建筑业	16.62	14.24	34.88	22.68

　　资料来源: 生产总值构成资料来源于《新疆统计年鉴2011》和《中国统计年鉴2011》, 就业构成资料来源于新疆和全国"六普"数据。

从工业内部结构来看, 2010 年新疆规模以上工业企业的增加值中采矿业占比为 52.86％, 其中石油和天然气开采业增加值占新疆全部规模以上工业企业增加值的 45.03％, 制造业占 40.20％, 电力、燃气及水的生产和供应业占 6.94％。但是, "六普"数据显示, 新疆工业内部的就业结构为采矿业占 18.77％, 制造业占 69.41％, 电力、燃气及水

的生产和供应业占 11.82%。可见，新疆工业内部的就业结构与生产总值结构严重不一致，这是由新疆工业内部结构的不合理所造成的。而同期全国的就业结构为采矿业占 6.06%，制造业占 90.23%，电力、燃气及水的生产和供应业占 3.71%。通过新疆工业内部的就业结构与全国的比较，也反映出了新疆工业内部结构的不合理。

表 7 – 14　　　　　"六普"新疆与全国工业内部就业结构　　　　单位:%

	新疆	全国
采矿业	18.77	6.06
制造业	69.41	90.23
电力、燃气及水的生产和供应业	11.82	3.71

资料来源：根据全国"六普"数据计算所得。

（五）新疆第三产业中就业吸纳能力强的服务业发展不足

由上面的分析可见，虽然新疆第三产业的增加值一直处于增长，但是第三产业发展总量规模较小，比例偏低，第三产业占 GDP 的比例与发达省区相比还有很大差距。从第三产业内部来看，本书借鉴陈海霞、李磊（2011）从功能角度把第三产业的服务划分为流通服务、生产服务、社会服务和个人服务（其中流通服务、社会服务和个人服务又可归为非生产服务）。[①] 从表 7 – 15 可见，新疆第三产业中生产服务类的第三产业增加值比例低于全国 6.9 个百分点，其中基于信息技术的新兴服务业（包括信息传输、计算机服务和软件业和科学研究、技术服务和地质勘查业）、房地产业以及租赁和商务服务业比例均低于全国平均水平，而金融业比例略高于全国平均水平，这可能是国家加大对新疆的投资导致的；流通服务类第三产业增加值比例低于全国 3.4 个百分点，其中交通运输、仓储和邮政业增加值比例高于全国 1.6 个百分点，这可能是对口支援带来的物流增加和新疆本身物流距离远导致的，批发和零售业增加值比例低于全国 5 个百分点；社会服务类第三产业增加值比例高于全国 12.4 个百分点，其中 4 个小类增加值比例均高于全国平均水

---

① 陈海霞、李磊：《新疆服务业的发展态势、结构特征及效率评价》，《新疆社会科学》2011 年第 3 期。

平；个人服务类第三产业增加值比例低于全国2.1个百分点，其中3个
小类增加值比例均低于全国平均水平。

表7-15 **2010年新疆与全国第三产业内部结构**
（生产总值项目结构）比较 单位:%

项目	新疆	全国
流通服务	28.2	31.6
交通运输、仓储和邮政业	12.6	11.0
批发和零售业	15.6	20.6
生产服务	31.2	38.1
信息传输、计算机服务和软件业	4.9	5.1
金融业	12.7	12.1
房地产业	8.1	13.1
租赁和商务服务业	2.7	4.5
科学研究、技术服务和地质勘查业	2.8	3.2
社会服务	33.1	20.7
水利、环境和公共设施管理业	1.7	1.0
教育	10.4	6.9
卫生、社会保障和社会福利业	4.7	3.4
公共管理和社会组织	16.3	9.3
个人服务	7.5	9.6
居民服务和其他服务业	2.5	3.5
文化、体育和娱乐业	1.2	1.4
住宿和餐饮业	3.9	4.6

资料来源：根据《新疆统计年鉴2011》中表2-6"新疆生产总值项目结构"和《中国统计年鉴2012》中表2-11"分行业增加值"均按当年价格计算得出。

总之，通过与全国第三产业内部增加值构成的比较，我们发现新疆第三产业内部各个服务业小类中，凡是与公共服务和民生有关的服务业小类的增加值比例都高于全国平均水平，主要是社会服务类服务业（主要包括政府公共管理类和为提高居民科学文化健康素质服务类），这与近年来新疆加大民生方面投入有关；与个人消费有关的传统服务业的增加值比例都低于全国平均水平，包括个人服务类的4个小类、批发

和零售业、房地产业，这可能还是和新疆居民的收入较低有关；基于信息技术的新兴服务业（包括信息传输、计算机服务和软件业，科学研究，技术服务和地质勘查业）比例均低于全国平均水平。

从表7-16可见，新疆的第三产业中传统服务业（批发和零售业、住宿和餐饮业、居民服务和其他服务业）的就业吸纳能力较强，其就业比例大约是其增加值比例的2倍，但是其发展却落后于全国平均水平，这可能是新疆居民收入水平较低所导致的。新疆第三产业中对就业吸纳能力最弱的是金融业和房地产业，其增加值比例大约是其就业比例的4倍，这可能是由这些产业本身的就业弹性不同所导致的。

表7-16　　　2010年新疆第三产业内部增加值结构与就业结构　　　单位：%

	增加值结构	就业结构
交通运输、仓储和邮政业	12.59	13.33
信息传输、计算机服务和软件业	4.85	2.01
批发和零售业	15.64	28.18
住宿和餐饮业	3.85	6.99
金融业	12.75	2.87
房地产业	8.12	2.24
租赁和商务服务业	2.68	2.75
科学研究、技术服务和地质勘查业	2.77	1.81
水利、环境和公共设施管理业	1.69	1.87
居民服务和其他服务业	2.47	5.28
教育	10.39	11.10
卫生、社会保障和社会福利业	4.71	5.56
文化、体育和娱乐业	1.18	1.83
公共管理和社会组织	16.30	14.18

资料来源：增加值比例来自《新疆统计年鉴2011》，就业比例来自"六普"数据。

通过对新疆产业结构与就业结构的实证分析，我们发现，新疆经济的增长并未带来就业量的显著增加的主要原因可能是由于新疆产业结构中就业吸纳能力强的产业发展不足造成的。比如，第三产业中的传统服务业、第二产业中劳动密集型制造业等发展不足。

第四节 新疆经济增长并未带来就业量
显著增加的原因分析

新疆经济增长并未带来就业量显著增加的原因，除上文分析的新疆产业结构中就业吸纳能力强的产业发展不足之外，还有如下原因：

一 技术进步对就业产生"挤出效应"

如前所述，以工业化和重工业化为特征的产业结构升级，会因为提高资本劳动比而对劳动力就业产生"挤出效应"。如图 2 – 12 所示，从 1995 年开始新疆第二产业的从业人员出现了下降，直到 2005 年才开始逐步回升。其中，制造业国有单位从业人数从 2001 年的 11.10 万人直线下降到 2010 年的 3.87 万人，采矿业国有单位从业人数从 2004 年的 9.29 万人直线下降到 2010 年的 3.06 万人。[①] 显然，第二产业特别是制造业及采掘业从业人员的下降，不仅与国有企业的改革力度加大有关，也与近年来技术进步加速和信息技术广泛应用后劳动生产率提高、用工下降有关。经济增长方式由粗放式向集约化转变，就业弹性不可避免地出现下滑趋势。

二 需求结构失衡，投资率逐步提高，消费率呈一定的下降趋势

在市场经济条件下，产业结构基本上取决于需求结构。投资、消费、进出口作为拉动社会总需求增加的三种方式，从其绝对数量上来看，发展幅度较大，但其不合理的内部构成对于经济发展的影响也很明显。1978—2010 年，支出法计算的新疆最终消费占 GDP 的比例总体上呈现出下降趋势，从 1980 年的最高比例 75% 下降到 2010 年的 53%。新疆资本形成总额占新疆 GDP 的比例从 1980 年的最低点 43%，一度达到 1994 年的 74%，再到 2010 年为 62%，总体上呈现出上升趋势。[②] 可见，新疆的固定资产投资率逐步上升，而最终消费率呈一定的下降态势，导致新疆目前的最终需求结构严重失衡。消费率提高和投资率降低

---

① 资料来源于新疆维吾尔自治区统计局《新疆统计年鉴》（1995—2011），中国统计出版社 1995—2011 年版。

② 新疆维吾尔自治区统计局：《新疆统计年鉴 2011》，中国统计出版社 2011 年版。

是经济发展的必然趋势。但是，由于国家西部大开发和对口支援政策的影响，今后相当长时间内，新疆的投资率很难降低，消费率也很难提高。因此，高投资率、低消费率的发展过程，使新疆经济发展必然经历经济增长与就业增长失衡的发展过程。

三　所有制结构不合理，非国有经济发展不足

非国有经济是吸纳劳动力就业的主力军，而新疆工业经济中国有及国有控股经济比例仍然高达 72.9%，尽管非国有经济保持了较高速度的发展，但由于所占份额小，对经济和就业的拉动作用不明显。2010年新疆规模以上的工业企业中，私营企业的工业产值是 7769052.3 万元，占新疆工业产值的 14.54%。① 这说明，新疆第二产业中私营企业所占比例过低、发展落后，还没有充分发挥对新疆经济和就业的贡献。2008 年全疆民营企业 7.5 万家，每千人拥有民营企业 3.5 家，比全国平均水平（4.9 家）少 1.4 家。民营经济从业人员仅占就业人数的9.6%，低于全国平均水平（10.2%）。民营经济创造的增加值占地区生产总值比例不到 1/4，远远低于全国 40% 的平均水平。② 从表 7 - 17可见，新疆城镇就业人员中在国有单位就业的人数比例为 47.55%，远高于全国平均水平（18.79%）。这也反映出，新疆非国有经济对人口就业的吸纳不足，新疆非公有制经济和中小企业发展明显滞后，远远没有发挥出吸纳社会就业的主渠道作用。

四　劳动力的文化技术素质不能满足产业发展需要，劳动力供求结构性矛盾突出

当前随着对口支援的深入开展，很多项目工程落户新疆，需要大批的产业工人，但是新疆劳动力整体综合素质偏低，造成企业熟练技工紧缺。2013 年 3 月乌鲁木齐高新区（新市区）人力资源部门对辖区近百家用工大户摸底调查显示，企业普遍存在工人短缺现象，技工缺口占60%。③ 还有吐鲁番地区人力资源和社会保障局的数据显示，该地区城乡就业人员中，初中及以下文化程度的约占 28%，高中文化程度的约占 32%，职高、技校、中专以上文化程度的约占 13%，有一技之长的

---

① 新疆维吾尔自治区统计局：《新疆统计年鉴 2011》，中国统计出版社 2011 年版。
② 资料来源于 http：//news. hexun. com/2010 - 05 - 27/123822268. html。
③ 吕林波：《乌鲁木齐高新区（新市区）技工缺 6 成》，http：//news. ts. cn/content/2013 - 03/11/content_ 7892497. htm。

实用技能人才只占14%。① 可见，新疆劳动力的文化技术素质不能满足产业发展需要。

表7-17　　　　　　　　2010年新疆与全国就业基本情况比较　　　　单位:%

		全国	新疆
城镇就业人员	国有单位	18.79	47.55
	城镇集体单位	1.72	0.81
	股份合作单位	0.45	0.14
	联营单位	0.10	0.06
	有限责任公司	7.53	10.66
	股份有限公司	2.95	5.65
	私营企业	17.50	16.88
	港澳台商投资单位	2.22	0.36
	外商投资单位	3.04	0.34
	个体	12.88	17.30
乡村就业人员	乡镇企业	38.37	23.01
	私营企业	8.08	3.69
	个体	6.13	4.64

资料来源：新疆与全国数据分别由《新疆统计年鉴2011》和《中国统计年鉴2011》计算得出。

　　另外，新疆的劳动力市场存在结构性失业问题。据亚心网报道，2011年2月新疆乌鲁木齐人才市场举办的5场招聘会共有1060家用人单位提供岗位26750个，有22160人入场应聘，现场达成初步意向的约25%，现场达成初步协议的只有19%左右。在这5场招聘会上服务类、普通工人需求很大，但这些岗位较大的劳动量及较长的工作时间让毕业生们望而却步，毕业生们宁愿做文秘、行政、财会等稳定的办公室性质工作，而这一类岗位偏少，难以满足庞大毕业生群体的就业需求，因而出现了用人单位提供的岗位多却招聘不到合适的岗位人员的结构性失业。这一现象的出现和个人工作定位、认识有关，大学毕业生从事服务

---

① 周康军：《新疆吐鲁番地区就业工作现状及思考》，http://www.chinajob.gov.cn/Weekly/content/2013-04/09/content_799023.htm，2013-04-09/2013-08-05。

类工作的人员不到10%，存在"选择性失业"。①

最后，新疆作为少数民族聚集区，广大少数民族人口除在素质、语言、生活上存在就业障碍外，在就业观念上也存在问题。新疆有的人宁愿在家吃低保、吃救济，也不愿出去找工作，由此造成许多就业岗位新疆人不干，内地人争着干。比如，纺织业、餐饮业、零售超市要求招用18—30岁的年轻女员工，而农村妇女不愿出门，女大中专毕业生嫌弃岗位不体面，导致"有事没人干，有人没事干"。这也是造成前述的新疆尤其是农村非经济活动人口和失业人口中料理家务的比例较高的原因。

第五节　促进新疆人口就业与经济协调发展的对策

新疆的就业工作具有特殊重要性，不仅事关新疆经济的跨越式发展，更事关新疆的长治久安。根据上面的分析，从总量上看，未来新疆劳动力供需矛盾将更加突出，劳动就业压力非常大；分群体和地区来看，大中专毕业生以及南疆的阿克苏地区、克州、喀什地区和和田地区的农村剩余劳动力应该是今后就业工作的重点；从人口就业结构与经济协调发展来看，新疆产业结构中就业吸纳能力强的产业发展不足。另外，还存在技术进步对就业产生"挤出效应"、需求结构失衡、消费率不高、所有制结构不合理、非国有经济发展不足、劳动力的文化技术素质不能满足产业发展需要、劳动力供求结构性矛盾突出等问题。因此，新疆就业工作今后应坚持促进经济发展与扩大就业相结合、发挥市场机制作用与强化政府责任相结合，继续发展资本密集型、技术密集型企业与大力发展劳动密集型企业，以大中专毕业生和南疆部分地区农村劳动力转移等为重点，统筹城乡就业，多渠道灵活就业。

一　健全各级政府就业工作目标责任制，加快就业服务平台建设，营造促进就业和再就业的良好环境

各级党委、政府要站在新疆跨越式发展和长治久安的高度来看待就

---

① 贺岩：《新疆春节过后连办5场招聘会　"用工荒"凸显就业市场结构性矛盾》，http://news. iyaxin. com/content/2011 - 02/22/content_ 2534259. htm，2011 - 02 - 22/2012 - 05 - 06。

业和再就业问题，牢固树立"就业是民生之本"的理念，结合本地实际和自治区有关政策，出台促进就业和再就业工作的具体政策措施，健全就业工作联席会议制度，完善部门协调联动机制。将减少有劳动能力但长期失业人员以及提高城市居民最低生活保障人员的就业率作为就业工作主要目标任务。首先，要将统筹城乡就业、建立社会保障与促进就业联动机制纳入政府就业工作目标责任。① 逐级分解，建立目标责任体系，并作为政府政绩考核的重要指标。其次，要加快就业服务平台建设，实现未就业人员联网化服务全覆盖，为未就业人员提供培训、就业信息等服务，实现就业信息网络化。最后，要以转变群众就业观念为主要内容，提升就业和再就业工作的宣传效果。采取各种媒体以及村干部入户等模式大力宣传各项就业和再就业优惠政策，采取典型成功案例宣传方法，促进群众就业观念转变。

二 大力发展劳动密集型企业，实现人口就业与经济协调发展

从新疆的实际情况来看，新疆在我国属于经济相对欠发达地区，并且劳动力资源丰富但劳动力整体素质不高，无技能和低技能的劳动力严重过剩，这就决定了新疆要想解决就业问题，必须大力发展劳动密集型产业。随着新疆产业结构升级和转变经济发展方式，第二产业尤其是制造业吸纳劳动力的空间将十分有限，而根据上面的分析，第三产业是就业弹性最大的产业。因此，新疆应大力发展第二产业和第三产业中的劳动密集型产业。

首先，新疆可以利用区位优势和国家政策，发展面向周边国家的劳动密集型制造业。近年来，新疆的果蔬制品、水泥、建筑陶瓷、电视机等产品在中亚国家已经占据了一定的市场份额。② 第二产业中的传统产业如纺织、轻工、建材等行业属劳动密集型产业，而这些产业的产品也是新疆周边国家市场所需求的产品。因此，新疆应充分利用承接内地产业转移的机会，大力发展面向周边国家市场的服装、鞋帽、皮具、箱包、手工地毯、塑胶制品、玩具、民族手工艺品、特色旅游纪念品、消费类电子产品组装等劳动密集型产业，加快建成面向中亚、南亚、西亚

---

① 周康军：《新疆吐鲁番地区就业工作现状及思考》，http：//www.chinajob.gov.cn/Weekly/content/2013 - 04/09/content_ 799023. htm，2013 - 04 - 09/2013 - 08 - 05。

② 工业和信息化部调研组：《新疆：大力发展中小企业　积极推进社会就业》，http：//news. hexun. com/2010 - 05 - 27/123822268. html。

乃至欧洲国家的出口商品基地，缓解农村劳动力过剩的问题，拓展制造业的发展空间，培育传统行业新的增长点。①

其次，由以上分析可知，新疆的第三产业中传统服务业（交通运输、仓储和邮政业、批发和零售业、住宿和餐饮业、居民服务和其他服务业）的就业吸纳能力较强，但是其发展却落后于全国平均水平。因此，新疆应大力发展物流、社区服务、旅游业、文化、体育和娱乐业等对劳动力素质要求相对不高的劳动密集型传统服务业。

最后，新疆与中亚、西亚地区民俗相近、语言相通，为新疆大力发展多语种软件和信息服务业、服务外包提供了有利条件。软件和信息服务业属于人才密集型产业，可以缓解大中专毕业生特别是少数民族学生的就业压力，应该成为新疆现代服务业的主力军和新疆跨越式发展的朝阳产业。因此，今后新疆应以软件园为平台，在新疆建设我国多语种嵌入式软件技术研究中心、多语种自主知识产权软件技术研发中心和多语种离岸服务外包支撑服务中心，成为国家多语种软件产业基地、国家多语种离岸服务外包产业基地以及我国软件与服务业向西开放的桥头堡，以吸纳更多的大中专毕业生特别是少数民族学生。

三　继续支持中小企业发展，使其成为吸纳就业的主力军

近年来，新疆出台了一系列支持中小企业发展的政策，2010 年 8 月，新疆人民政府印发了《关于促进中小企业发展的实施意见》，2011 年 7 月，新疆人民政府又出台了《新疆维吾尔自治区关于促进中小企业发展的实施意见细则》，这些政策从优化发展环境、强化财税支持、缓解融资困难、强化服务管理等方面提出了促进中小企业发展的具体政策，这些政策的实施促进了新疆中小企业的快速发展。截至 2012 年年底，全区共有中小微企业 63907 户，占全区企业总数的 99.6%；创造的增加值为 2306 亿元，占全区 GDP 的 31.3%；吸纳就业人员 170.07 万人，占全区企业从业人员的 72.3%，正在成为缓解就业压力的主要渠道。② 但与发达地区相比还有差距，新疆中小企业从事第二产业的企业数量是浙江省的 1/20 多，从事第三产业的企业数量是浙江省的近 1/7。

---

① 工业和信息化部调研组：《新疆：大力发展中小企业　积极推进社会就业》，http://news.hexun.com/2010－05－27/123822268.html。

② 王永区：《新疆中小微企业前五月实现增加值 338.69 亿元》，http://news.ts.cn/content/2013－07/15/content_8423445.htm。

在吸纳就业方面，新疆中小微企业从业人员是浙江省的 1/10 多。[①] 可知，这对就业渠道相对狭窄的新疆来说还远远不够。目前，新疆中小企业的发展还存在以下问题：南北疆中小企业发展不均衡；经营范围以传统行业为主；管理水平较低、创新能力不强；产业分布以第三产业为主，发展层次低、企业规模小，进入第二产业较难，且粗放型经营的特征比较明显，缺乏引导行业发展的骨干力量，整体实力不强；忽视产业链构建；在融资、吸引人才等方面存在困难；市场竞争能力弱等。因此，今后新疆应加大支持中小企业参与优势资源的开发与利用、在煤电煤化工和石油的下游产业链延伸上多下功夫；在为大企业大集团开展协作服务上实现突破，促进中小企业集群发展；提升技术创新和品牌建设能力。[②]

四 创新劳动力培训的内容和形式，提高劳动者技能，满足产业发展需要

目前，新疆职业教育虽然有很大发展，但职业教育尚存在规模小、资源分散、投入不足、基础能力薄弱等问题，职业教育发展与自治区经济社会发展对人才培养的需求还有很大差距。因此，新疆应借助对口支援省份的力量，除了继续实施好"少数民族普通高校毕业生赴对口援疆省市培养"工程，应扩大新疆职业学校与内地职业学校的交流与合作，可以采取在新疆进行语言和基础理论课程的培训，在支援地进行技能培训和实习，结业后根据培训协议和订单实现就业。

在农村劳动力就业技能培训方面，要以培训和就业效果为导向，创新技能培训管理模式。可以采取开放式引进竞争的培训模式，一切有资质的培训机构都可开办培训班，改变由政府指定培训单位的模式，最终以培训和就业效果为考核主要指标来拨付培训经费的政府购买服务模式，让劳动者自己选择具体的培训机构。针对语言交流已成为少数民族劳动者就业的巨大障碍问题，要引导各类培训机构加大"双语"培训力度，尤其是普通话的口语表达及部分专业术语的文字识别，确保他们培训后在就业岗位上语言交流通畅、认识工种术语。另外，要针对不同

---

① 王成西：《新疆中小微企业六千余家仅为浙江省的十分之一》，http://news.ts.cn/content/2013－06/03/content_ 8239905. htm。

② 巴特尔：《积极扶持和推进新疆中小企业发展》，《新疆社科论坛》2012 年第 6 期。

年龄段的农村富余劳动力开展培训。

五　多渠道解决农村富余劳动力转移就业

"六普"数据显示，新疆乡村人口为 1248.01 万人，占总人口的 57.21%，乡村人口中少数民族人口为 985.62 万人，占全部乡村人口的 78.98%。可见，新疆乡村少数民族人口占近八成。由于新疆城乡之间、民族之间的计划生育政策的差异，今后新疆农村人口还将进一步增加。新疆农村人口的递增，农村人均土地资源的日益稀缺，使农村剩余劳动力规模十分庞大。与此同时，新疆农村剩余劳动力非农转移渠道受限于农村非农产业发展滞后、农民创业能力非常有限、进城务工只能从事低端行业、劳务输出面临传统观念制约等。南疆作为新疆少数民族主要聚居地，农村剩余劳动力问题更加突出，由于自然条件恶劣、生态环境脆弱、农业水平落后、工业基础薄弱，农村大量剩余劳动力滞留、依附于农业领域。这加重了生态环境负荷，农业生产只能呈现低效率，加剧了城乡发展差距和居民收入差距，也进一步固化了二元经济结构。因此，农村剩余劳动力的转移问题是困扰新疆社会经济发展的一个重大难题。[①] 造成这一难题的主要原因，除上述的农村非农产业发展滞后、农村剩余劳动力非农转移渠道受限等外部原因外，还有两个内部原因。一是少数民族语言障碍，就业观念落后制约劳动力流转。新疆少数民族人口由于在宗教信仰、风俗习惯、语言文化等方面有比较大的差异，受生活和宗教信仰束缚，不愿外出务工。受传统习俗的影响，不少人认为"外出务工挣钱丢面子"、"妇女不宜出远门"，延续了少数民族妇女基本不出门的旧习，宁愿在家受贫，也不愿外出劳动致富。二是劳动力文化素质偏低、技能缺乏阻挠劳动力流转。农村劳动力文化、技能素质低制约了劳务输出规模。根据调查，新疆转移出的劳动力文化素质普遍不高，初中及以上文化程度的占 56.9%，其中初中文化程度的比例最大，为 43.2%。农村低素质劳动力很难适应现代农业和城市工商业发展的需要，使农村劳动力的转移领域受限。[②] 因此，要解决新疆农村劳动力转移这一难题，必须从以下几方面努力：

---

① 李俊英：《破解边疆少数民族地区就业难题的思考与路径——以新疆为例》，《经济研究参考》2013 年第 5 期。

② 李光明：《新疆少数民族地区农村富余劳动力就业取向调查分析》，《人力资源管理》2011 年第 2 期。

首先，多渠道加强宣传教育，转变农村劳动力的就业观念。可以让乡村干部走村入户与群众算经济账、收入账，让群众认识到外出打工是快速增收致富的重要途径；另外以村为单位，通过召开座谈会、播放宣传片、播出用工信息、播放外出务工场景专题片等形式，对村干部、农村党员、"三老"人员、宗教人士、农牧民群众进行广泛宣传动员，引导群众克服畏难情绪，解决"不敢出去"的问题。①

其次，大力发展县域劳动密集型产业，推动农村富余劳动力就近就地转移。可以借助对口支援省份的帮助，大力发展现代农业、农副产品深加工、旅游业、特色手工艺等当地特色劳动密集型项目，实现部分农村劳动力就近就地转移。针对新疆非经济活动人口和失业人口中料理家务的比例较高的问题，可以通过"公司＋农户"或"合作社＋农户"的模式发展具有新疆特色的地毯编织、刺绣产业，这对解决新疆农牧区妇女就地就近转移就业、改善农牧区妇女生活、提高妇女地位有着积极作用。还可以通过组织农村剩余劳动力参与当地公路、农田水利等基础设施建设，实现短期转移就业。

最后，加大中介组织的培养，推进跨地区的劳务协作和对外劳务输出。政府主导、有组织的劳务输出可以较好地顾及少数民族的风俗习惯，消除其外出务工的各种顾虑，并可及时化解可能出现的一些矛盾与冲突。② 因此，要发挥政府部门的作用，通过订单式劳务经济合作模式，大力发展新疆内外劳务协作关系，沟通信息，协调政策，并与用工单位对口挂钩，建立和发展包括劳动力资源开发、培训、职业咨询、职业指导、技能鉴定、信息反馈、组织输出、跟踪管理服务等多功能的劳务输出基地，不断巩固和扩大劳务输出成果。③ 还要鼓励农村能人、外出务工和经商人员等民间资本从事劳务输出中介工作，从而实现农村富余劳动力多渠道转移就业。

---

① 王莹、孟梅、王光伟：《基于产业发展背景下的农村就业现状调查——以新疆伊宁县为例》，《经济研究导刊》2013 年第 16 期。
② 李俊英：《破解边疆少数民族地区就业难题的思考与路径——以新疆为例》，《经济研究参考》2013 年第 5 期。
③ 周康军：《新疆吐鲁番地区就业工作现状及思考》，http：//www. chinajob. gov. cn/Weekly/content/2013 － 04/09/content_ 799023. htm. 2013 － 04 － 09/2013 － 08 － 05。

下 篇

第八章 新疆南疆三地州贫困的
人口学因素分析

贫困发生的原因很多，不同类型或不同区域贫困发生的主导因素不尽相同，但是贫困的发生绝对不是由单一因素造成的。本章以新疆南疆三地州为例，首先利用最新"六普"数据，重点分析了南疆三地州贫困发生的人口学因素，认为人口增长过快、人口素质较低、人口负担较重以及人口缺乏流动性是导致新疆南疆三地州贫困高发的关键因素；其次分析了人口增长过快和生育率过高的原因；最后提出降低生育率的对策。

第一节 贫困理论与贫困的人口学因素

一 西方经济学的贫困理论[①]

贫困是一种国际现象，消除贫困也是世界各国努力的目标。长期以来，经济学家们围绕贫困的原因以及如何摆脱贫困这两个基本问题，从不同角度进行了深入的分析，并在此基础上提出了各种各样的政策主张。

（一）马尔萨斯对贫困问题的探讨

从理论渊源上讲，英国经济学家马尔萨斯在其代表作《人口原理》中最早对贫困问题进行了理论探索。他认为，资本主义社会中的贫困并不是由资本主义私有制造成的，贫困自身是贫困的原因：一是"两性间的情欲"会导致人口在食物供应允许的范围内最大限度地扩张；二

---

① 陈端什、詹向阳：《贫困理论研究的历史轨迹与原理》，《财经政法资讯》2005 年第 6
期。

是人口的加速增长使劳动力的供给增加，从而对既定的土地资源形成压力，一旦这一过程趋于恶化，其结果只能是饥荒和死亡的增长；三是从长期看，食物供给的增长滞后于人口的增长，即食物供应是按算术级数增长，而人口则是按几何级数增长的。因此，马尔萨斯认为，贫困是不可避免的，它与资本主义私有制度不相干。不仅如此，他还试图证明，私有制还是使人口和生活资料保持平衡的最有效的制度。

（二）发展经济学的贫困理论

研究发展问题的经济学家，在探讨贫困的原因和摆脱贫困的方式等方面创立了一系列著名的理论和模型，其中具有代表性的有罗森斯坦·罗丹的"大推进理论"、佩鲁的"增长极理论"、纳克斯的"贫困恶性循环理论"、纳尔逊的"低水平均衡陷阱"理论、莱宾斯坦的"临界最小努力"理论、缪尔达尔的"循环积累因果关系"理论、赫希曼的"不平衡发展理论"、哈罗德和多马的"哈罗德—多马模型"、刘易斯的"二元经济模型"、舒尔茨的"人力资本"理论、W. W. 罗斯托的"经济起飞论"、劳尔·普雷维什及萨米尔·阿明的"中心—外围理论"，等等。其中，由于缪尔达尔、刘易斯和舒尔茨对贫困与发展问题的开创性研究及其在发展经济学方面的特殊贡献，分别获得了 1974 年和 1979年诺贝尔经济学奖。尽管这些理论模型与政策主张有着不同程度的片面性，但在当时的历史条件下，对发展中国家消除贫困和经济发展起到了非常重要的促进作用。

近年来，发展经济学反贫困理论的研究主要集中于减缓贫困的政策框架、公共支出、银行信贷工具，以及针对项目的运行机制研究。

总之，长期以来，发展经济学家们围绕发展中国家贫困的原因以及如何摆脱贫困这两个基本问题，从不同角度进行了深入的分析，并提出了各种各样的政策主张。然而，纵观发展经济学的演进历程，大多数发展经济学家在探索这两个基本问题时忽视了一个更为根本的问题，即发展中国家贫困的实质问题。事实上，正是对贫困实质问题直接或间接的回答，折射出不同的发展观，从而在很大程度上决定了对两个基本问题的分析思路的不同，进而影响了发展经济学的发展进程。

（三）主流经济学的贫困理论

主流经济学则从公平与效率抉择角度对贫困问题进行了理论解释。主流经济学关于贫困问题的理论解析源自美国经济学家阿瑟·奥肯的

《平等与效率——重大的抉择》一书。在这部著作中，他通过"漏桶实验"提出：假如富人失掉的每1美元中只有一部分——也许有2/3落到穷人手中，那么在公平名义下的再分配就伤害了效率这一经济目标。他从"既要注意解决一部分人的贫困问题，又要发挥好市场机制对效率的促进作用"的目的出发，提出了解决贫困问题著名的原则方案："在平等中注入某些合理性，在效率中注入某些人性。"为对这一问题作进一步的阐述，保罗·A. 萨缪尔森在其《经济学》中利用"收入可能性曲线"进行了更加直观的动态分析。

主流经济学认为，在当今世界经济发展过程中，全球化会使平均收入大幅度提高。公司会在更大的市场范围内获得较大的经济增长，而穷国的发展快于富国。寻找廉价劳动力的富国资本应该流向穷国，而劳动力应该从低薪地区移往高薪地区。结果是在劳动力和资本最终是收入方面，贫富国家将融合在一起。

（四）福利经济学的贫困理论

霍布森、阿瑟·C. 庇古、帕雷托及阿马蒂亚·森等经济学家则运用福利经济学的基本原理和分析工具对贫困问题进行了理论释义。福利经济学对贫困问题的探讨可以划分为三个阶段：

一是以增加社会福利总量为宗旨的传统福利经济学。英国经济家霍布森认为经济学的中心任务在于增进人类的福利，发现现行社会制度下财富分配所依据的原则，提出改进财富分配以消除现行制度下分配不均的办法。马歇尔的《经济学原理》则提出，经济学的性质和任务应包括对一个社会的整个成员的经济福利的考察。阿瑟·C. 庇古在其《财富和福利》一书中，一方面对福利进行了界定，把福利界定为个人获得的效用或满足，一个人的福利就是个人福利的总和，社会的福利就是全体社会成员的福利总和；另一方面对增加社会福利总量的途径进行了选择。他认为，国家应加强对收入分配的干预，即在不影响国民收入增加的条件下，通过国家的收入分配政策，增加穷人收入的绝对份额，减少收入分配的不平等，以增加社会经济福利。

二是以"帕累托最优状态"为前提的新福利经济学。在20世纪30年代以后，新福利经济学对福利增加的条件重新进行了分析和限定。认为，如果在社会上增加某些人福利的同时减少了其他人的福利，就不能认为社会的福利增加了。社会福利的增加只有两种情况：一是社会上所有人的福利都增加了；二是有些人的福利增加了，而其他人的福利并没有减少。并认为，完全竞争的市场能够保证生产和交换的最优条件，而生产和交换的最优条件能够使全体社会成员获得最大福利，或者使一部分社会成员的福利增加而不使其他社会成员的福利减少。这就是在著名的"帕累托条件"下对福利增加途径的选择。

三是阿马蒂亚·森以收入均等程度为指标的福利经济学。在 20 世纪 70 年代以后，阿马蒂亚·森认为，帕累托最优化原则没有考虑到收入分配问题。按照帕累托最优化原则，任何一种收入分配状况都是最优的，但是任何一种收入再分配过程都是对帕累托最优化的破坏。因为收入再分配总是会使一部分人的收入下降，其结果是对"帕累托条件"的一种悖论。因此，收入分配结果应该成为经济和社会状况的一种评价标准。即收入分配理论应该有一个价值标准，用来评价一种收入分配结果是否比另一种收入分配结果更好。一个常用的方法是衡量社会福利函数的变化。并认为，社会福利水平应该取决于两个主要决定因素：一是平均收入水平；二是收入分配的均等程度。衡量一个社会福利水平的指数则应该考虑如何把收入水平和收入分配结合起来。

阿马蒂亚·森以独特的视角研究贫困问题而荣获 1999 年诺贝尔经济学奖。该理论深刻分析了隐藏在贫困背后的生产方式的作用，以及贫困的实质。他认为："要理解普遍存在的贫困，频繁出现的饥饿或饥荒，我们不仅要关注所有权模式和交换权利，还要关注隐藏在它们背后的因素。这就要求我们认真思考生产方式，经济等级结构及其它们之间的相互关系。"[1] 他认为贫困的实质是能力的缺乏突破了传统流行的将贫困等同于低收入的狭隘界限，提出用能力和收入来衡量贫困的新思维，拓宽了对贫困理解的视野。阿马蒂亚·森认为：（1）贫穷是对基本能力的剥夺和机会的丧失，而不仅仅是低收入；（2）收入是获得能力的重要手段，能力的提高会使个人获得更多的收入；（3）良好的教育和健康的身体不仅能直接提高生活质量，而且还能提高个人获得更多收入及摆脱贫困的能力；（4）提出用人们能够获得的生活和个人能够得到的自由来理解贫困和剥夺。总之阿马蒂亚·森的贫困理论的落脚点在于：通过重建个人能力来避免和消除贫困。

---

① 阿马蒂亚·森：《贫困与饥荒》，商务印书馆 2001 年版，第 12 页。

二　贫困的人口理论

从人口学角度解释贫困的产生及其持续的原因的最典型代表是马尔萨斯。他提出了"人口法则"；即"人口增殖力比土地生产人类生活资料力，是无限、较为巨大的"，并认为"贫穷，是这个法则绝对必然的结果"。[①] 马尔萨斯对贫困的解释既包含了人口数量挤压贫困，也包括了人口素质挤压贫困的双重意思。

国内有关贫困的人口学因素研究主要有：穆光宗（1990）以六盘山区为例，分析了贫困的人口学因素。他认为，在既定的体制约束和资源约束条件下，人口增长压力和人口低素质屏障使贫困地区越来越依靠有限贫瘠土地，导致了农耕系统承受力的弱化和生态环境的恶化，从数量和质量两个侧面构成了长期贫困和深度贫困的约束条件。[②] 沈红、周黎安等（1992）认为，经济学者更倾向于从经济要素配置角度研究贫困的性质，贫困是贫困者对生产要素——土地、资金和劳动力不能进行有效配置的结果。在贫困地区，资金和土地都是短边要素，贫困农户所能够控制的长边生产要素主要是劳动力，因此，用人力投入替代资金技术的投入，不断增加劳动投入来扩大或维持土地产出和物质再生产，以保证最基本生活消费需求，成为贫困农户经济行为的基本模式。由于贫困地区技术条件的限制，小农增加劳动投入的方法通常为延长劳动时间或者增加劳动人口。人口增加不仅直接降低生活水平，而且使得短边生产要素更短，达不到正常积累点，贫困无法缓解，贫困小农陷入生产要素流程的恶性循环或低水平资源配置均衡。[③] 于敏（2011）利用甘肃、内蒙古贫困县 1999—2004 年面板数据，研究贫困地区农民动态贫困状况及影响因素。研究发现：贫困县农民长期贫困程度小于短期贫困，同时，农民收入不稳定，面临的风险较大；不同地区导致动态贫困的因素及各因素对动态贫困的影响程度不同。其中，土地面积和家庭的基期收入、户主民族对两省区动态贫困的影响都是显著的，土地面积大、基期收入高的家庭更容易远离贫困；丘陵及山区地形、户主为汉族、没有扶贫项目等因素都更容易使内蒙古贫困县农户陷入长期贫困；劳动力人数

---

① 马尔萨斯：《人口论》，北京大学出版社 2008 年版。

② 穆光宗：《"贫困"的人口学思考——来自六盘山区的报告》，《开发研究》1990 年第 4 期。

③ 沈红、周黎安等：《边缘地带的小农：中国贫困的微观解理》，人民出版社 1992 年版。

多、家庭负担重等因素更容易使甘肃省贫困县农户陷入长期贫困。[①]

由此可见，人口的数量增长过快、人口文化素质低以及人口结构不合理构成了贫困的人口学因素，与其他非人口学因素共同导致了贫困。例如，贫困地区往往生态环境脆弱、产业结构以第一产业为主导，再加上人口增长过快并且人口素质低，劳动力输出困难，日益增多的农业劳动力只能挤压在有限的耕地上，结果人均耕地明显减少，劳动力过剩导致边际收益递减，从而导致贫困，人均收入减少，农户从而又追求用增加劳动力数量的方式来增加收入，从而又导致人口数量的增长，最终形成了恶性循环。

第二节　新疆南疆三地州贫困的人口因素

新疆南疆三地州是指南疆的喀什地区、和田地区和克州，一直以来都是我国扶贫攻坚的主战场，贫困发生率高达55%以上。[②] 南疆三地州又是少数民族聚集地区，最新"六普"数据显示，南疆三地州的少数民族人口占少数民族总人口的46.92%。长期以来，喀什地区、和田地区维吾尔族人口占总人口的90%以上。因此，南疆三地州既是贫困高发地区，又是少数民族聚集地区。解决南疆三地州的贫困问题，对于新疆发展经济、巩固边疆稳定以及实现小康社会总体目标有着至关重要的作用。

南疆三地州是新疆自然环境最为艰苦、经济发展最为缓慢的地区之一，是典型的少、边、穷地区。该地区贫困的原因很多，但最主要的外因是极其脆弱的生态环境、农地资源短缺和区位条件的劣势。首先，南疆三地州生态环境极其脆弱。南疆三地州特殊的地形结构和地理位置，形成了严酷的荒漠环境，气候干旱，年均降水量仅40—50毫米，年均蒸发量却在2000毫米以上，年均沙尘天气约92天，其中和田地区每年浮尘天气达到220天以上。地震、大风、干旱、冰雹、暴雨、洪水和山

---

① 于敏：《贫困县农户动态贫困实证研究——以内蒙古自治区、甘肃省贫困县为例》，《华南农业大学学报》（社会科学版）2011年第2期。

② 新疆扶贫信息网，http://www.xjfp.gov.cn/zwdt/fpyw/1cf4a95d_3632_42ab_82c3_7a2dead16b51.html。

体滑坡等自然灾害频繁,灾害面广、突发性灾害多、灾害损失大。据相关预测,南疆三地州未来几年的温度、降水将以偏低(少)的态势出现,水资源也将进入偏少时期,这将进一步加剧其水资源的短缺。风沙、干旱、荒漠化、盐渍化等问题长期制约和困扰着当地经济发展和社会稳定。

其次,南疆三地州农用地资源短缺。南疆三地州总面积为45.92万平方千米,占新疆总面积的27.6%。三地州环绕在塔克拉玛干沙漠的南缘,大部分地区是沙漠、戈壁和山地,其中和田地区沙漠戈壁和山地面积是2399万公顷,占其总面积的96.3%,克州山地面积亦超过了总面积的90%。因此,南疆三地州的耕地极为有限。2008年第二次土地调查数据显示,南疆三地州农用地面积占新疆全部农用地面积的16.34%,而"六普"数据显示,南疆三地州人口占新疆总人口的29.88%。可见,南疆三地州人均拥有土地资源较少,农牧民依靠耕地、林地以及草地等资源增收困难。

最后,南疆三地州区位资源处于劣势。新疆是典型的绿洲经济,新疆远离内地市场,与内地之间的运输距离远。南疆三地州作为新疆三片绿洲的一个孤岛,周围没有发达的省份做依托。因此,南疆三地州农牧民依靠旅游业、农产品深加工等产业增加收入的途径受到严重制约。

总之,新疆南疆三地州地处偏远、生存环境恶劣、经济以农业生产为主,成为当地相对封闭、发展落后的先天因素,使南疆三地州成为干旱区贫困的典型,深陷"环境脆弱—贫困—掠夺资源—环境退化—刺激人口增加—进一步贫困"的贫困、人口、环境的"PPE"怪圈。因此,在生态环境恶劣、生存资源有限的情况下,人口数量过多使南疆三地州更难以摆脱贫困,人口数量成为加剧贫困的基本因子之一。而人口是"PPE"怪圈中唯一的具有能动性的因子,又位于可持续发展的基础层,人口数量问题给脱贫工作带来了困难,所以要想达到全面小康社会的目标,就需要找出"贫困怪圈"的症结,要首先解决人口问题。下面重点分析南疆三地州贫困的人口学因素。

一 人口数量增长过快,人均耕地和人均牧草地资源减少

"六普"数据显示,新疆常住人口为21815815人,同"五普"的18459511人相比,10年共增加3356304人,增长18.18%,年平均增长率为1.68%,而同期全国年均增长率为0.52%。

从表 8 - 1 可知，南疆三地州的少数民族人口占全疆少数民族总人口的 46.92%，而南疆三地州的汉族人口占全疆汉族总人口的比例不足 5%。由此可见，南疆三地州是少数民族人口聚集地，同时也是新疆扶贫工作的重中之重。另外，长期以来，喀什地区、和田地区少数民族人口占总人口的 90% 以上，可以说喀什地区、和田地区人口变化特征在很大程度上代表了少数民族人口变化特征。

表 8 - 1　　　　　　　"六普"南疆三地州人口主要民族构成

及与"五普"相比增长情况　　　　单位：人、%

	人口数	汉族		少数民族			
		人口数	占当地人口的比例	人口数	占当地人口的比例	占全疆少数民族的比例	年均增长率
全疆	21815815	8829994	40.48	12985821	59.52	100.00	1.68
喀什地区	3979321	318281	8.00	3661040	92.00	28.20	1.57
克州	525570	35629	6.78	489941	93.22	3.77	1.80
和田地区	2014362	72279	3.59	1942083	96.41	14.96	1.82
南疆三地州合计	6519253	426189	6.54	6093064	93.46	46.92	—

根据《新疆统计年鉴 2010》显示，2009 年克州、喀什地区、和田地区三地州总人口自然增长率分别为 26.71‰、21.09‰ 和 18.35‰，这三个地区少数民族人口的自然增长率分别为 28.34‰、22.02‰ 和 18.87‰，大大高于全疆总人口的自然增长率（10.56‰）和全疆少数民族人口的自然增长率（15.59‰），居全疆人口自然增长率前三位。[1]

"六普"显示，喀什地区常住人口为 3979321 人，同第五次全国人口普查 2000 年 11 月 1 日零时的 3405713 人相比，10 年共增加 573608 人，增长率为 16.84%，年平均增长率为 1.57%。"六普"显示，和田地区常住人口为 2014362 人，同"五普"2000 年 11 月 1 日零时的 1681310 人相比，10 年共增加 333052 人，增长率为 19.81%，年平均增长率为 1.82%。"六普"显示，克州常住人口为 525570 人，同"五

---

① 金建新主编：《新疆统计年鉴 2010》，中国统计出版社 2010 年版。

普"2000 年 11 月 1 日零时的 439680 人相比, 10 年共增加 85890 人, 增长率为 19.53%, 年平均增长率为 1.80%。而同期全国年均增长率为 0.57%。由此可见, 南疆三地州的人口增长率很高。

从表 8-2 可见, 南疆三地州的人均耕地面积均低于全疆平均水平, 人均耕地面积最少的是和田地区, 只有 1.29 亩, 远远低于全疆平均水平。南疆三地州除克州外, 喀什地区和和田地区的人均牧草地面积也远远低于全疆平均水平。由于耕地资源的稳定性, 所以, 南疆三地州人均耕地资源的减少主要是由人口增加导致的。而人口的增加, 必然导致放牧的增加, 从而牧草地资源会面临超载和破坏。

表 8-2　　　　全疆及南疆三地州人均耕地和人均牧草地面积　　单位: 亩/人

	人均耕地	人均牧草地
全疆	2.84	35.31
克州	1.51	85.09
喀什地区	2.00	6.05
和田地区	1.29	18.74

资料来源: 耕地和牧草地面积来源于《新疆统计年鉴 2011》, 数据为 2008 年第二次土地调查数据, 人口资料来源于新疆"六普"数据。

二　人口文化素质较低, 缺少致富脱贫能力

从表 8-3 可知, 南疆三地州的高中及以上受教育程度的人口比例明显低于全疆水平。由于完成九年义务教育后辍学人口增加, 进入高中及以上教育阶段的人口减少。因此, 南疆三地州接受高等教育的人口比例很低, 导致了缺乏人口流出打工或者迁移的基础。

由于受教育水平低, 大多数人的市场经济观念淡薄。南疆三地州以维吾尔族人口居多, 维吾尔族传统的交易方式就是"巴扎"(通常的集贸市场)。不少贫困户对市场的认识比较肤浅, 在生活上多追求够吃够用, 很少考虑积累和再生产。贫困户依赖心理严重, "等要靠, 破罐子破摔"的心理仍然存在, 不少贫困户仍认为没有吃的就会有救济, 即使真心想脱贫致富的贫困户往往因为缺少文化、不懂经营等问题而无法脱贫。另外, 贫困户大多对未来预期不佳, 没有榜样示范, 没有美好憧憬, 他们对投资教育的信心不足, 被动接受穷困命运者居多, 贫困人口

的自我发展和积累能力差。这一系列落后的观念，使南疆三地州贫困户长期陷入泥潭无法自拔。因此，人口素质低下、观念落后是贫困的根源所在。

表 8 - 3 　　　　　南疆三地州 6 岁及以上人口的受教育结构　　　单位:%

	未上过学	小学	初中	初中及以下合计	高中	大学专科	大学本科	研究生
全国	5.00	28.75	41.70	75.45	15.02	5.52	3.67	0.33
全疆	3.18	32.87	39.60	75.65	12.75	7.64	3.77	0.19
克州	2.14	44.42	34.08	80.63	9.35	7.67	2.31	0.04
喀什地区	4.13	39.08	45.34	88.55	6.13	3.83	1.46	0.03
和田地区	3.07	45.48	42.60	91.14	4.02	3.95	0.87	0.02

三　人口抚养比较高，家庭负担过重

从表 8 - 4 可知，南疆三地州的少儿抚养比在 40% 左右，远高于全疆和全国平均水平，老年抚养比均略低于全疆平均水平，远低于全国平均水平；总抚养比在 45% 左右，高于全疆和全国平均水平。由此可见，在总人口中 0—14 岁的少儿人口比例过高，增加了家庭的负担，这也反映出这些年南疆三地州的生育水平较高。

表 8 - 4 　　　　　全国、全疆和南疆三地州各年龄段人口

占总人口的比例和抚养比　　　单位:%

	各年龄段人口占总人口的比例			抚养比		
	0—14 岁	15—64 岁	65 岁及以上	总抚养比	少儿抚养比	老年抚养比
全国	16.61	74.47	8.92	34.28	22.30	11.98
全疆	20.45	73.07	6.48	36.86	27.99	8.87
克州	27.84	67.50	4.65	48.14	41.25	6.89
喀什地区	26.35	68.81	4.84	45.32	38.29	7.03
和田地区	26.23	69.42	4.35	44.05	37.78	6.27

四　人口缺乏流动性，外出务工收入较少，生存空间固化在当地

劳动力外出务工对于减少农村地区的贫困会起到积极的作用。一方

面，外出务工收入已成为贫困地区农户的主要收入来源之一。另一方面，在贫困地区劳动力外出务工获得的收入高于在当地就业获得的收入。此外，贫困地区外出劳动力数量增加使本地非农就业机会增加，起到促进当地收入增长的间接效应。但是"六普"数据显示，从全疆各地州市的外出半年以上人口占总人口的比例来看，南疆三地州的克州、喀什地区和和田地区最低，分别为8.83%、5.41%和6.33%，远低于其他地州市，也远低于全疆平均水平（13.46%）。也就是说，由于语言、生活饮食习惯、素质能力问题，当地大量农村人口不能像内地其他省份一样依靠外出打工增加收入，而只能留在当地，但是南疆三地州生态环境脆弱、生存资源有限，导致当地存在较大就业压力和人口资源环境承载压力。

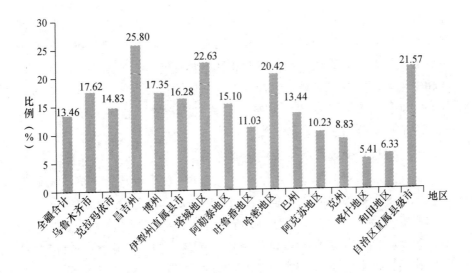

图8-1　"六普"新疆各地州市外出半年以上人口占总人口的比例

综上所述，南疆三地州在人口发展方面存在人口数量增长过快、人口素质较低、人口抚养比较高、人口缺乏流动性等问题，再加上南疆三地州生态环境脆弱、生存资源有限、区位劣势等客观原因，这些因素相互作用、相互影响，导致南疆三地州一直很难解决贫困问题。可以说，解决人口问题是解决南疆三地州贫困问题的切入点和突破口。而在这些人口问题中，人口增长过快对南疆三地州经济社会发展、构建和谐社会的压力越来越沉重，如果任由这种人口增长的势头蔓延，缩小与内地和沿海省份的发展差距、摆脱贫困、走向富裕的进程将大大减缓。因此，必须解决南疆三地州人口增长过快问题。

第三节　南疆三地州少数民族人口发展的文化因素分析

　　造成南疆贫困的因素较多，本书只是侧重于从人口学角度对南疆的贫困问题进行分析，发现人口数量增长较快、人口素质较低、人口抚养比较高以及人口缺乏流动性是造成南疆贫困的人口方面的四个主要原因，这四个原因表面上看是孤立的，但是其核心是南疆人口增长过快，即自然增长过快，也就是生育水平相对较高。影响妇女生育水平的因素很多，主要有人口学因素和社会经济因素。前文研究发现，新疆各地州市少数民族人口的比例、妇女职业和受教育程度与生育水平之间存在高度相关关系，并重点对影响生育水平的计划生育政策及利益导向机制和提高妇女受教育程度提出了对策。南疆三地州是少数民族聚集区。因此，本节重点分析影响少数民族人口生育水平过高的文化因素。

一　宗教对少数民族生育观念的影响

　　我国实行计划生育政策几十年了，少生、优生等观念也早已深入人心，但是在少数民族地区，部分群众的思想观念还是没有彻底改变，生育意愿依然强烈。根据笔者参与的新疆计划生育委员会（以下简称新疆计生委）委托北京大学人口研究所的新疆维吾尔自治区"发挥宗教人士作用，提高穆斯林人群生殖健康水平和预防性病/艾滋病能力"项目 2011 年终线调查数据，南疆地区的被调查者中最想要三个孩子的比例为 36.1%，想要三个以上孩子的比例为 25.7%。很明显，南疆少数民族人口的生育意愿依然强烈。新疆少数民族人口大多信仰伊斯兰教，伊斯兰教主张自然生育为主，认为孩子是"胡达"赐予的，"胡达给多少，就要多少"，所以人们普遍认为随意堕胎、人工流产都是对"胡达"神圣权威和尊严的冒犯，应当绝对禁止。① 宗教信仰对少数民族人

---

① 陈长平、陈胜利：《中国少数民族生育文化》（上），中国人口出版社 2004 年版。

们的生活和行为产生着全面而深刻的影响，宗教观念中的生育思想深刻影响着维吾尔族人们的生育观。少数民族人口认为结婚生子是作为人的天然义务、自然之事。少数民族流行着这样一句俗语："有孩子的家庭像巴扎，没孩子的家庭像麻扎。"① 这种约束性清晰地体现了出来，不要孩子或者没有孩子的个人、夫妻及其家庭是一种不正常的表现，另一方面会被周围的人歧视。

案例1："我是村里的阿訇，我现在已经是3个孩子的父亲了，现在主要也是务农，还从事村里的阿訇工作。我就非常想多要孩子，但是老婆在生下我们的第三个孩子的时候就被医院强制结扎了，如果能允许多要孩子，我想要10个孩子，孩子是'胡达'给的，孩子越多我们才越幸福嘛。"

访谈对象：男，1965年出生，和田地区策勒县某村村民。访谈时间：2011年7月12日。

案例2："我现在是有2个孩子，我还是想要，计生部门就给了3000元奖励，就不再给了。对政府奖励政策不是太满意。以前生活不好的，但是现在我是在旅馆打工了，收入1000元每月。我老公是开三轮车的，老公的收入是2000元每月。我想，既然生活好了，不如不要那3000元，现在自己是上环的，要不我就想再要2个孩子，孩子多了，我才满足呢。"

访谈对象：女，1973年出生，和田地区策勒县某村村民。访谈时间：2011年7月14日。

案例3："我是村里的计生员，现在是2个孩子的母亲，对我本人来说嘛，就非常想要第3个孩子，但是不能要的啊，因为身为村里的计生员，要首先以身作则，要不然大家都要3个孩子，村里的计划生育工作就不好开展了，还有，多要了，工作也没了，不行的。所以我在2004年的时间就拿了'两证'，现在想多要也不行了。"

访谈对象：女，1982年出生，和田地区策勒县某村村民。访谈时间：2011年7月12日。

可以看出，虽然有的是结扎了，有的已经拿了"两证"，以及本身

---

① 麻扎是中国新疆伊斯兰教圣裔或知名贤者的坟墓，为阿拉伯语音译，原意为晋谒之处或陵墓。

的思想和社会因素的影响，他们的生育观还是比较传统的，孩子多了他们才满意，婚育新风观不是太强，与现行的计划生育政策还是有一定的差距，计划生育的宣传教育还是需要加强。

但是，也有部分少数民族人口生养孩子是为了增加劳动力，进而增加家庭收入。南疆农村少数民族农民认为，贫困的原因是耕地少，但没有意识到人口压力，农民的计划生育观念比较落后、人口素质低、无法推广科技生产都是影响家庭收入增加的因素。因此，农民认为其收入主要受两个因素的制约：一个是耕地数量，另一个是家庭所拥有的劳动力数。在这种导向下，农民对劳动力有很强的依赖性，农民再穷也要生孩子尤其是生男孩。

案例4："我是世居策勒县的人，我的父亲有4个儿子，2个女儿。到了我这一代，收入也不是太高。我就想着多要几个孩子，尤其是要多些男孩子，这样可以增加我们家庭的劳动力，多挣些钱。所以我有3个孩子，2个男孩，1个女儿。我们生第2个孩子的时候，村里就来人，让我少生，不要超生，要不我也想多要几个，这样就只好要3个了。"

访谈对象：男，1974年出生，和田地区策勒县某村村民。访谈时间：2011年7月13日。

案例5："我现在是家里的收入低，那样就更需要多要点孩子，多几个孩子，将来家庭就会大了，这样也能多挣点钱，如果到时钱不多，孩子也不多，会让别人看不起的，养老都成困难了。我现在家里3个孩子，我还想再要呢，但是不好要了。"

访谈对象：女，1976年出生，和田地区策勒县某村村民。访谈时间：2011年7月13日。

可见，"多生才有劳动力"仍然是贫困家庭认为有饭吃、能致富的有效办法。"越穷越生、越生越穷"的问题依然严重，资源、环境的压力进一步增大，人口增长过快已成为导致贫困和制约地区经济社会协调发展的重要因素。南疆三地州已经陷入"环境脆弱—贫困—掠夺资源—环境退化—刺激人口增加—进一步贫困"的"PPE"怪圈。高卉、袁年兴（2013）的定性访谈也发现，少数民族人口生养孩子的目的是为了生存的需要。司光南（2010）利用问卷调查数据分析发现，维吾尔族生育的目的是传宗接代、增加家庭收入、为了老有所依，所占比例分别为61.82%、10.06%和20.47%，没有什么明显目的的占7.66%。可见，当前少数民族人口由于受宗教信仰影响，以及为了增加劳动力和老有所养等传统的生育观念依然发挥着主导作用，生育意愿仍然很高，宗教信仰的影响不可忽视。

二　老年人生育观念的影响

以前汉族人追求的是"多子多福"、"儿孙满堂"，子女越多越幸福，在少数民族家庭中，也是这种思想。传统的生育观中，他们认为孩子都是"胡达"给的，"胡达"给多少就得要多少，这样就导致少数民族的生育率很高。我国实行计划生育政策以来，少数民族生育观念虽有所转变，但生育观念转变得慢，尤其是老年人的生育观念也在影响着年轻人的思想。

案例 6："我对孩子的多少没有要求的，一个、两个就好了，但是我家的婆婆不愿意，让我多生，想多要男孩子，前两个都是男孩，后来要了第 3 个男孩，大家都满意了，就不要了。我是非常想支持计划生育的，生孩子我觉得比较痛苦，我的最后一个孩子是剖腹产出生的，我当时很痛苦。我家现在经营一家旅店，收入可观。"

访谈对象：女，1966 年出生，和田地区策勒县某村村民。访谈时间：2011 年 7 月 14 日。

案例 7："我现在有 3 个孩子了，前 2 个孩子都是女孩子，我是不想要了，当时的生育条件不是太好，妻子痛苦，我也要挣更多的钱去养活家人。后来，我的父亲要求还得再生育 2 个巴郎子才行。最后第 3 个是男孩，就要了 3 个，我就不让妻子要了，还和父母闹的关系不太好。"

访谈对象：男，1974 年出生，和田地区策勒县某村村民。访谈时间：2011 年 7 月 13 日。

三　离婚率与再婚率高对生育水平的影响

少数民族的早婚和草率结婚现象较多，因此，少数民族的离婚率和再婚率较高。"五普"时，新疆处于离婚状态人口占总人口的 2.61%，少数民族人口为 4.2%，其中最高的和田地区是 5.32%，而全国是0.9%。[①] 由于"六普"有关人口婚姻状况调查项目中将"初婚有配偶"和"再婚有配偶"合并为了"有配偶"，再婚人口比例无法计算。但是"六普"数据显示，新疆维吾尔族 15 岁及以上人口中处于离婚状态的

---

① 《世纪之交的中国人口（新疆卷）》，中国统计出版社 2004 年版。

人口比例为 4.32%，远高于汉族的 2.53%、回族的 2.20%、哈萨克族的 1.11%；和田地区为 5.34%，喀什地区为 3.95%，均高于全疆平均水平（3.22%）。

2003 年，新疆人口的粗离婚率为 3.07%，是全国水平（1.03%）的 1.98 倍。根据喀什地区民政局提供的相关统计资料，2003 年喀什地区维吾尔族人口平均初婚年龄男性为 22.89 岁，女性为 20.67 岁。粗离婚率为 3.81%，其中麦盖提县为 10.55%。据新疆"五普"数据显示：2000 年新疆 15 岁及以上维吾尔族人口中，再婚人口比例高达 18.6%，再婚人口在有配偶人口中的比例高达 27.92%，每 10 名在婚人口中有将近 3 个再婚者。[①] 根据《新疆维吾尔自治区人口与计划生育条例》第十八条的规定，城镇少数民族夫妻再婚前合计只生育过两个子女的或者农村少数民族夫妻再婚前合计只生育过三个子女的，还可以再生育一个子女。因此，较高的离婚率和再婚率会增加生育子女的数量。

第四节　稳定南疆少数民族地区
生育水平的对策

在过去 30 多年的时间里，我国的人口计划生育工作取得了很大的成效。全国妇女总和生育率水平已从 1971 年的 5.8 降到 2010 年"六普"的 1.18，从全国整体来看，生育行为的现代化，即由高生育率向低生育率转变的过程已经完成。但是全国各地生育行为转变进程相去甚远，甚至同一地区不同民族之间的转变进程也相去甚远。新疆汉族人口育龄妇女总和生育率在 1982 年"三普"时就已经低于更替水平，比全国人口早 10 年。但是，新疆少数民族人口育龄妇女总和生育率到 2000 年"五普"时为 2.56，还高于更替水平，晚于全国约 20 年的时间。由于计划生育政策不是在真空中实施的，区域文化是形成生育行为地区差别的重要原因。任何一种文化中人口再生产都有着强烈的道德和宗教的意义，成为文化传统的主要特征之一。因此，某一区域的生育文化对人

---

① 艾尼瓦尔·聂吉木：《新疆维吾尔族人口离婚问题研究》，中央民族大学出版社 2009 年版。

口的生育行为有着重要和直接的影响。新疆少数民族聚集区的传统生育文化和观念对少数民族的生育行为还有较大的影响。因此，新疆除了在短期内继续完善在少数民族地区实施的计划生育利益导向政策和在长期可以考虑调整少数民族生育政策，还必须加快新型生育文化建设。

一　加大宣传力度，做好"婚育新风进万家"活动，积极创建新型人口文化

生育文化与生育行为的关系是约束和被约束的关系，即以生育文化为导向、以不同的运作方式对生育行为予以不同程度的约束。[①] 由文化的民族性或地域性所决定，生育文化的发轫总是肇端于一个民族内部或一定的地理环境之内，其发展通常有两条途径：一是依赖于文化内部的创造力而实现（文化创新）的内源发展；二是通过与外来文化的冲突和适应而实现的涵化发展，而计划生育的宣传活动就可以看作涵化发展中的外来文化冲击。[②] 因此，创新宣传形式并加大宣传力度对于创建新型生育文化极为重要。

首先，要高度重视新型生育文化的宣传工作，将人口计划生育宣传教育工作纳入各级党委宣传、精神文明建设、党校培训总体规划中，注重宣传、文化体育、广播电视、教育、民政、计划生育等部门的联动宣传。户外宣传具有自身的优势，要强化外围宣传，增加内容温馨、体现人文精神的维吾尔族和汉族两种文字的宣传标语和户外宣传牌。其次，要巩固提升各级"人口文化大院"、"新家庭文化屋"、"人口文化广场"、"少生快富"项目示范基地、示范街道等宣传阵地质量及品位。最后，注重把婚育新风活动与"科技之冬"、"三下乡"、"小花帽计生情"主题百日宣传服务活动相结合，与节庆日文艺宣传活动相结合，与典型示范表彰先进活动相结合，与扶贫救助活动相结合，与"七进"（人口计生知识进农户、进校园、进宗教场所、进市场、进社（牧）区、进企业、进机关）活动相结合。

新疆很多地方的人口文化建设值得在少数民族地区推广。例如，和田地区人口计划生育户外宣传环境经过实践和总结，逐渐形成了一套适合和田实际且被证明行之有效的人口计划生育宣传教育工作思路，即

---

① 熊郁：《论生育文化与人口控制》，《南方人口》1994 年第 3 期。
② 朱国宏：《生育文化论》，《复旦大学学报》（社会科学版）1992 年第 3 期。

"五个一"工程，具体内容是：每个县（市）、乡（镇）、村配齐配强一支基层计划生育宣传队伍；涂刷一系列以奖励扶助为主，同时兼顾生殖健康的宣传标语口号；制作一套适用性强、宣传效果好的入户宣传品；召开一场具有和田特色的计划生育宣传文艺活动和爱国宗教人士宣讲活动；制作一系列以计划生育利益导向政策、少生快富示范户等知识为题材的宣传，在电视、广播、报纸等新闻媒体定期或不定期宣传。另外，新疆开展的人口文化进校园活动也是很有特色和效果的宣传方式。2006 年，新疆计划生育委员会、新疆教育厅下发了《关于进一步做好人口和计划生育相关知识进校园工作的通知》（新人口发〔2006〕49号），实现了把人口文化知识教育内容融入课堂教育中，实现"教育一个学生，带动一个家庭，影响整个社会"的目标，回家还要当好一名计划生育义务宣传员，向父母、亲戚朋友宣传计划生育国策。

特别要指出的是，人口文化建设中要尊重、继承和发扬传统民族文化，挖掘民族婚育文化精髓，丰富现代人口文化。一是用历史文化阐释新型婚育文化。新疆有着丰富的体现原始生殖文化的石雕、石刻和壁画，充分利用历史文化中蕴含的生育文化及其渗透力和影响力，从历史发展的角度阐释优生优育的重要性。二是将宗教文化中有关的生殖内容融入新型婚育文化。宗教文化博大精深，蕴藏着许多优生优育知识，借助宗教人士的影响力和号召力，聘任一批爱国宗教人士担任"宣传员"，将新型婚育文化与教义中的优生优育内容结合起来进行宣讲，帮助广大穆斯林群众对计划生育国策的理解、认同和拥护，树立科学、文明、进步的婚育观念。三是借助制作少数民族传统手工艺品，将人口文化蕴含其中，使其更具有时代意义。[①]

二 继续实施"南疆地区农牧民生殖健康项目"，提高避孕节育技术服务的可及性

避孕节育技术以及生殖健康服务的可及性，对降低生育水平有积极的促进作用。联合国在贫困发展中国家实施生殖健康服务项目的经验表明，在那些宗教在民众日常生活中起着很大作用的地区，当宗教组织及其权力机构与项目管理机构合作并参与其中时，项目的实施更易获得成

---

① 李宝贵、赵淑红：《以现代文化为引领加快推进新疆特色人口文化建设》，《人口与计划生育》2012 年第 9 期。

功。1999 年，中国计划生育协会借鉴联合国在穆斯林聚居地区成功开展 "生殖健康服务" 的经验，会同新疆计生委和计划生育协会在新疆穆斯林聚居地区开展了 "生殖健康教育宣传" 合作项目，试验点最初选择在南疆喀什地区的莎车县和北疆伊犁地区的霍城县，项目通过创立有宗教组织和宗教人士参与的项目管理机构，转变上层宗教人士（如阿訇）的观念，以宗教教义《古兰经》为依据的宣传内容，宗教人士带头参与实践等途径开展宣传。

　　2004 年，该 "生殖健康教育宣传项目" 试点结束后，评估发现，通过项目的实施计划生育和生殖健康服务为广大穆斯林群众所接受，提高了穆斯林人群的健康素质和生活质量，转变了穆斯林群众的家庭婚育观。① 2006—2009 年，中国计划生育协会在疏附县实施了农牧民生殖健康项目试点，有效提高了当地农牧民群众的生殖健康水平。2009 年，新疆在 9 个地州 15 个县市的 78 个行政村扩面实施了生殖健康项目，现已覆盖 10.12 万人。从 2012 年开始，在南疆地区 24 个县市全面实施，周期为两年，共投入项目资金 2000 万元。该项目充分发挥宗教人士的作用，在讲经时结合《古兰经》中的相关内容，向教民讲解有关生活习惯和生殖健康方面的知识，借助群众的宗教信仰和宗教人士的威望，群众更易于认可并接受。根据笔者参与的新疆计生委委托北京大学人口研究所的新疆维吾尔自治区 "发挥宗教人士作用，提高穆斯林人群生殖健康水平和预防性病/艾滋病能力" 项目 2011 年终线调查数据，该项目的实施不仅提高了穆斯林人群的生殖健康水平和预防性病/艾滋病的能力，同时也在一定程度上为降低生育率起到了辅助作用。因此，要继续推广 "南疆地区农牧民生殖健康项目"，把计划生育技术服务机构纳入社会事业发展的总体规划，全面加强计划生育公共服务体系建设，提高避孕节育技术服务的可及性。

　　三　加大对婚姻登记环节的管理和监督，成立离婚调解社会组织

　　家庭是社会的缩影，家庭和睦，社会问题就相对减少。如上所述，新疆维吾尔族人口的离婚率和再婚率高，不仅会对生育水平有提升作用，还会影响到家庭和睦和子女教育成长，甚至不利于贫困的解决。张

---

① 李建新：《新疆穆斯林人口现状与家庭生殖健康服务的新模式》，《西北民族研究》2007 年第 1 期。

少云、巴拉提·吐逊巴克、阿布都拉·艾沙（2013）发现，在和田地区的一些县，存在贫困导致离婚，再婚又更加贫困的现象。① 当前，新疆维吾尔族的传统婚姻家庭观正在发生变化，但是也还存在政府相关管理部门在婚姻登记环节中过分迁就习惯法的现象，通过改出生年月或者委托"熟人"办理结婚证和请清真寺的毛拉念"尼卡"（证婚）结婚的现象在维吾尔族还存在，导致隐瞒生育和重婚现象存在，这反映出各级政府主管部门存在诸多不作为和违法作为的现象。因此，除加大新型婚育观念的宣传外，各级政府应加大婚姻管理的力度。针对宗教习惯法与现有婚姻法的矛盾，可以通过民族宗教事务局，让毛拉在为新人念"尼卡"的时候，必须出示结婚证，否则不允许念"尼卡"。对没有结婚证而念"尼卡"的毛拉，给予一定的处分。司法部门也应该加大对重婚者的打击力度，切实保护妇女的合法权益。另外，对在婚姻登记环节上徇私舞弊的政府工作人员要严肃处理，从源头上杜绝早婚现象。在离婚问题上，当地政府可以成立一个由妇联牵头的妇女组织，对闹离婚的夫妻多做双方的工作，也可以拯救一些因一时冲动闹离婚的夫妻的家庭。

---

① 张少云、巴拉提·吐逊巴克、阿布都拉·艾沙：《试析维吾尔族婚姻伦理观及其当代变革》，《经济研究导刊》2013 年第 3 期。

第九章 新疆人口老龄化与养老服务体系建设

新疆地处我国西北边陲，是一个多民族聚居的地区。"六普"数据显示，56 个民族在新疆都有居住，其中汉族人口占总人口的 40.48%，而少数民族人口占总人口的 59.52%。在新疆这样的边疆多民族聚居地区，其社会管理创新面临很多挑战，老年人的养老问题就是其中之一。因此，在新疆这样的多民族聚居地区，做好老龄工作就具有更加重要的意义。但是一直以来，由于多种原因的限制，对新疆老年人口、老年服务体系建设以及老龄化发展趋势等方面都缺乏专门而深入的调查研究。本章试图基于"六普"数据对新疆养老服务体系建设进行思考。

第一节 新疆人口老龄化进程分析

一 新疆人口老龄化的程度滞后于全国，但发展速度高于全国水平

按照国际社会公认的 60 岁及以上老年人口占总人口的比例超过 10% 即进入老龄化社会的标准，我国整体已于 1999 年进入了老龄化社会。"六普"数据显示，新疆 65 岁及以上人口占总人口的比例达到 6.48%，60 岁及以上人口占总人口的比例达到 9.66%，同时"六普"数据显示，全国 65 岁及以上人口占总人口的比例达到 8.92%，60 岁及以上人口占总人口的比例达到 13.32%。可见，当前新疆人口老龄化的程度滞后于全国。

但是在发展速度方面，与全国相比，在 1982—1990 年 8 年间，新疆 60 岁及以上人口和 65 岁及以上人口的年均增长率均低于全国平均水平，但是在随后的 1990—2000 年和 2000—2010 年两个 10 年间，新疆 60 岁及以上人口和 65 岁及以上人口的年均增长率均高于全国平均水平（见表 9 - 1）。可见，新疆人口老龄化的速度是高于全国的。

表 9 - 1 1982 年以来新疆与全国老年人口年均增长率 单位:%

	1982—1990 年		1990—2000 年		2000—2010 年	
	新疆	全国	新疆	全国	新疆	全国
60 岁及以上人口	2.71	2.98	4.36	2.97	3.82	3.17
65 岁及以上人口	2.61	3.12	3.83	3.43	5.07	3.02

二 未来新疆人口老龄化的发展速度将大大加快，养老服务体系压力较大

在未来人口老龄化的程度和规模方面，从"六普"新疆人口的金字塔（见图 9 - 1）我们可以看出，未来新疆的人口老龄化形势会越来越严峻。2020 年之前，由于 20 世纪六七十年代生育高峰期出生的人口还未进入老年，新疆老年人口数量增加相对缓慢；2020—2040 年，于 20 世纪六七十年代出生人口陆续进入老年，新疆老年人口数量将急剧增加；2040—2050 年是人口老龄化的高峰期，这一阶段人口老龄化的增速有所缓慢，但老龄化程度会持续较高；2050 年达到最高值，老年人口数量将达到 669.99 万，人口老龄化比例将会达到 33.19%[1]，成为重度老龄化的地区。2006 年全国老龄工作委员会办公室发布的《中国人口老龄化发展趋势预测研究报告》指出，我国人口老龄化将经历 2001—2020 年的快速老龄化阶段、2021—2050 年的加速老龄化阶段和 2051—2100 年的稳定的重度老龄化阶段，并预测 2020 年老龄化水平将达到 17.17%，2050 年老龄化水平推进到 30% 以上。[2] 与全国老龄化进程相比，新疆进入老龄化社会虽然比全国晚近 11 年，但是到 2050 年将与全国同步进入重度老龄化社会。可见，未来新疆人口老龄化的发展速度将大大加快。

对此，我们必须要高度重视，必须清醒地认识到新疆人口老龄化的严峻形势，以及解决老龄化问题的任务将越来越重；随着老年人口规模越来越大，老龄事业发展需要的投入也将越来越多；由于老年人口增速

---

[1] 张冬梅：《新疆老年人口年增 10.3 万 整体迈入老龄化》，http://news.iyaxin.com/content/2010 - 05/07/content_ 1764723. htm。

[2] 全国老龄工作委员会办公室：《中国人口老龄化发展趋势预测研究报告》，http://www.china.com.cn/chinese/news/1134589. htm。

快，社会保障的压力将越来越大；由于老年人口寿龄高、空巢多，社会养老服务要求将越来越高。由于过去新疆经济社会发展水平不高、各级政府投入有限、社会参与不足，新疆养老服务体系的发育迟缓。截至2009年，新疆现有各类养老机构519家，床位数为18990张，老年人拥有床位数的比例为0.89%，与到2010年达到1.2%的要求还有一定差距。① 由此可见，目前新疆养老服务体系的发展滞后于人口老龄化的发展，无法满足日益增长的养老服务需求。今后，随着新疆人口老龄化进程的进一步加快，新疆养老服务体系建设的压力增大，各级政府必须对养老服务体系建设的重要性、紧迫性以及潜在的经济社会发展影响有充分的认识，要高度关注养老服务体系建设，在建设用地、资金投入、政策落实等方面要给予应有的重视。另外，各级党委政府要加强对养老服务发展的整体规划，从城市规划、土地利用规划等角度来考虑这一问题，立足长远发展和满足养老服务需求来对养老服务机构的建设进行统一布局和谋划，避免出现养老机构的建设处于零星和混乱的状态。

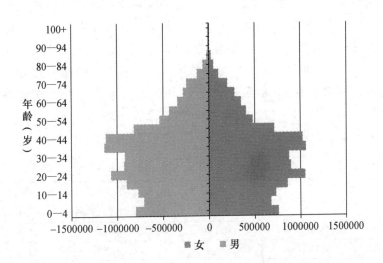

图 9 - 1　"六普"新疆人口金字塔

---

① 新疆维吾尔自治区发展和改革委员会：《2011年新疆养老服务总结和试点意见》，http://www.xjdrc.gov.cn/content.jsp? urltype = news. NewsContentUrl&wbtreeid = 9930&wbnewsid = 104351。

第二节　新疆人口老龄化的城乡与区域差异

一　人口老龄化程度的城乡差异较明显，必须高度重视农村少数民族老年人的养老问题

改革开放以来，我国出现了大规模的从乡村到城镇的人口流动，国家人口计划生育委员会发布的《中国流动人口发展报告2012》显示：2011年我国流动人口总量已接近2.3亿，占全国总人口的17%。[①] 流动人口的增加是我国城镇人口增加的主要原因。"六普"数据显示，我国城镇人口占总人口的比例已达50.27%，农村大量中青年人口流向城市，从而导致农村老年人口比例上升，农村60岁及以上老年人口占农村总人口的比例仅为14.98%，高于城市和镇（见表9-2）。可见，从全国整体来看，农村的人口老龄化程度高于城镇。新疆作为我国西部的经济欠发达省份，对内地流动人口的吸引力相对较弱，再加上新疆作为多民族聚居区，"六普"数据显示，新疆农村少数民族人口占全部少数民族人口的75.90%，大量农村少数民族人口由于受教育程度、语言等原因，在一定程度上阻碍了新疆农村人口尤其是少数民族人口向城镇的流动。"六普"数据显示，新疆的城镇人口占总人口的比例为42.79%，从而导致新疆农村60岁及以上人口占全国老年人口的比例较高，为52.47%，占农村人口的比例为8.86%，低于城市（10.92%）和镇（10.37%）（见表9-3）。

表9-2　　　　全国老年人口的城市、镇和乡村分布情况　　单位：人、%

	人口数	占总人口的比例	60岁及以上人口数	60岁及以上人口占比
全国	1332810869	100.00	177594440	13.32
城市	403760040	30.29	46313673	11.47
镇	266245506	19.98	31977470	12.01
农村	662805323	49.73	99303297	14.98

---

① 孙铁翔：《人口计生委发布〈中国流动人口发展报告2012〉》，http://www.gov.cn/jrzg/2012-08/07/content_ 2199409. htm。

表 9 – 3		新疆老年人口的城市、镇和乡村分布情况		单位：人、%
	人口数	占总人口的比例	60 岁及以上人口数	60 岁及以上人口占比
全疆	21815815	100.00	2107617	9.66
城市	6071803	27.83	663201	10.92
镇	3263949	14.96	338583	10.37
农村	12480063	57.21	1105833	8.86

虽然新疆农村的老龄化程度低于城镇，但是新疆农村老年人口的23.57%分布在喀什地区，12.38%分布在阿克苏地区，11.94%分布在和田地区，这三个地区的老年人口合计占新疆全部农村老年人口的47.89%，同时这三个地区也是少数民族聚集区和贫困高发区。因此，虽然新疆农村地区的老龄化程度不高，但是农村地区的老年人有近一半分布在少数民族聚居区和贫困高发区。这些地区的老年人养老问题必须引起重视，将这些地区的扶贫政策与老年人的社会保障制度建设、医疗卫生服务以及养老问题结合起来考虑是较好的途径。

二　新疆人口老龄化区域差异较大，相关政策应考虑地区经济条件差异

从"六普"数据来看，新疆人口老龄化呈现出明显的区域不平衡，东疆、北疆的人口老龄化程度高于南疆地区，这可能和南疆地区少数民族人口比例较高有关系，因为新疆作为少数民族地区，计划生育开展的时间普遍晚于全国大多数地区。汉族人口是在 20 世纪 70 年代中后期开始实行计划生育，而少数民族计划生育直到 1988 年才开始进行，并且新疆少数民族计划生育政策实行的是比汉族多一胎的政策，即"城镇汉族妇女一般可生育一个孩子，少数民族夫妇一般可以生育两个孩子，农牧区汉族夫妇一般可以生育两个孩子，少数民族夫妇一般可以生育三个孩子"。[①] 这样的计划生育政策，在客观上使南疆地区的人口老龄化步伐慢于东疆和北疆地区。

按照国际上 60 岁及以上人口占总人口的比例大于 10% 就进入人口

---

① 跨世纪的中国人口（新疆卷）编委会：《跨世纪的中国人口（新疆卷）》，中国统计出版社 1994 年版，第 165 页。

老龄化社会这一标准，具体来看：东疆和北疆地区的吐鲁番地区
（8.77%）除托克逊县（10.06%）外，伊犁地区（9.31%）除奎屯市
（14.07%）和霍城县（11.29%）外，阿勒泰地区（9.31%）除阿勒
泰市（12.01%）和福海县（10.41%）外，这三个地区其他所有县市
都还没有进入人口老龄化社会；而东疆和北疆地区除哈密地区
（11.82%）的伊吾县（7.63%）和塔城地区的托里县（7.39%）外，
乌鲁木齐市（11.05%）、五家渠市（16.94%）、昌吉州（12.77%）、
石河子市（15.83%）、克拉玛依市（10.55%）、博州（10.46%）所
有县市均已经进入人口老龄化社会。南疆地区的巴州（9.66%）除焉
耆（10.99%）、和静县（10.25%）、和硕县（10.37%）、博湖县
（12.87%）外，阿克苏地区（8.66%）、克州（7.60%）、喀什地区
（8.03%）除岳普湖县（11.13%）外以及和田地区（7.45%）的全部
县市均还未进入人口老龄化社会。另外，从新疆的98个县级行政区划
来看，按照上面的标准，"六普"数据显示，新疆已有39个县级行政
区划进入人口老龄化社会，占新疆全部98个县级行政单位的39.80%，
其中60岁及以上人口占总人口的比例在14%以上县级行政区划的有五
家渠市（16.94%）、石河子市（15.83%）、沙湾县（14.81%）、玛纳
斯县（14.52%）、奎屯市（14.07%）和吉木萨尔县（14.00%），其
他59个县级行政区划还未进入人口老龄化社会，其中60岁及以上人口
占总人口的比例在7%以上的有和田市（6.55%）、昭苏县（6.61%）、
图木舒克市（6.61%）、富蕴县（6.66%）、且末县（6.81%）、于田
县（6.86%）、阿拉尔市（6.86%）、青河县（6.92%）、民丰县
（6.93%）。可见，新疆人口的老龄化程度区域差异较大。

　　目前，新疆人口老龄化较高的地州市主要有乌鲁木齐市、哈密地
区、五家渠市、昌吉州、石河子市、奎屯市、克拉玛依市、博州、塔城
地区。虽然这些地州市都分布在东疆和北疆地区，但是它们在经济发展
和财政实力方面差异较大，能用于养老服务体系建设的人、财、物也差
异较大。2006年，新疆出台了《关于加快发展养老服务业的意见》（新
政办发〔2006〕157号），但是该文件属于指导性文件，没有具体的优
惠措施，可操作性不强。随后，乌鲁木齐市于2007年出台了《乌鲁木
齐市关于鼓励和促进社会力量兴办养老福利机构的若干意见》，制定了
鼓励和促进社会力量兴办养老福利机构的具体优惠政策。2011年3月，

克拉玛依市出台了《克拉玛依市支持社会力量兴办福利机构暂行办法》（以下简称《办法》），《办法》对符合条件兴办福利机构的优惠政策涉及一次性床位补贴、运营经费补贴、鼓励金融机构的贷款支持等 10 余项。2012 年 10 月，新疆人民政府出台了《关于加快推进社会养老服务体系建设的意见》（新政发〔2012〕87 号），从开办补助、税费优惠、运营补助以及给予优先用地权等方面，进一步细化了对社会力量兴办养老服务业的优惠政策。开办补助方面，自治区财政负担床位达到 100 张（含）以上的民办养老机构的开办补助，而对于床位 100 张以下的由当地财政给予一次性开办补助，民办养老服务机构按入住满一个月以上的老年人实际占用床位数计算全年平均数，给予每人每月 100 元的运营补贴，自治区（市）财政各承担 50%。在社区开办的居家养老服务机构的个人、社会组织、企业单位，由县（市、区）财政给予适当运营补助。① 截至目前，笔者通过网上搜索发现，除乌鲁木齐市和克拉玛依市外，其他地区还没有出台鼓励社会力量兴办养老机构的具体实施办法。因此，笔者认为，该政策不应该"一刀切"，而应该要考虑不同地区的经济条件，自治区财政应加大对经济条件较差地区的补贴投入，而对于人口老龄化较严重的地区中经济条件较好的地区应该加快出台鼓励社会力量兴办养老机构的具体实施办法。

三　"空巢老人"比例较高，且主要分布在城镇，必须加快城镇的养老服务体系建设

　　结合"六普"数据和分析的需要，此处"空巢老人"是指单身老人户和只有一对老夫妇的户。"空巢老人"家庭户的规模及其占当地有 60 岁及以上老年人口的家庭总户数的比例，可以更进一步说明该地区对养老服务体系的需求程度。"六普"数据显示，新疆有 60 岁及以上老年人口的常住人口的家庭户为 1531100 户，占家庭总户数 6705607 户的 22.83%，其中"空巢老人"家庭户有 526715 户（781082 人），占有 60 岁及以上老年人口的常住人口家庭户总数的 34.40%，而全国的这一比例为 32.65%。新疆有 65 岁及以上老年人口的常住人口家庭户中"空巢老人"家庭户为 34.34%，也高于全国的 31.77%。

---

　　① 杨英春：《新疆民政厅：社会力量办养老机构可享优惠》，http：//www. ts. cn/news/content/2012－11/27/content_ 7487025. htm。

在城乡分布方面，居住在城市的"空巢老人"家庭户有 208074 户，占城市中有 60 岁及以上老年人口的家庭户总数的 46.22%，占全疆"空巢老人"户的 39.50%；居住在镇的"空巢老人"户有 109380 户，占镇中有 60 岁及以上老年人口的家庭户总数的 45.37%，占全疆"空巢老人"户的 20.77%；居住在乡村的"空巢老人"户有 209261 户，占乡村中有 60 岁及以上老年人口的家庭户总数的 24.92%，占全疆"空巢老人"户的 39.73%。由此可见，新疆的"空巢老人"家庭户主要分布在城镇，居住在城镇的"空巢老人"家庭户占全疆"空巢老人"家庭户的 60.27%。另外，新疆城镇中有 60 岁及以上老年人口的家庭户有近一半是"空巢老人"家庭户。这在一定程度上说明，城镇对养老服务体系尤其是养老机构的需求更强。但是，目前新疆的养老机构却大多数分布在农村，主要为农村敬老院。全疆共有农村敬老院 395 家，占全疆养老机构总数的 76.1%；全疆共有城市养老机构 124 家，占全疆养老机构总数的 23.9%。① 因此，新疆今后应首先加快城市养老服务体系的建设。

从全疆"空巢老人"家庭户的地区分布来看，该地区"空巢老人"家庭户占全疆"空巢老人"家庭户的比例在 10% 以上的有乌鲁木齐市（20.62%）、昌吉州（12.27%）、伊犁州直属县市（10.16%），这一比例高可能和当地总人口规模有关。另外，"空巢老人"家庭户占当地有 60 岁及以上老年人口的家庭户总数的比例超过全疆平均水平的有乌鲁木齐市（46.05%）、克拉玛依市（54.96%）、哈密地区（42.79%）、昌吉州（49.42%）、博州（40.44%）、巴州（39.28%）、塔城地区（48.06%）、阿勒泰地区（38.71%）、石河子市（49.71%）、阿拉尔市（45.82%）、五家渠市（61.26%）（见表 9 - 4）。

作为新疆维吾尔自治区首府的乌鲁木齐市，早在 2000 年就已经进入人口老龄化社会，其经济条件在新疆是处于领先地位的，其老年人口以及"空巢老人"的规模和比例都在全疆处于第一位，但是目前乌鲁木齐市养老服务体系的发展还不尽如人意。由于秉承儒家文化及伊斯兰教

① 新疆维吾尔自治区发展和改革委员会：《加快构建新疆基本养老服务体系的措施建议》，http：//www.xjdrc.gov.cn/content.jsp? urltype = news. NewsContentUrl&wbtreeid = 9930&wbnewsid = 102145。

表 9 - 4　　　　　"六普"新疆"空巢老人"家庭户地区分布　　　　单位：户、%

	有60岁及以上老年人口的家庭户总数	单身老人户	只有一对老夫妇的户	"空巢老人"家庭户总数	占全疆"空巢老人"家庭户总数的比例	占当地有60岁及以上老年人口的家庭户总数的比例
合计	1531100	272348	254367	526715	100.00	34.40
乌鲁木齐市	235800	50491	58095	108586	20.62	46.05
克拉玛依市	27542	5629	9508	15137	2.87	54.96
吐鲁番地区	40243	4036	4084	8120	1.54	20.18
哈密地区	46866	8901	11153	20054	3.81	42.79
昌吉州	130741	35063	29550	64613	12.27	49.42
博州	32380	5434	7659	13093	2.49	40.44
巴州	87634	15110	19313	34423	6.54	39.28
阿克苏地区	153505	22453	14405	36858	7.00	24.01
克州	30473	2092	1748	3840	0.73	12.60
喀什地区	245649	27343	16124	43467	8.25	17.69
和田地区	119970	18522	6842	25364	4.82	21.14
伊犁州直属县市	166025	25717	27782	53499	10.16	32.22
塔城地区	108443	30257	21857	52114	9.89	48.06
阿勒泰地区	41480	8735	7323	16058	3.05	38.71
石河子市	38863	6654	12665	19319	3.67	49.71
阿拉尔市	7784	1587	1980	3567	0.68	45.82
图木舒克市	6617	921	891	1812	0.34	27.38
五家渠市	11085	3403	3388	6791	1.29	61.26

伦理理念，子女送老人到养老机构会遭到邻居、亲戚和朋友的斥责，另外大部分老人也不愿意离开家庭，所以家庭养老仍是乌鲁木齐当前养老模式的主体。[1] 但是，随着家庭规模的进一步小型化，每对夫妇需要负担的老人数量的增加，以及代际分户居住的增多，传统的家庭养老面临

---

① 李润芝：《乌鲁木齐多民族聚居城市养老模式研究成果推介》，《中共乌鲁木齐市委党校学报》2009年第1期。

严峻的挑战，急需社会养老服务体系的支撑。乌鲁木齐市从 2006 年开展社区居家养老服务试点工作，目前此项工作已经在大部分社区开展。但是，乌鲁木齐市现有的社区老年人福利服务设施和家政服务组织十分匮乏，远不能满足老年人的需求。全市社区养老机构仅仅只有天山区前进东路社区一家正式的社区托老站。同时，社区养老服务还存在设备陈旧、服务水平低、项目单一、布局和结构不合理，养老服务的工作人员整体素质不高，缺乏专业的老年知识等问题。① 从社区养老的发展来看，乌鲁木齐市社区养老服务还存在诸多问题，如政策缺乏统一的协调、运作机制和保障；资金短缺，来源方式单一；社区服务工作不能适应社区养老的发展；社区养老的宣传力度不大，对社区养老的认识不足等。② 在养老机构方面，乌鲁木齐市平均每千名老人有养老床位 8.7 张，与民政部《养老体系建设"十二五"发展规划》中每千名老人拥有养老床位 30 张的要求还有较大差距，养老供需矛盾仍较为突出。③ 此外，乌鲁木齐市养老机构的发展还存在规模较小、资金投入不足、优惠政策较难落实、管理体制不灵活及工作人员素质较低、设施不完善、服务内容单一且服务质量不高等方面的问题。④⑤ 可见，作为新疆维吾尔自治区首府的乌鲁木齐市，其养老服务体系建设与内地城市的养老服务体系发展还存在较大差距，新疆其他城市的养老服务体系建设则更加滞后。因此，各地必须高度重视城镇养老服务体系的投入、建设和政策支持，加快构建居家为基础、社区为依托、机构为支撑的社会养老服务体系。

第三节　小结

虽然目前新疆的人口老龄化程度滞后于全国，但是发展速度高于全

① 马晓燕：《乌鲁木齐市城市社区养老服务模式探讨》，《边疆经济与文化》2010 年第 9 期。

② 徐玉涛：《乌鲁木齐市社区养老模式浅析》，《洛阳师范学院学报》2010 年第 4 期。

③ 赵军、贾春霞：《乌鲁木齐多措并举助推养老机构发展》，http://www.tianshan-net.com.cn/news/content/2012 - 10/15/content_ 7327671. htm。

④ 付再学：《乌鲁木齐市养老机构中存在的问题与对策分析》，《新疆大学学报》（哲学·人文社会科学版）2008 年第 4 期。

⑤ 王晓辉、王卫平、余国新：《乌鲁木齐市养老机构发展研究》，《人力资源管理》2011 年第 10 期。

国，并且未来新疆的人口老龄化形势会越来越严峻。人口老龄化将会给社会经济发展带来一定的问题和压力，尤其是在社会经济发展程度不高的情况下，提前到来的老龄化社会将会使问题变得更加严重，因此，对于人口老龄化所带来的问题必须给予高度重视。新疆人口老龄化程度在城乡之间差异较大，虽然新疆农村地区的老龄化程度不高，但是农村地区的老年人有近一半分布在少数民族聚居区和贫困高发区，这些农村地区的老年人当前面临的最为重要的问题应该是如何脱贫和增加收入，将这些地区的扶贫政策与老年人的社会保障制度建设、医疗卫生服务以及养老问题结合起来考虑是较好的途径。对于新疆城市（尤其是老龄化程度较高、老年人口规模较大的城市）的老年人来说，社会养老服务体系发展滞后，无法满足日益增长的养老服务需求是当前亟须解决的问题。因此，对于新疆整体人口老龄化的严峻形势，既要有清醒的认识，未雨绸缪，早做谋划，也要认识到城市和农村老年人的需求差异，采取各有侧重的战略，这也许是当前解决新疆人口老龄化问题和养老服务体系建设的最佳选择。

第十章　新疆生产建设兵团人口发展研究

第一节　兵团总人口的历史变化

新疆生产建设兵团（以下简称兵团）是 1954 年 10 月由中央人民政府命令 10.15 万名驻新疆人民解放军官兵集体转业，脱离国防部队序列，并汇集来自全国各地的大中专生、支边青年、复员军人组建而成。兵团成立之初，人口约 17.54 万人。60 多年来，兵团人口大致经历了以下几个变化阶段①（见图 10－1）：

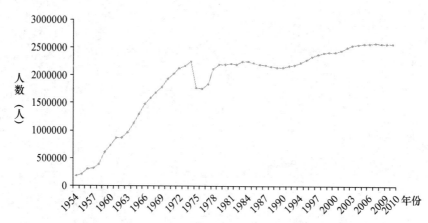

图 10－1　1954—2010 年兵团年末人口数变化趋势

资料来源：各年《新疆生产建设兵团统计年鉴》。

第一阶段，兵团人口急速增长阶段（1954—1974 年）。这一时期兵

---

①　程广斌、何佳嬴、王永静：《兵团人口变动及对经济社会发展的影响分析》，《新疆农垦经济》2012 年第 10 期。

团正处于各项事业的奠基和大发展阶段，社会经济的发展急需大批劳动力，为了解决大规模开垦荒原和其他各项事业发展过程中遇到的劳动力短缺问题，国家通过鼓励、提倡并组织各种不同形式的移民来到兵团，包括复员转业的革命军人、各类支边青壮年、自发移民等。1954—1974年，兵团人口从成立之初的 17.54 万人迅速增加到 1974 年年末的225.71 万人，净增加 208.17 万人。在这个阶段的前期（1954—1961年），人口增长主要以机械增长为主，这期间人口平均每年以 49.37%的速度增长，净增 69.29 万人。其中，迁移净增人口 61.80 万人，自然净增人口 7.49 万人，分别占净增人口的 89.19% 和 10.81%，自然增加的人数不足迁移增长的 1/8，也就是说兵团成立初期，主要依靠国家政策性迁移增加人口。从 1961—1974 年期间，前期的迁移性人口定居之后，陆续结婚生育，使自然增长率高达 40‰以上，所以人口增长方式发生了重大的变化，人口迁移和人口出生两种方式同时存在，人口的自然增长量甚至超过了人口的迁移增长量。这期间净增人口 139.5 万人，年平均增长人口 10.73 万人，其中迁移增加人口 52.61 万人，自然增加人口 86.89 万人，超过迁移增加人口 34.28 万人。

第二阶段，兵团人口增长剧烈波动阶段（1975—1981 年）。这一时期，兵团人口从 1974 年年末的 225.71 万人迅速下降到 1976 年年末的176.06 万人，之后又恢复到 1981 年年末的 221.02 万人，人口增长趋势呈"V"字形变化。主要原因是 1975 年兵团建制被撤销后，兵团和各师的工矿、交通运输、建筑工程、商业、文教、卫生、通信等企事业单位，分别归属自治区和地州有关部门管理，团场由农垦局管理，大量兵团人口转到了地方，导致人口数量的减少，兵团总人口在两年期间减少了 49.65 万人。1978 年 2 月，国务院决定对新疆农垦总局实行双重领导，使新疆农垦事业再次步入正轨，人口数量得以恢复，农垦事业也得以复苏。

第三阶段，兵团人口变动徘徊阶段（1982—1994 年）。1982 年兵团恢复时，兵团人口总量 219.66 万人，在此期间，兵团人口总量一直在 213.89 万—225.6 万人徘徊。这主要是由于国家经济政策调整，使兵团出现了较大规模的人口外迁现象，从 1983 年起到 1989 年出现了人口总量下降，呈连续负增长态势，6 年内共减少了 11.71 万人，1990 年以后出现人口缓慢的增长态势。

第四阶段，兵团人口稳步增长阶段（1995 年至今）。1995 年年末到 2010 年 11 月 1 日零时，人口总量由 228.79 万人发展到 261.38 万人，人口增长呈现持续稳步增长趋势。随着出生率、自然增长率的不断下降，人口发展转变为"低出生、低死亡、低增长"类型。

第二节　兵团人口现状

第六次人口普查时，兵团根据《兵团人口界定办法》，结合兵团特殊体制下人口居住和分布特点，科学创新兵团人口统计方法，在兵团管理的 4 个市、175 个团场和独立工矿区，按照第六次全国人口普查统一调查登记办法，配合自治区开展兵团第六次全国人口普查工作；在与地方融合居住城区的兵、师两级直属单位，开展兵团人口统计调查工作。充分利用现代统计调查技术和现代数据信息处理技术，将人口普查数据与人口统计调查数据实施规范对接合并，获得了完整、准确、与国家标准相一致的兵团人口总量及详细分组数据，这在兵团人口统计制度方法改革和人口普查实践中尚属首次，具有里程碑意义。① 这为全方位系统地分析当前兵团人口发展情况提供了翔实的数据资料。

"六普"兵团人口由居住在兵团管辖的阿拉尔市、图木舒克市、五家渠市和石河子市 4 个城市、175 个农牧团场和独立工矿辖区的常住人口，以及兵团和各师驻地方城区直属单位人口组成。本书所使用的数据来自国家统计局、新疆维吾尔自治区统计局以及兵团统计局人口普查办公室提供的以 2010 年 11 月 1 日零时为标准时点的全国第六次人口普查汇总数据，其中有关兵团 2000 年的"五普"数据来自兵团人口普查协调小组编的《兵团第五次全国人口普查暨兵团人口统计调查快速汇总资料》。

一　兵团人口的总量增长

人口总量方面，兵团 2010 年人口总量较 2009 年仅增加了 58 人，2009 年人口总量较 2008 年仅增加了 68 人，可见，当前兵团人口总量呈缓慢增长态势。另外，"六普"数据显示兵团总人口为 2613783 人，

---

① 新疆生产建设兵团第六次全国人口普查暨人口统计调查办公室：《新疆生产建设兵团 2010 年人口普查暨调查资料》，中国统计出版社 2013 年版，序言。

与第五次全国人口普查 2000 年 11 月 1 日零时的 2480535 人相比，10 年共增加 133248 人，增长 5.37%，年平均增长 0.52%。兵团人口占新疆总人口（21815815）人的 11.98%，与 10 年前的 13.44% 相比，下降 1.46 个百分点。

由表 10-1 可见，从 2000 年"五普"到 2010 年"六普"的 10 年间兵团人口年平均增长率与全国人口的年平均增长率接近，但是远远低于新疆，新疆人口的年平均增长率是兵团人口的 3 倍多。

表 10-1　　　　　　兵团人口变动与新疆和全国比较　　　　单位：人、%

	"六普"	"五普"	增加绝对数	增加百分比	年平均增长
兵团	2613783	2480535	126649	5.37	0.52
新疆	21815815	18459511	3356304	18.18	1.68
全国	1332810869	1265825048	66985821	5.29	0.52

二　兵团人口的自然增长

人口总量的变化是由自然变动及机械迁移两个因素决定的。自然变动主要指人口的出生与死亡，机械迁移主要指人口的迁入和迁出。在相对稳定的人口环境下，即不考虑机械迁移的因素时人口总量的变动主要与人口的出生与死亡相关。

从表 10-2 中可看出，兵团人口的出生率随着计划生育政策的深入人心而逐年下降。从实行计划生育前一年（1975 年）的出生率 24.55‰，下降到 2010 年的 5.74‰。30 多年后的兵团人口从"高出生、低死亡、高自然增长"型人口演变成超低生育型人口。与此同时，由于死亡率变化不大，自然增长率也持续降低。

表 10-2　　　　　兵团人口部分年份总人口及出生率、
　　　　　　　　　　死亡率、自然增长率的变化　　　　单位：万人、‰

年份	总人口	出生率	死亡率	自然增长率
1954	17.55	29.36	3.97	25.39
1964	113.63	55.37	6.73	48.64

续表

年份	总人口	出生率	死亡率	自然增长率
1974	225.71	33.8	3.79	21.31
1975	177.11	24.55	3.24	21.31
1982	219.66	11.98	3.24	8.64
1990	214.58	11.98	4.35	7.13
1995	228.78	9.98	4.45	5.53
2000	242.79	9.40	5.20	4.20
2005	256.98	6.38	4.65	1.73
2010	257.32	5.74	5.11	0.63

资料来源:《新疆生产建设兵团统计年鉴(2011)》及历次人口普查资料。

在四次人口普查中,兵团妇女的总和生育率均低于 2.0 的生育更替水平(见表 10 - 3)。兵团妇女的总和生育率水平早在 1982 年已进入了低水平生育的行列,比全国(1995 年)早 13 年实现了更替水平并持续下降。妇女的总和生育率长期下降至更替水平之下,必然会导致兵团人口结构的异化。生育率下降越快、时间越长,人口老龄化速度就越快,程度越深。过低的生育水平是兵团担负屯垦戍边任务、实现跨越式发展和长治久安的不利因素。"六普"显示,兵团人口的总和生育率为1.14,而新疆为 1.53,全国为 1.18。由此可见,兵团长期处于超低生育率,兵团人口的生育水平远低于新疆,也低于全国水平。

表 10 - 3 　　　　　　　兵团人口普查年度总和生育率变化

年份	总和生育率
1982	1.5660
1990	1.2024
2000	1.0463
2010	1.1448

资料来源:历次人口普查资料。

三 兵团人口的机械增长

按照《新疆生产建设兵团统计年鉴(2011)》给出的各年份总人口

和自然增长率计算，"五普"到"六普"10 年间，兵团自然增长人口为 60.76 万人，但是实际兵团总人口只增加了 13.32 万人（见表 10-4），这在一定程度上说明兵团人口的迁出大于迁入。

表 10-4　　　　　　　　　兵团人口自然增长情况　　　　　　单位：万人、%

年份	总人口	自然增长率	自然增长人口
2000	242.79	4.20	10.20
2001	245.36	4.10	10.06
2002	250.12	3.38	8.45
2003	254.22	2.90	7.37
2004	256.38	2.35	6.03
2005	256.98	1.73	4.45
2006	257.94	1.10	2.84
2007	258.47	1.23	3.18
2008	257.31	1.33	3.42
2009	257.31	1.22	3.14
2010	257.32	0.63	1.62
合计	—	—	60.76

由此可见，兵团人口的增长模式已经由过去以机械增长为主转变为以自然增长为主，并且由于人口的生育水平长期处于较低水平，兵团人口总量缓慢增长，几乎为零增长。

四　兵团人口的流动性

目前，我国正处于人口流动的活跃期。因此，人口的流动情况对人口总数的变化影响巨大。兵团成立之初到 1980 年，人口的机械增长是兵团人口总量增加的主要途径。虽然，目前兵团的人口增长模式已经由过去的以机械增长为主转变为以自然增长为主，但是兵团人口的迁入和迁出还是比较活跃。

从兵团人口的户籍状况来看，居住在本乡、镇、街道，户口在本乡、镇、街道的人口有 2032996 人，占常住人口的 77.78%；流动人口有 551055 人，占总人口的 21.08%，其中流动人口居前三位的师为农八师（195022 人）、农一师（69825 人）、农六师（66936 人），分别占全兵团流动人口的 35.40%、12.67% 和 12.15%。而"六普"显示，新疆流动人口为 4276951 人，占新疆总人口的 19.60%。由此可见，兵团总人口中流动人口的比例略高于新疆。

从外来人口的户口登记地分布来看，兵团外来流动人口 551055 人中，户口登记地在省外的有 328236 人，占兵团全部外来流动人口的 59.57%，其中前三位的为农八师 101914 人、农一师 46410 人、农六师 43304 人，分别占全兵团外来流动人口中户口登记地在省外的人口的 31.05%、14.14% 和 13.19%。而新疆外来流动人口中户口登记地在省外的人口为 1791642 人，占新疆外来流动人口的 41.89%。由此可见，兵团外来流动人口中户口登记地在省外的人口的比例高于新疆。

"六普"显示，兵团户籍人口为 2559458 人，其中外出半年以上的为 505016 人，占总户籍人口的 19.73%，其中前三位的为农八师 137164 人、农六师 81968 人、农十三师 15399 人，分别占全兵团户籍人口中外出半年以上人口的 27.16%、16.23% 和 3.05%。而新疆户籍人口中外出半年以上人口为 2727267 人，占新疆户籍人口（20255650 人）的 13.46%。由此可见，兵团户籍人口中外出半年以上人口的比例略高于新疆。

可见，兵团常住人口中的外来流动人口比例、外来流动人口中户口登记地在省外的人口比例以及户籍人口中外出半年以上的人口比例均高于新疆，兵团人口流动性高于新疆。兵团是一个开放的组织，人口流入和流出的比例均高于新疆，这可能是因为兵团人口主要由汉族人口组成，便于内地人口流入，也便于人口流出。

五　兵团人口的年龄和性别结构

人口金字塔可以从直观上反映人口性别和年龄的构成情况。正常情况下，即历史上各年出生、死亡变化是均匀的情况下，人口金字塔应该是正金字塔形。而我国由于历史上出生率、死亡率曾出现过几次较大的波动，我国人口金字塔不规则。但由图 10-2 和图 10-3 的兵团和新疆人口金字塔可以大致看出，与新疆相比兵团人口金字塔更显不规则，人口的性别和年龄结构没有新疆人口的整齐，兵团各年龄段的人口性别比偏高，男性人口多。

（一）性别结构

2010 年"六普"数据显示，兵团总人口性别比为 112.03，比 2000 年"五普"时的 111.10 高出 0.93 个百分点，而"六普"显示新疆为

106.97，全国为 104.90，可见，兵团人口的性别比偏高，远高于全国和新疆平均水平，远高于国际公认的 103—107 范围。另外，兵团出生人口性别比为 106.08，新疆为 105.56，全国为 121.21，兵团略高于新疆，但远低于全国，处于国际公认的 103—107 范围内，说明兵团人口没有性别偏好。

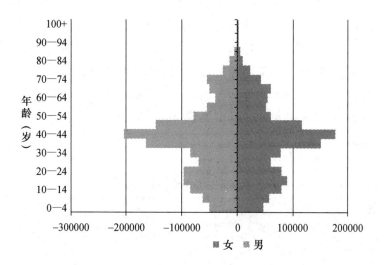

图 10 - 2　兵团 2010 年 11 月 1 日人口金字塔

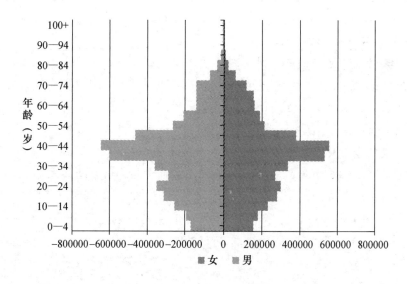

图 10 - 3　新疆 2010 年 11 月 1 日人口金字塔

从兵团各单位来看，有的单位人口较少，总人口性别比没有人口学意义，比如国资公司、中基公司、供销公司以及兵团直属等单位；有的单位是由于属于特殊行业，其人口性别比较高，比如建工师，这也属正常；但是，农六师总人口性别比较高，要引起注意。在兵团的三个城市中，石河子市总人口性别比为103.91，属于正常范围；阿拉尔市和图木舒克市的总人口性别比分别为117.66和117.01，高于正常范围。

从各团来看，总人口性别比在130以上的有农一师11团和12团、农二师36团和38团、农三师49团、农六师102团和共青团农场、农九师166团、农十师187团，在这些团中有些属于南疆，周边大多是少数民族人口，有些属于边境团场，生产生活条件艰苦，这两类地区由于其社会的封闭性，其总人口性别比偏高，可能会引起男性人口婚配难等社会问题，要引起重视。

表 10 - 5　　　　　　　　兵团各师总人口性别比

农一师	农二师	农三师	农四师	农五师	农六师	农七师	农八师	农九师
112.92	110.8	113.86	105.28	104.18	121.54	109.03	109.85	110.66
农十师	建工师	农十二师	农十三师	农十四师	国资公司	中基公司	供销公司	兵团直属
111.54	152.7	107.15	112.68	107.04	109.38	130.48	127.41	116.69

（二）年龄结构

人口老龄化是指总人口中因年轻人口数量减少、年长人口数量增加而导致的老年人口比例相应增长的动态。国际上通常把60岁及以上的人口占总人口比例达到10%或65岁及以上人口占总人口的比例达到7%作为国家或地区进入老龄化社会的标准。按照这一标准，兵团已经进入人口老龄化社会。

由表10-6可见，"六普"与"五普"相比10年间兵团总人口中0—14岁人口减少了166943人，占总人口的比例降低了7.51个百分点，15—64岁人口增加了147398人，占总人口的比例提高了1.95个百分点，65岁及以上人口增加了152793人，占总人口的比例提高了5.56个百分点。

表 10 – 6 　　　"六普"与"五普"兵团人口年龄分布变动情况 　　单位：人、%

	总人口	0—14 岁	占总人口的比例	15—64 岁	占总人口的比例	65 岁及以上	占总人口的比例
"六普"	2613783	376722	14.41	1943309	74.35	293752	11.24
"五普"	2480535	543665	21.92	1795911	72.40	140959	5.68

　　由表 10 – 7 可见，兵团人口的老龄化程度远高于全国和新疆的平均水平，65 岁及以上人口占总人口的比例高出全国平均水平 2.32 个百分点。另外，从表 10 – 8 和表 10 – 9 可以看出，兵团人口的少儿抚养比都低于新疆和全国；而无论老年人口按 65 岁及以上人口计算还是按 60 岁及以上人口计算，老年抚养比高于新疆和全国；从总抚养比来看，兵团人口的总抚养比低于新疆。但是，如果老年人口按 65 岁及以上人口计算的话，兵团人口的总抚养比略高于全国；如果老年人口按 60 岁及以上人口计算的话，兵团人口的总抚养比略低于全国。

表 10 – 7 　　　　兵团人口年龄结构与新疆和全国比较 　　　　单位：%

	总人口	0—14 岁	占总人口的比例	15—64 岁	占总人口的比例	65 岁及以上	占总人口的比例
兵团	2613783	376722	14.41	1943309	74.35	293752	11.24
新疆	21815815	4461802	20.45	15939934	73.07	1414079	6.48
全国	1332810869	221322621	16.61	992561090	74.47	118927158	8.92

表 10 – 8 　　　　兵团、新疆和全国人口的抚养比
（老年人口按 65 岁及以上计算）

	总抚养比	少儿抚养比	老年抚养比
兵团	34.50	19.39	15.12
新疆	36.86	27.99	8.87
全国	34.28	22.30	11.98

表 10 - 9　　　　　　　　　兵团、新疆和全国人口的抚养比

（老年人口按 60 岁及以上计算）

	总抚养比	少儿抚养比	老年抚养比
兵团	41. 36	20. 37	20. 99
新疆	43. 09	29. 26	13. 82
全国	42. 72	23. 70	19. 02

六　兵团人口的民族构成

2000 年"五普"时，兵团汉族人口为 2187734 人，占总人口的比例为 88.20%，其他民族人口为 292801 人，占总人口的比例为 11.80%。"六普"显示，兵团汉族人口为 2236281 人，占兵团总人口的比例为 85.56%，其他民族人口为 377502 人，占总人口的比例为 14.44%。可见，与 2000 年"五普"相比，兵团汉族人口比例下降了 2.64 个百分点，而其他民族人口的比例上升了 2.64 个百分点。

"六普"显示，新疆汉族人口为 8829994 人，占新疆总人口的比例为 40.48%，兵团汉族人口占新疆汉族人口的比例为 25.33%，比"五普"时的 29.41%，下降了 4.08 个百分点。兵团各少数民族中人口最多的为维吾尔族，"六普"显示，兵团维吾尔族人口为 212294 人，占兵团总人口的比例为 8.12%，占兵团少数民族总人口的 56.25%。而"六普"时，新疆维吾尔族人口为 10001302 人，占新疆总人口的比例为 45.84%，兵团维吾尔族人口占新疆维吾尔族人口的比例为 2.12%。

七　兵团人口的受教育程度

横向比较来看，2000 年"五普"时兵团 6 岁及以上人口未上过学的比例为 8.53%，"六普"时这一比例降低到 5.55%（见表 10 - 10）；2000 年"五普"时兵团 6 岁及以上人口中大学专科及以上学历人口的比例为 6.34%，"六普"时这一比例上升到 11.83%。2000 年"五普"时兵团 15 岁以上文盲人口为 185184 人，占总人口的比例为 7.47%，"六普"时为 123531 人，占总人口的比例为 4.73%。可见，与 2000 年"五普"相比，兵团人口的受教育程度有很大提高。

从受教育程度来看，兵团人口中未上过学的人口比例高于新疆，略高于全国；小学学历的人口比例低于新疆和全国；初中学历的人口比例高于新疆，略低于全国；高中、大学专科和大学本科学历的人口比例高

于新疆和全国；研究生学历的人口高于新疆，低于全国。这说明兵团人口受教育水平差异较大，未上过学和小学学历的人口比例高于新疆，而初中及以上学历的人口比例均高于新疆。另外，兵团文盲人口占 15 岁及以上人口的比例为 5.52%，而新疆这一比例为 3.01%，这说明兵团人口受教育程度存在一定程度的两极分化现象。

表 10 - 10 　　　　　"六普"全国、新疆与兵团 6 岁及

以上人口的受教育结构 　　　　单位:%

地区	未上过学	小学	初中	高中	大学专科	大学本科	研究生
兵团	5.55	26.92	40.18	15.52	7.42	4.18	0.23
新疆	3.18	32.87	39.60	12.75	7.64	3.77	0.19
全国	5.00	28.75	41.70	15.02	5.52	3.67	0.33

第三节　兵团人口空间分布

一　兵团人口的区域分布

（一）兵团人口分布的"北多南少"格局基本没有改变，南疆地区兵团人口过少

从南疆、北疆和东疆三大地区来看，南疆地区主要是兵团的农一师、农二师、农三师和农十四师，以及巴州、克州、阿克苏地区、喀什地区和和田地区；北疆地区主要是兵团的农四师、农五师、农六师、农七师、农八师、农九师、农十师、建工师和农十二师，以及伊犁州、博州、昌吉州、乌鲁木齐市和克拉玛依市；东疆地区主要是兵团的农十三师，以及哈密地区和吐鲁番地区。"六普"与"五普"相比，兵团在北疆、南疆和东疆的人口都有所增加，北疆地区的兵团各单位共增加81322 人，南疆地区增加 43304 人，东疆地区增加 8622 人，北疆地区的兵团各单位人口占兵团总人口的比例下降了 0.42 个百分点，南疆地区的兵团各单位人口占兵团总人口的比例提高了 0.26 个百分点，东疆地区的兵团各单位人口占兵团总人口的比例提高了 0.18 个百分点，兵

团人口分布的"北多南少"格局基本没有改变,北疆地区的兵团各单
位人口占兵团总人口的比例稳定在近70%。另外,从北疆、南疆和东
疆的兵团人口占新疆人口的比例来看,都是在降低,北疆地区兵团人口
占新疆人口的比例降低了2.06个百分点,南疆地区兵团人口占新疆人
口的比例降低了0.89个百分点,东疆地区兵团人口占新疆人口的比例
降低了0.22个百分点。

表 10 - 11　　　　　"五普"北疆、南疆和东疆兵团人口分布　　　单位:人、%

地区	兵团人口	占兵团总人口的比例	新疆人口	兵团人口占新疆人口的比例
北疆	1720575	69.36	8691258	19.80
南疆	683237	27.54	8725426	7.83
东疆	76723	3.09	1042827	7.36

表 10 - 12　　　　　"六普"北疆、南疆和东疆兵团人口分布　　　单位:人、%

地区	兵团人口	占兵团总人口的比例	新疆人口	兵团人口占新疆人口的比例
北疆	1801897	68.94	10157644	17.74
南疆	726541	27.80	10462868	6.94
东疆	85345	3.27	1195303	7.14

从区域分布来看,"六普"数据显示,兵团北疆地区的8个师(农
四师、农五师、农六师、农七师、农八师、农九师、农十师和农十二
师)的人口占兵团总人口的65.35%,而这8个师的耕地占兵团耕地总
面积的68.46%,2010年生产总值占兵团的63.17%;南疆地区的4个
师(农一师、农二师、农三师和农十四师)的人口占兵团总人口的
27.80%,而这4个师的耕地占兵团耕地总面积的28.96%,2010年生
产总值占兵团的25.62%;南疆和北疆地区的人口占比、耕地占比与生
产总值占比比较接近。因此,从总体上看,兵团南疆和北疆地区的人口
与土地资源和经济发展是比较平衡的。也就是说,兵团人口分布形成目
前的这种"北多南少"的情况是由自然资源情况和经济发展情况所决

定的。

但是，民族社会学研究发现，民族混居的程度越高，民族间在经济、社会生活各领域交往与互助合作的可能性就越大，就越有助于增进相互了解、共同发展。少数民族居住越分散，与主体民族汉族交错居住的程度越高，社会隔绝程度越低，其经济社会发展也就越高。① 新疆南疆地区是少数民族聚集区，"六普"数据显示南疆地区的少数民族人口占南疆地区总人口的83.02%，汉族人口只占16.98%。兵团在南疆地区有4个师53个团场726541人，占南疆地区总人口的6.94%。因此，从维稳戍边和增进民族团结角度来看，兵团在南疆地区的人口过少。

（二）天山北坡经济带的三个经济区人口发展与经济发展一致，既是兵团经济发展的主战场，也是人口增加的主战场

按经济区划分，兵团可分为5个经济区。一是中天山北麓经济区，包括乌鲁木齐、五家渠、石河子、奎屯4个垦区，有农六师、农七师、农八师、建工师和农十二师；二是北疆西北边境经济区，包括伊犁州、博州、塔城地区、北屯四大垦区，有农四师、农五师、农九师和农十师；三是天山南麓经济区，包括阿克苏地区、库尔勒地区两大垦区，有农一师和农二师；四是南疆西南部经济区，包括喀什地区、和田地区两大垦区，有农三师和农十四师；五是东疆经济区，包括哈密地区和吐鲁番地区两个垦区，有农十三师。

经济发展方面，2010年与2000年相比，10年间兵团增加的经济总量中，占比最大的是中天山北麓经济区，为57.30%；其次为天山南麓经济区，为19.89%；接下来是北疆西北边境经济区，为14.10%；再次为南疆西南部经济区，为5.76%；最后为东疆经济区，为2.95%（见表10-13）。人口发展方面，从"六普"与"五普"相比，兵团增加的人口中，有49.04%属于中天山北麓经济区，有33.77%属于南疆西南部经济区，有11.99%属于北疆西北边境经济区，有6.47%属于东疆经济区，天山南麓经济区人口减少（见表10-14）。从人口与经济的协调发展来看，经济发展应该是人口分布变动的决定因素，从兵团的这5个经济区来看：第一，中天山北麓经济区是生产总值增加最多的区域，同时也是人口增加最多的区域；第二，天山南麓经济区的生产总值

---

① 马宗保：《多元一体格局中的回汉民族关系》，宁夏民族出版社2002年版，第78页。

增加最多，但是这个区域的人口却出现了减少，这其中的原因有待进一步研究；第三，北疆西北边境经济区的生产总值增加最多，其人口增加的占比也排在第三位，这也符合经济发展对人口分布的决定因素；第四，南疆西南部经济区，其生产总值的增加占比居第四位，但是其人口增加占比却是第二位，可见这个区域的人口增加超过了经济总量的增加，这可能和这个区域少数民族人口比例过高，从而导致人口增加过快有关；第五，无论是生产总值增加占比和人口增加占比，东疆经济区都排在后面。

表 10 - 13   2010 年与 2000 年相比各经济区生产总值变化情况 单位：元、%

	中天山北麓经济区	北疆西北边境经济区	天山南麓经济区	南疆西南部经济区	东疆经济区
2010 年	4378482	1131907	1543354	434283	218126
2000 年	997919	300323	370169	94426	43917
生产总值增加绝对数	3380563	831584	1173185	339857	174209
生产总值增加占全兵团生产总值增加的比例	57.30	14.10	19.89	5.76	2.95

注：其中生产总值都是当年价。

表 10 - 14   "六普"与"五普"相比各经济区人口变化情况 单位：人、%

	中天山北麓经济区	北疆西北边境经济区	天山南麓经济区	南疆西南部经济区	东疆经济区
"六普"人口	1324171	477726	474986	251555	85345
"五普"人口	1258828	461747	476685	206552	76723
人口增加绝对数	65343	15979	-1699	45003	8622
人口增加占兵团全部增加人口的比例	49.04	11.99	-1.28	33.77	6.47

总之，从 5 个经济区的划分来看，在北疆和东疆的中天山北麓经济区、北疆西北边境经济区和东疆经济区 3 个经济区（即天山北坡经济带）的人口发展和经济发展是一致的，符合经济发展是人口分布变动

的决定因素的理论，但是天山南麓经济区和南疆西南部经济区的人口发展与经济发展是不一致的，前者的人口发展落后于经济发展，这其中的原因有待进一步研究，而后者的人口增加超过了经济增加，这可能与这个区域中少数民族人口增长过快有关。

二　兵团各师人口分布

（一）十年来兵团各师人口变动差异很大，农八师人口增加最多，个别师人口出现减少

从兵团各师的人口变动绝对数情况来看，各师人口变化差异很大，除农二师、农四师和建工师人口少量减少外，其他师的人口与"五普"相比都有增加。其中，人口增加最多的师是农八师，其次是农三师和农十四师，并且农八师的人口增加数量远远大于其他师。农八师人口增加了103485人，与"五普"相比增加了19.19%，年均增长1.77%，其中市区人口增加了81245人，占增加总人口的78.51%，市区人口年平均增长2.43%。从农三师和农十四师的人口增长情况来看，10年间这两个师的汉族人口分别减少1818人和增加8344人，少数民族人口分别增加32637人和5840人。因此，农三师的人口增加主要是少数民族人口的增加，农十四师人口的增加是汉族人口和少数民族人口共同增加的结果。

从"六普"比"五普"增加的相对数情况来看，兵团总人口10年共增加12.67万人，增长5.1%。其中，农十四师增加最多，增加了59.00%；其次是农十二师、农八师和农三师，分别增加了23.18%、19.19%和16.89%；接下来是农十三师、农十师、农九师和农五师，分别增长了11.24%、7.75%、6.25%和5.86%，农六师、农七师和农一师分别增长了1.74%、1.24%和1.22%，农二师、农四师和建工师人口出现减少。从"六普"和"五普"人口分布变化来看，农十四师人口增加，可能是2000年以后成立224团导致汉族人口增加和少数民族计划生育政策宽松导致少数民族人口增加两方面原因共同影响的；农十二师人口增加，可能是由于其区位处于乌鲁木齐市郊区，乌鲁木齐市经济发展带动的；农八师人口增长主要是经济发展和城市发展所导致；农三师人口的增加主要是少数民族人口的增加所导致的。

表 10 - 15 兵团各师"六普"与"五普"人口变化情况 单位：人、%

单位	农一师	农二师	农三师	农四师	农五师	农六师	农七师
"六普"人口	284627	190359	213329	214077	113152	301438	213861
"五普"人口	281185	195500	182510	214229	106893	296278	211242
人口增减绝对数	3442	-5141	30819	-152	6259	5160	2619
人口增减相对数	1.22	-2.63	16.89	-0.07	5.86	1.74	1.24
单位	农八师	农九师	农十师	建工师	农十二师	农十三师	农十四师
"六普"人口	642839	72889	77608	53638	72234	85345	38226
"五普"人口	539354	68599	72026	57284	58640	76723	24042
人口增减绝对数	103485	4290	5582	-3646	13594	8622	14184
人口增减相对数	19.19	6.25	7.75	-6.36	23.18	11.24	59.00

（二）各师人口与经济发展关系分析

从 2010 年的"六普"和 2000 年的"五普"各师人口和生产总值的变化情况来看（见图 10 - 4 和图 10 - 5），各师的生产总值都是增加的，但是农二师、农四师和建工师却出现了人口的减少，由于建工师是以建筑业为主导的师，它的人口减少是很好解释的。但是农一师和农六师的经济发展却没有带来人口的大量增加，而 10 年间农八师是经济发展最快的师，也是人口增加最多的师。另外，农三师和农十四师的人口增加幅度超过了经济增加的幅度，这可能是由于这两个师的少数民族人口增加所导致的。其他师的经济发展情况和人口增加情况基本一致。因此，总体上各师生产总值和人口变化情况不是很一致。也就是说，从师这一层次的行政区划来看，经济发展情况和人口发展情况不一致。这可能是由于兵团各师人口规模差异很大，规模大的师有几十万人，而规模小的师只有几万人，人口统计学意义不强；此外，10 年来兵团各师的行政区划变化较多也是重要原因。但是也能从中发现，有些师的经济发展和人口发展是符合理论规律的。

从表 10 - 16 可见，GDP 比例低于人口比例的师有农二师、农三师、农四师、农五师、农九师、农十师、农十三师和农十四师，这说明这些师的经济发展程度低于人口集聚程度，这可能和这些师的第一产业比例较高有关；GDP 比例高于人口比例的师有农一师、农六师、农七师、建工师、农十二师，这可能和这些师的第二、第三产业比例高有关；

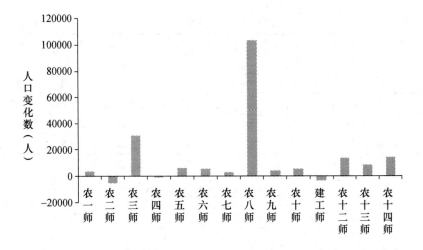

图 10 − 4　兵团各师"六普"与"五普"人口变化情况

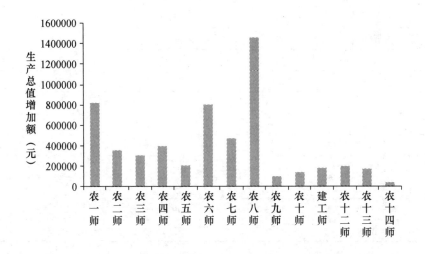

图 10 − 5　2010 年和 2000 年相比各师生产总值增加情况

GDP 比例等于人口比例的师只有农八师，这可能是农八师的产业结构比较合理所致。因为，近年来兵团大力推动农业的机械化、信息化和自动化导致第一产业对劳动力的吸纳能力下降，而第二产业和第三产业对人口的吸纳能力较强（见表 10 − 17）。

表 10 - 16　　　　　　　　各师人口比例与 GDP 比例　　　　　　单位:%

单位	农一师	农二师	农三师	农四师	农五师	农六师	农七师
人口比例	10.89	7.28	8.16	8.19	4.33	11.53	8.18
GDP 比例	13.43	6.52	5.04	7.12	3.36	12.72	8.30
单位	农八师	农九师	农十师	建工师	农十二师	农十三师	农十四师
人口比例	24.59	2.79	2.97	2.05	2.76	3.27	1.46
GDP 比例	24.59	1.82	2.22	3.07	3.03	2.85	0.63

表 10 - 17　　　　　　　　2010 年各师产业结构情况　　　　　　单位:%

	第一产业	第二产业	第三产业
兵团合计	36.2	34.0	29.8
农一师	53.4	27.7	18.9
农二师	43.2	29.9	26.9
农三师	57.1	16.0	26.9
农四师	35.1	43.0	21.9
农五师	52.7	20.3	27.0
农六师	34.1	35.7	30.2
农七师	43.4	32.7	23.9
农八师	29.3	38.5	32.2
农九师	46.9	21.8	31.3
农十师	37.1	36.7	26.2
建工师	0.1	89.0	10.9
农十二师	19.3	54.1	26.6
农十三师	37.3	40.9	21.8
农十四师	48.5	22.2	29.3

三　兵团城市人口分布

从表 10 - 18 可见,兵团城市人口占总人口的比例为 29.49%,而新疆城市人口为 6071803 人(含兵团的 4 个城市),占总人口的比例为 27.83%,全国这一比例为 30.29%。可见,兵团城市人口占总人口比例高于新疆,略低于全国。但是,兵团城市人口大多分散在周边团场,市区人口集中度不高。按照人口规模,兵团 4 个城市中只有石河子市属于中型城市,而其他 3 个城市都属于小城市。"六普"与"五普"相

比，石河子市市区增加的人口占农八师增加人口的 78.51%，市区人口
年平均增长 2.43%，远高于兵团平均水平。农六师五家渠市在设市 8
年后，总人口仍达不到 10 万人的小城市标准；而图木舒克市尽管总人
口超过 10 万人，但城市建成区人口仅有 2 万余人，仍旧是兵团所属 5
个城市（包括北屯市）城区人口最少的城市。2011 年 12 月 28 日，新
设立的兵团城市北屯"六普"时尚未设市。但 2011 年年底的统计数据
表明，北屯市行政辖区总人口为 7.63 万人，成为新疆及兵团设市城市
中最小的城市。可见，兵团城市人口规模小、发展慢，人口集聚能
力弱。

表 10 - 18　　　　　　　　兵团各城市人口规模　　　　　单位：人、%

城市	石河子市	阿拉尔市	图木舒克市	五家渠市	合计	占兵团总人口的比例
人口规模	380130	158593	135727	96436	770886	29.49

四　兵团团场人口分布

兵团团场呈"两圈一线"型空间布局，主要分布在两大沙漠的边
缘地带及边境线，少数分布于天山、阿尔泰山、昆仑山山区。当初兵团
团场的布局不是从经济和社会发展、功能和区位特色角度出发，而是以
屯垦戍边为出发点，更多的是考虑其在政治上、军事上的作用和地位。

兵团总人口中，团场人口 175.87 万人，占总人口的 67.5%，与
2000 年兵团第五次全国人口普查暨人口统计调查相比，团场人口减少
9.43 万人，团场人口占总人口比例下降了 7.2 个百分点。团场共有家
庭户 73.88 万户，家庭户人口 168.24 万人，平均每个家庭户人口 2.88
人，比 2000 年兵团第五次全国人口普查暨人口统计调查的 3.01 人减少
0.13 人。

从各农业师的团场人口与总人口来看，团场人口占全师总人口的比
例超过 90% 的有农三师、农十二师、农十三师和农十四师；在 80%—
90% 的有农四师；在 70%—80% 的有农五师、农六师、农七师、农九
师；在 60%—70% 的有农一师、农二师和农十师（见表 10 - 19）。由
此可见，从整个兵团来看，团场仍然是集聚人口的主要载体。但是，农
八师团场人口占全师总人口的比例只有 45.83%，石河子市人口为
380130 人，占全师总人口的比例为 59.13%，这说明对农八师来说城市

已经成为集聚人口的主要载体。

表 10 - 19　　　　　　**各师团场人口占总人口的比例**　　　　单位:%

农一师	农二师	农三师	农四师	农五师	农六师	农七师
64.08	69.52	91.78	86.15	78.41	77.33	70.39

农八师	农九师	农十师	农十二师	农十三师	农十四师	
45.83	71.44	65.18	92.66	94.74	95.22	

　　从各团场人口规模和分布来看（见图 10 - 6 和表 10 - 20），兵团各团场的人口规模分布较分散，差异极大，有 100 个团场人口规模在 0.5 万—2 万人，最大值为 57344 人（芳草湖农场），最小值为 815 人（托云牧场），均值为 12254 人，标准差为 9306 人（见表 10 - 20）。具体来看：5 万人以上的团场 2 个，4 万—5 万人的团场 1 个，3 万—4 万人的团场 4 个，2 万—3 万人的团场 13 个，1 万—2 万人的团场 50 个，0.5 万—1 万人的团场 50 个，0.2 万—0.5 万人的团场 19 个，0.2 万人以下的团场 4 个（见图 10 - 7）。

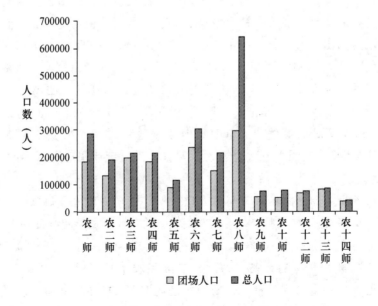

图 10 - 6　兵团各师总人口与团场人口

表 10 – 20　　　　　兵团团场人口规模统计指标　　　　单位：个、人

	兵团团场数	极小值	极大值	均值	标准差
团场人口	143	815	57344	12254	9306

　　总之，兵团辖地总体呈现"插花"式分布特征，无法形成完整的区域；没有集中连片的管辖区域，无法形成独立完整的城镇体系网络。兵团城市中的阿拉尔市、图木舒克市的师行政所在地与市区在空间上相距数百千米，无法发挥兵团城市"师市合一"的特殊体制优势。团场城镇空间分布过于分散，人口聚集度不高，产业吸引力不强。

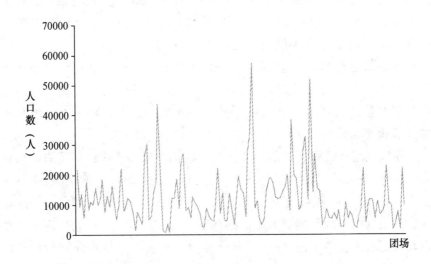

图 10 – 7　兵团各团场人口情况

第四节　兵团人口发展对策

一　自然增长和机械增长双轮驱动，增加兵团人口规模

　　兵团的人口增长已经由过去的机械增长为主转变为以自然增长为主，而兵团人口的自然增长已经很低，导致兵团人口总量接近零增长，这将严重影响兵团屯垦戍边使命的履行。"六普"数据显示，兵团人口

的总和生育率为 1.09，不仅远低于新疆的 1.53，也低于我国的 1.18。国际人口学界基本上认同了一个数量定义：当总和生育率等于或低于 1.3 时即为超低生育率。在一个稳定人口中，如果总和生育率为 1.3 的话，那么人口将以年平均 1.5% 的速度减少，每隔 45 年，出生队列规模将减半，人口规模将减半。显然，兵团人口的生育率已经属于超低生育率，如果兵团人口长期处于超低生育率，将导致劳动力人口缩减、人口的高度老龄化，进而威胁到兵团的生存和发展。目前，中国已放开"二胎"，但即便如此，对遏制更早些时候的人口亏损所造成的人口塌陷和失衡危机而言，也为时已晚。一是基于高生育成本考量的低生育意愿和文化制约了生育水平的回升；二是从婴幼儿成长到劳动力需要一个"人口成长周期"，补偿性生育"远水解不了近渴"，但在一定程度上可以提供更长远的"人口资源战略储备"。因此，生育水平不是越低越好，应该稳定在适度水平，应该鼓励符合二胎生育政策的职工用好用足政策，不放弃生育二胎。另外，兵团应该加大生育政策调整的力度，不分城乡、不分区域统一二胎，利用自然增长增加人口规模。

在机械增长方面，目前，全国人口结构出现新变化：一是农村劳动力转移速度放缓。从增量看，外出农民工增幅由 20 世纪 80 年代年均增长 25%，到 90 年代增长近 10%，21 世纪以来年均仅增长 2.5%。从存量看，根据国务院发展研究中心的调研，目前已有 2.3 亿农村剩余劳动力转移到城市，剩下的 2500 万剩余劳动力，基本上是难以转移出来的老弱病残。也就是说，农村富余劳动力该转移的基本都转移了，已经没有多少空间了。二是全国劳动人口增长明显放缓。尽管劳动人口总量庞大，占比相对较高，但 2011 年 15—64 岁劳动年龄人口占比由上年的 74.5% 降至 74.4%，预计 2015 年后劳动人口将出现负增长。三是人口老龄化问题凸显。中国已成为世界上老龄人口最多的国家，2010 年 60 岁及以上老龄人口为 1.85 亿，占全球的 1/5，全国已有 28 个省市区先后进入了老龄化社会。另外，兵团以前的依靠国家政策移民的时代也已经过去。因此，在未来全国面临适龄劳动人口减少的情况下，在吸引人口方面兵团将面临比中部和东部其他省份更大的压力。兵团应抓住这两年的时间，以机械增长来增加人口规模。

二　扩大南疆、东疆人口规模，促进各区域人口分布相对平衡

兵团的人口分布不仅要与经济社会发展、资源环境相协调，而且还要与维稳成边的战略需要相一致。马大正在 2001 年就提出了完善兵团团场布局的十六字方针，即"抓住两头，突出中心，画圆南圈，加强一线"。[①] 今天看来，他的目光深邃而高远，具有重大理论指导价值。只有通过兵团团场的战略性调整，才能真正做到"招之即来，来之能战，战之能胜"，才能更加高效地完成国家赋予的历史使命。

首先，兵团团场呈"两圈一线"格局分布，但"南圈"没有画圆，塔克拉玛干南缘和东缘团场少，且规模小，人口少，总体实力单薄；边境"一线"昭苏以南地区几乎没有团场部署，仅在克州部署托云牧场，其人口规模还不足 1500 人。鉴于当前面临严峻的国内外形势，"画圆南圈，加强一线"势在必行。[②] 另外，东疆农十三师作为新疆的东大门，战略地位异常重要，兵团只在那里部署了一个师 8 个团，人口才 8 万人，规模只相当于农六师芳草湖农场，况且东疆人口密度低，资源可承载的人口还有较大的空间。完善东疆师团布局，增加人口规模也是今后兵团发展的战略重点。

其次，新疆地区总体稳定、民族关系总体融洽、民族团结，但仍然存在一些不和谐的音符，特别是"三股势力"的破坏活动一直没有停止过。近年来，"三股势力"的破坏活动变本加厉：2008 年 8 月 4 日喀什袭警事件；2009 年发生在乌鲁木齐市的"7·5"事件；2011 年 7 月 18 日和田市一公安派出所遭突袭，7 月 30 日、31 日喀什市接连发生砍人、爆炸事件。这些破坏活动不仅给各族人民的生命财产造成了无法估量的巨大损失，而且给新疆地区的民族团结、社会稳定造成了严峻挑战。肩负屯垦成边职能的兵团责无旁贷，在时机成熟的时候完善兵团团场布局是时代发展的必然要求。

最后，2004 年成立的农十四师 224 团和 2008 年 11 月成立的农二师 38 团取得了理想效果，可以说是兵团完善团场布局、"画圆南圈"的重要举措，不仅具有重要的政治、军事意义，而且具有重大的示范和推广价值。

---

① 马大正：《国家利益高于一切——新疆稳定问题的观察与思考》，新疆人民出版社 2003 年版，第 235 页。

② 同上。

另外，还可以通过采取"地方兵团化"① 的措施，扩大兵团行政范围和人口规模，农三师50团夏河营，农六师军户农场、北塔山农场，农十三师黄田农场、柳树泉农场、红山农场等诸多地方行政区划归兵团管理的成功案例说明了这一举措的可行性和可操作性。这种做法不仅可以缓解地方土地资源紧张的压力，还可以在一定程度上减少兵团和地方在土地、水等方面的摩擦，有利于促进兵团和地方融合。

三 加快推进城镇化发展战略，使城镇成为集聚人口的重要平台

经过多年发展，兵团初步形成了兵团城市（包括兵团共建城区）、团场小城镇和基层连队居民点的三级城镇体系结构。目前，兵团除5个城市和北泉镇之外，还建设了以农十三师大营房区、农七师天北新区为代表的一批兵地共建城区及开发区，并以团场团部为基础持续开展团场小城镇的基础设施建设，不断推进兵团城镇化进程。但是人口城镇化的本质不只是人口居住区域的改变，更是将"农民"和"农民工"改造为真正意义上的"城市居民"，让其享有与原城市居民同等的国民待遇。只有城市新移民能够获得教育、医疗、住房、社保、就业与收入分配等基本公共服务的均等化，以及公平获得参与城镇经济社会建设和分享发展成果的机会，才可称为高质量的城镇化。当前，兵团城镇化还存在行政推动色彩较浓、团场小城镇质量不高、城镇化的产业支撑和就业渠道不足，以及兵团和地方在城镇化发展方面的协调有待加强等问题，因此，兵团必须认识到城镇化只是途径，不是最终目的，提高职工群众的生活质量才是最终目的。城镇化过程中，不能为了加快工业化而忽视了引进产业的层次，从而导致脆弱的绿洲环境遭到污染和破坏。兵团的城镇化不能脱离兵团发展的现实，不能盲目追求速度和规模，必须认真分析兵团城镇的产业发展特色和立足点以及现有基础，循序渐进、"一步一个脚印"地推进城镇化，改变单一的追求速度、硬件和规模的城镇化考核机制，把职工群众生活水平和生活质量是否真正得到提高作为城镇化是否成功的重要标准，最终使兵团城镇真正成为职工群众安居乐业的载体，实现人口的集聚和增长。

---

① 就是将地方的行政区域划归兵团管理，1975年兵团恢复后，出现了很多这种现象。划归给兵团的地方经过多年的努力基本上已经实现了兵团化，在完成屯垦戍边使命中发挥了重要作用。

四　继续发挥天山北坡经济带的增长极作用，以第二、第三产业吸纳人口

天山北坡经济带是国家西部区域经济规划重点发展的综合经济带，被新疆党委和政府列为优先发展的重点地区，是新疆的经济重心和增长极。兵团有 8 个师、84 个团场和兵直单位处于该区域，对于兵团来讲，天山北坡经济带是兵团经济发展和聚集人口的重要平台，在兵团经济社会发展中具有举足轻重的地位。今后，兵团应继续推动天山北坡垦区率先发展，通过农业现代化和新型工业化带动城镇化，合理规划布局城镇，扩大城镇规模，增加城市数量，促进人口、产业、公共资源向城镇集聚，增强城镇公共服务和居住功能。由于兵团天山北坡垦区农业机械化和现代化水平较高，劳动力的吸纳能力减弱。又因为天山北坡垦区区位优势明显、资源优势显著、经济实力和产业基础较好、科技力量相对雄厚，所以今后兵团在天山北坡垦区应加快第二、第三产业的发展来吸纳人口。城镇化方面，提高城镇化的质量，增强城镇的公共服务和居住功能，缩小区域间经济发展和公共服务的差距，消除对流动人口的各种不公平待遇和歧视态度，以全面推行居住证制度为契机，使流动人口真正融入当地社会。

五　加快公共服务均等化进程，把外来人口尽快转化为兵团人口

关于人口与经济空间分布的一般规律，最新的研究发现：自然条件、经济和就业状况、公共服务状况以及文化等因素共同决定了区域间的人口迁移和分布。在欠发达国家和地区，包括资源、环境状况在内的自然条件在很大程度上决定了区域人口分布的格局；但随着社会经济的发展和技术进步，自然条件的刚性约束在逐渐减弱，以就业为主的经济状况对人口迁移意愿和区域间人口分布状况的影响在现代社会中日益凸显；而由于福利社会和福利国家成为社会发展的一种主流，公共服务在人们日常生活中的角色越来越重要，公共服务状况也成为影响人口迁移和分布的重要因素。[①] 流动人口是兵团"三化"建设的共同参与者，他们为兵团建设做出的贡献是不可磨灭、不可替代的。应大力缩小流动人口在流入地与当地户籍人口享受公共服务管理上的差距，使流动人口更

---

① 贡森、苏杨等：《民生为向：推进包容性增长的社会政策》，社会科学文献出版社2011 年版。

好地融入兵团，全面促进新疆以及兵团的稳定和发展。"六普"数据显示，兵团常住人口中户口登记地在省外的有328236人，这些人虽然现在在兵团工作和生活，但是由于他们的户口还在内地，随时有可能离开兵团。因此，兵团应在目前国内其他城市加快户籍改革步伐的进程中走到前列，切实增加医疗、教育等公共服务均等化建设和社会保障投入，可以借鉴内地的梯度赋予权利的户籍管理模式，尽快把符合落户条件的外来人口转化为兵团户籍人口，所需资金可以通过争取国家支持等多渠道解决。

另外，"六普"数据显示，兵团外来流动人口中60岁及以上的人口为21570人，规模不大。但是这些老年人口在做家务及照顾孙辈方面发挥着重要的作用。据课题组调查，兵团城市有很多祖籍是内地而留新疆工作的"80后"、"90后"，其父母从内地来到新疆子女所在处，为其照顾后代，而这部分人有很多来自农村，来到兵团城市后没有养老、医疗等社会保障，使这些青年人的家庭增加很多负担，不利于这些家庭的发展和长期留在新疆。2012年6月，兵团团办公厅先后下发的《关于进一步做好扩大养老保险覆盖范围工作的通知》（新兵办发〔2012〕121号）中规定：团场承包经营地的人员，须按规定参加城镇职工养老保险后，方可签订土地承包合同；土地承包大户须为其本人和雇工按灵活就业人员身份缴纳养老保险费，参加城镇职工养老保险。未参加城镇职工养老保险的人员，不得在兵团范围内签订土地承包合同。2012年9月，兵团团办公厅下发的《关于进一步做好兵团居民基本医疗保险参保扩面工作的通知》（新兵办发〔2012〕121号）将兵团范围内的季节性拾花工、建筑工人、临时性务工人员等符合条件的人员纳入覆盖范围。这些政策都没有考虑到外来老年人的养老和医疗问题，兵团应把外来老年人纳入兵团医疗保险的范围，同时加快推进兵团融入国家新型农村合作医疗信息平台，使外来老年人可以在兵团实现异地就医即时报销。

六 建立健全统筹人口发展的决策机制和工作格局

首先，各级党委和相关部门在进行经济社会发展决策时，应当听取或征求人口部门的意见与建议。坚持将人口发展规划作为国民经济社会发展及其各个领域发展规划的基础和出发点，坚持将人口因素置于重大决策链的前端，建立重大建设项目就业评估制度，使人口数量、素质、结构、分布等真正成为统筹经济社会发展、城乡建设改革决策的重要依据。其次，建立健全政策出台前的人口发展问题审查机制，确保人口发展与经济社会资源环境发展政策的兼容协调，形成有利于统筹解决人口问题的政策环境。建议兵团探索以"大人口观"为理念指导，以"人口委"为统筹机构的"无锡模式"，形成"大人口机构统筹型"管理体制。最后，建立统筹人口发展的考核评估体系。坚持把经济增长指标同人口、资源、环境、社会发展指标有机结合起来，完善目标管理责任制，确保责任到位、措施到位、投入到位。建立健全可量化、可评估、可考核的涵盖人口数量、素质、结构、分布的人口自身发展水平、人口与经济社会发展协调度、人口可持续发展能力等人口发展综合指标体系。

参考文献

［1］艾尼瓦尔·聂吉木：《新疆维吾尔族人口离婚问题研究》，中央民族大学出版社 2009 年版。

［2］巴特尔：《积极扶持和推进新疆中小企业发展》，《新疆社科论坛》2012 年第 6 期。

［3］蔡昉、都阳、高文书：《就业弹性、自然失业和宏观经济政策》，《经济研究》2004 年第 9 期。

［4］陈长平、陈胜利：《中国少数民族生育文化》（上），中国人口出版社 2004 年版。

［5］陈海霞、李磊：《新疆服务业的发展态势、结构特征及效率评价》，《新疆社会科学》2011 年第 3 期。

［6］陈剑：《略论人口素质》，《人口学刊》1985 年第 5 期。

［7］陈汝国：《新疆人口分布的变化及其发展趋势》，《西北人口》1984 年第 2 期。

［8］陈友华、陆建新：《中国生育率的地区差异及其政策选择》，《人口与经济》2003 年第 4 期。

［9］程道平、刘伟：《人口压力评估及其应用研究》，《中国人口·资源与环境》1995 年第 1 期。

［10］程广斌、何佳赢、王永静：《兵团人口变动及对经济社会发展的影响分析》，《新疆农垦经济》2012 年第 10 期。

［11］杜鹏：《新世纪的中国人口——中国第五次全国人口普查资料分析》，中国人民大学出版社 2011 年版。

［12］杜卫华：《可持续发展与少数民族地区的计划生育政策》，《西北人口》2002 年第 1 期。

［13］付再学：《乌鲁木齐市养老机构中存在的问题与对策分析》，《新疆大学学报》（哲学·人文社会科学版）2008 年第 4 期。

[14] 贡森、苏杨等：《民生为向：推进包容性增长的社会政策》，社会科学文献出版社 2011 年版。

[15] 国家统计局人口与就业统计司、中国人民大学社会与人口学院编：《人口和就业统计分析技术》，中国统计出版社 2012 年版。

[16] 韩德林：《新疆人工绿洲》，中国环境科学出版社 2001 年版。

[17] 韩桂兰、孙建光：《新疆不同区域资源人口承载力的综合评价与分析》，《吉林省经济管理干部学院学报》2009 年第 4 期。

[18] 胡焕庸：《新疆维吾尔自治区人口的增长和经济的发展》，《西北人口》1988 年第 3 期。

[19] 胡崇庆：《试论新疆人口和经济的发展条件》，《西北人口》1985 年第 4 期。

[20] 赖德胜、包宁：《中国不同区域动态就业弹性的比较》，《中国人口科学》2011 年第 6 期。

[21] 李宝贵、赵淑红：《以现代文化为引领加快推进新疆特色人口文化建设》，《人口与计划生育》2012 年第 9 期。

[22] 李光明：《新疆少数民族地区农村富余劳动力就业取向调查分析》，《人力资源管理》2011 年第 2 期。

[23] 李建新、杨力民：《新疆两次人口普查间人口出生率变动成因及人口控制效果评价》，《西北人口》1994 年第 1 期。

[24] 李建新：《新疆穆斯林人口现状与家庭生殖健康服务的新模式》，《西北民族研究》2007 年第 1 期。

[25] 李竞能、李建民：《当代西方人口学说的源流》，《中国人口科学》1992 年第 4 期。

[26] 李俊英：《破解边疆少数民族地区就业难题的思考与路径——以新疆为例》，《经济研究参考》2013 年第 5 期。

[27] 李润芝：《乌鲁木齐多民族聚居城市养老模式研究成果推介》，《中共乌鲁木齐市委党校学报》2009 年第 1 期。

[28] 李通屏等编著：《人口经济学》，清华大学出版社 2008 年版。

[29] 李通屏：《中国人口压力的定量研究》，《人口学刊》2004 年第 1 期。

[30] 李仲生：《人口经济学》（第 2 版），清华大学出版社 2009 年版。

[31] 刘家强主编：《人口经济学新论》，西南财经大学出版社 2004

年版。

［32］马大正：《国家利益高于一切——新疆稳定问题的观察与思考》，新疆人民出版社 2003 年版。

［33］马力、桂江丰：《中国特色的人口转变》，《人口研究》2012 年第 1 期。

［34］马晓燕：《乌鲁木齐市城市社区养老服务模式探讨》，《边疆经济与文化》2010 年第 9 期。

［35］马宗保：《多元一体格局中的回汉民族关系》，宁夏民族出版社 2002 年版。

［36］穆光宗：《"贫困"的人口学思考——来自六盘山区的报告》，《开发研究》1990 年第 4 期。

［37］彭希哲、黄娟：《试论经济发展在中国生育率转变过程中的作用》，《人口与经济》1993 年第 1 期。

［38］丘远尧、杨力民、童玉芬等：《省际人口迁移活动对社会经济发展的影响——新疆省际人口迁移特征分析》，载《第五次全国人口普查科学讨论会论文集》，中国统计出版社 2004 年版。

［39］屈云龙、许燕：《江苏省人口素质评价指标体系的构建及实际测度》，《西安社会科学》2009 年第 3 期。

［40］《世纪之交的中国人口（新疆卷)》编委会：《世纪之交的中国人口（新疆卷)》，中国统计出版社 2005 年版。

［41］沈红、周黎安等：《边缘地带的小农：中国贫困的微观解理》，人民出版社 1992 年版。

［42］石人炳：《人口转变：一个可以无限拓展的概念》，《人口研究》2012 年第 2 期。

［43］苏东海：《小康社会与少数民族地区生育政策的调整》，《社会科学》2003 年第 2 期。

［44］谭菊华：《经济增长、产业发展与劳动就业：来自中国的证据检验》，《经济问题》2013 年第 6 期。

［45］谭崇台：《发展经济学》，武汉大学出版社 2001 年版。

［46］童玉芬：《人口承载力研究的演进、问题与展望》，《人口研究》2012 年第 5 期。

［47］童玉芬、刘长安：《北京市人口、经济和环境关系的协调度评

价》,《人口与发展》2013 年第 1 期。

[48] 王宁:《简论新疆人口发展与经济的关系》,《新疆社会经济》1991 年第 3 期。

[49] 王晓辉、王卫平、余国新:《乌鲁木齐市养老机构发展研究》,《人力资源管理》2011 年第 10 期。

[50] 王莹、孟梅、王光伟:《基于产业发展背景下的农村就业现状调查——以新疆伊宁县为例》,《经济研究导刊》2013 年第 16 期。

[51] 汪学华、刘月兰、唐湘玲:《建国以来新疆人口的省际迁移状况分析》,《西北人口》2010 年第 4 期。

[52] 巫锡炜:《中国步入低生育率(1980—2000)》,社会科学文献出版社 2012 年版。

[53] 新疆维吾尔自治区人口普查办公室:《新疆维吾尔自治区 2010 年人口普查资料》,中国统计出版社 2012 年版。

[54] 新疆维吾尔自治区地方志编撰委员会编:《新疆通志·人口志》,新疆人民出版社 2008 年版。

[55] 新疆生产建设兵团第六次全国人口普查暨人口统计调查办公室:《新疆生产建设兵团 2010 年人口普查暨调查资料》,中国统计出版社 2013 年版。

[56] 熊永惠:《新疆人口特点及其对新疆经济发展的影响》,《实事求是》1988 年第 4 期。

[57] 徐玉涛:《乌鲁木齐市社区养老模式浅析》,《洛阳师范学院学报》2010 年第 4 期。

[58] 杨菁:《新疆"无就业经济增长"实证研究》,硕士学位论文,新疆大学,2007 年。

[59] 杨政、原新、童玉芬:《新疆人口省际迁移研究》,《新疆大学学报》(哲学社会科学版)1995 年第 2 期。

[60] 于敏:《贫困县农户动态贫困实证研究——以内蒙古自治区、甘肃省贫困县为例》,《华南农业大学学报》(社会科学版)2011 年第 2 期。

[61] 喻晓、姜全保:《低生育水平下我国生育率转变影响机制的地区差异》,《南方人口》2010 年第 2 期。

[62] 原新:《新疆人口分布规律》,《中国人口科学》1994 年第 1 期。

［63］原新、林丽：《论新疆人口东西分布不均与经济的关系》，《西北人口》1987 年第 2 期。

［64］查瑞传主编：《人口普查资料分析技术》，中国人口出版社 1991 年版。

［65］赵秋成：《我国中西部地区人口素质与人力资本投资》，《管理世界》2000 年第 1 期。

［66］张小雷、李国江：《新疆人口发展战略研究》，新疆人民出版社 2010 年版。

［67］张效莉、黄硕琳：《人口、经济发展与生态环境系统协调性测度原理及应用》，中国环境科学出版社 2008 年版。

［68］张少云、巴拉提·吐逊巴克、阿布都拉·艾沙：《试析维吾尔族婚姻伦理观及其当代变革》，《经济研究导刊》2013 年第 3 期。

［69］周崇经：《中国人口（新疆分册）》，中国财政经济出版社 1990 年版。

［70］朱国宏：《生育文化论》，《复旦学报》（社会科学版）1992 年第 3 期。

［71］朱晓等：《人口、资源、环境与经济协同发展研究》，东北财经大学出版社 2010 年版。

［72］邹一南、石腾超：《产业结构升级的就业效应分析》，《上海经济研究》2012 年第 12 期。

后　记

　　2010 年，我国进行了第六次全国人口普查。2011 年 6 月，我申请的国家社会科学基金青年项目"新疆人口与经济协调发展研究"（11CRK004）获批立项，同年 8 月，我考入北京大学人口研究所攻读博士学位。"六普"数据的公布以及我进入中国顶尖学府攻读人口学博士学位，为我的课题研究提供了资料和学术支持。

　　攻读博士学位的前两年时间，我除了上课，便利用其余时间做课题，这期间我把课题研究的思路多次与我的博士导师——北京大学人口所的穆光宗教授进行交流，使我受益匪浅。穆老师对新疆人口研究给予了极大关注，这给了我很大的激励。我利用假期，回到新疆，抓紧时间进行实地调研，多次赴南疆地区调研，实地调研更加使我认识到新疆人口问题的重要性。经过两年时间的调研和写作，课题于 2013 年年底提交结题报告，国家社科规划办于 2014 年 6 月批准结题。结题后，由于我把主要精力投入到了我的博士论文写作上，没有时间考虑课题成果的出版事宜。功夫不负有心人，我于 2015 年 7 月顺利通过博士论文答辩并毕业。毕业后由于工作调动，2016 年年初我来到了河北大学经济学院人口研究所工作。刚到新的工作单位，利用适应新单位的时间，我又把该课题成果的出版事宜提上了议事日程，想以此书的出版对我以往在石河子大学时有关新疆人口问题的研究做一总结与交代，以开始我新的学术征程。

　　借此书出版之际，首先向参与本课题研究的石河子大学政法学院的刘贡南教授、王瑞鹏副教授，新疆维吾尔自治区统计局的郭小元处长，河北大学财务处的张丽会计师以及李为超、闫成文等研究生表示感谢，感谢他们在课题调研、数据收集与整理方面的工作。其次向给予本书出版资助的我的新单位河北大学和河北大学经济学院表示感谢，感谢河北大学经济学院王金营院长、张改清书记、李惠茹副院长、吕红平教授、段世江所长、崔红威老师等在我融入新单位中给予的关心和帮助！还要感谢我的原单位石河子大学以及石河子大学兵团屯垦戍边研究中心，特别要感谢石河子大学的周生贵教授、夏文斌教授、郭宁教授、李豫新教授、刘贡南教授、张安福教授等领导和同事们，感谢他们对我在石河子大学工作期间给予的关心与帮助！

同时，我要感谢北京大学人口所的各位老师，特别是郑晓瑛教授、宋新明教授、陈功教授、穆光宗教授、乔晓春教授、任强副教授、武继磊副教授等在我课题写作和读博期间给予的指导！

最后，我要感谢我的家人，我美丽聪明的姑娘于 2013 年 5 月 26 日出生，她出生前后正是我课题研究和博士论文写作的关键时期，照顾她的重担就落在了我的爱人以及我的母亲和岳母身上，父亲和岳父也为我的工作和家庭做出了很大的牺牲。作为儿子、丈夫和父亲，我深知自己亏欠他们太多，感谢他们一直以来对我的支持和理解！

王朋岗
2016 年 5 月 26 日于河北大学